Klaus Walter

Erziehen ist eine Kunst

Gestaltpädagogik in der Jugendhilfe

disserta
Verlag

Walter, Klaus: Erziehen ist eine Kunst. Gestaltpädagogik in der Jugendhilfe, Hamburg, disserta Verlag, 2015

Buch-ISBN: 978-3-95425-964-9
PDF-eBook-ISBN: 978-3-95425-965-6
Druck/Herstellung: disserta Verlag, Hamburg, 2015

Bibliografische Information der Deutschen Nationalbibliothek:
Die Deutsche Nationalbibliothek verzeichnet diese Publikation in der Deutschen Nationalbibliografie; detaillierte bibliografische Daten sind im Internet über http://dnb.d-nb.de abrufbar.

© disserta Verlag, Imprint der Diplomica Verlag GmbH
Hermannstal 119k, 22119 Hamburg
http://www.disserta-verlag.de, Hamburg 2015
Printed in Germany

Ab 1911 leitete Janusz Korczak das Warschauer Waisenhaus Dom Sierot. Er entwickelte seine Vorstellungen von Erziehung als Utopie einer friedfertigen, klassenlosen Gesellschaft. Als in der Nazizeit das Ghetto errichtet wurde, wurde das jüdische Waisenhaus nach dort verlegt. Am 22. Juli 1942 begann die Massentötung der Bevölkerung des Warschauer Ghettos im KZ Treblinka. Korczak hatte wiederholt die Möglichkeit, sein Leben zu retten. Er lehnte dies aber ab, weil er dies als Verrat an den Kindern betrachtete.

Ihm und seinem Mut widme ich dieses Buch.

Inhalt

Vorwort

Gestaltpädagogik in einem Buch zu vermitteln, erscheint widersprüchlich, denn sie fordert in ihrem Grundverständnis zum bewussten Erleben in der Gegenwart – im „Hier-und-Jetzt" - auf. Mein Ziel kann darum nur der Versuch sein, den Leser und die Leserin mit meiner Darstellung für das zu gewinnen, was ich eigentlich für wesentlich halte, nämlich Gestaltarbeit und ihre Anwendung in der Pädagogik selbst zu erfahren. Dieses Interesse möcht ich unter anderem durch praktische Beispiele wecken, die nach meiner Erfahrung auch von Ungeübten nachzuvollziehen sind. Sie sind hiermit eingeladen, wann immer Sie sich darauf einlassen mögen, eines der in diesem Buch dargestellten Übungsangebote zu erproben - in Ihren eigenen vier Wänden oder an Ihrem Arbeitsplatz - und dadurch sich selbst oder die Menschen in Ihrer Umgebung noch etwas mehr kennen zu lernen.

Bei Selbsterfahrungsübungen, zu denen ich viele der Übungsangebote zähle, kann es immer wieder geschehen, dass Sie eine der Aufgaben vor ein Problem stellt und/oder Sie sie aus irgendeinem Grund nicht versuchen wollen. Mögliche Ursachen sind, dass Sie den Sinn darin nicht erkennen, keine Lust haben, sie auszuprobieren oder Sie eine emotionale Belastung befürchten. Lassen Sie sich in solchen Augenblicken nicht von einem Zwang leiten, z.B. Leistung erbringen zu wollen oder zu müssen, sondern vertrauen Sie auf ihre Gefühle. Es besteht in diesen Fällen keine Notwendigkeit eine Übung unbedingt auszuführen. Jeder Zwang ist gerade bei Selbsterfahrungsübungen absolut kontraindiziert und verhindert vielmehr, was eigentlich angestrebt wird.

Alle Übungen, die ich Ihnen im Folgenden anbiete, sind in dieser oder in abgewandelter Form in meinen Seminaren für Gestalttherapie oder Gestaltpädagogik erprobt worden. Entweder habe ich sie in meiner eigenen Ausbildung kennengelernt und selbst erfahren, aus der Literatur abgeguckt und bei Bedarf für meine Zwecke abgewandelt oder ich habe sie selbst entworfen. Im Wesentlichen sind sie für die Fortbildung von Therapeuten oder Pädagogen gedacht, aber teils auch für die Arbeit mit Kindern und Jugendlichen geeignet. Sie sind so angelegt, dass aus ihrer rücksichtsvollen Erprobung kein Schaden entstehen kann. Darum trauen Sie sich ruhig, ihre Anwendung auch in ihrem Arbeitsalltag auszuprobieren. Sind sie sich an einem Punkt dennoch unsicher, dann gilt auch hierfür, die Übung einfach wegzulassen. Wollen Sie die Übungen für die Selbsterprobung oder für die Anwendung bei der Arbeit abwandeln, so sollten Sie ihrer Kreativität nichts in den Weg stellen. Beachten Sie aber grundsätzlich das Freiwilligkeitsgebot: **Niemand darf zu einer Übung gezwungen werden, auch nicht durch Überredung,** denn mit jedem Zwang durchbricht man die Fähigkeit des Menschen, seine psychische Belastung zu regulieren und schafft Risiken, die sonst nicht vorhanden wären.

Besonders würde ich mich natürlich freuen, wenn ich Sie anregen kann, in ihrem Beruf in Zukunft selbst mit Gestaltpädagogik zu arbeiten. Seien Sie versichert, wenn Sie lediglich dieses Buch lesen oder sich ausschließlich theoretisch mit Gestaltpädagogik und Gestalttherapie auseinandersetzen, bleiben sie an der Oberfläche ihrer Möglichkeiten. Erleben Sie ein weitergehendes Interesse, dann lassen Sie sich nicht abhalten, entweder die Teilnahme an einer Gestaltselbsterfahrungsgruppe oder eine Ausbildung in Gestaltpädagogik oder -therapie anzustreben.

1 Einführung am Beispiel

Zur Gestalttherapie bin ich aus Unsicherheit gekommen. Meine erste therapeutische Ausbildung zum Verhaltenstherapeuten hatte ich noch an der Universität begonnen, im Wesentlichen als theoretische Auseinandersetzung mit therapeutischen Methoden, erprobt mit studentischen Patienten. Dieser Hintergrund konnte mich nicht auf Menschen mit schwerwiegenden Problemen vorbereiten und vermittelte mir auch nicht die Fähigkeit, mich in mein Gegenüber sensibel einzufühlen. Nicht zuletzt gewann ich so auch keine verständnisvolle Perspektive für mich selbst. Ich erwarb zwar handfestes Wissen, stand aber meinen eigenen Gefühlsregungen, die im Patientenkontakt nicht selten aufkamen, sehr hilflos gegenüber, konnte sie nicht einsortieren. Besonders drastisch, aber auch heilsam erfuhr ich dies dann in der Jugendhilfe bei meiner Arbeit mit Arno.

Als ich Arno das erste Mal sah, war er 15 Jahre alt. Damals trug er ausschließlich schwarze Kleidung und am liebsten lange Lederhosen. Seine Jacken und Hosen waren mit silbernen Ketten behängt und seine Haare pflegte er aufwendig, machte sie mit irgendeinem Mittel steif, so dass sie sich wie ein Hahnenkamm aufrichten ließen. Er war nicht der erste „Punk", dem ich begegnete, aber ich hatte vorher keinen so intensiven Kontakt zu jungen Menschen mit einem solchen Äußeren und solchem Auftreten gesucht. Arnos Verhalten und seine ganze Selbstdarstellung wirkten auf mich so, dass ich mich abgelehnt und provoziert fühlte, und ich habe ihm gegenüber diese ablehnenden Gefühle erwidert, freilich ohne dass ich mir dessen anfangs bewusst war. Dabei war sein Verhalten bei seinen früheren Erlebnissen aus seiner Lebensgeschichte völlig verständlich. Er war in das Jungenheim, in dem ich als Psychologe arbeitete, aufgenommen worden, weil er in seinem Elternhaus nicht mehr zurechtkam. Sein Vater war, wie er mir später erzählte, aggressiv und streng. Arno bezeichnete ihn als "alten Nazi". Der Vater hatte ihn häufig und auch sinnlos verprügelt und Arno hatte den Eindruck entwickelt, ihm würde „alles" verboten. Er hatte aber nicht kapituliert, sondern sich selbst eine abweisende und aggressive Haltung zugelegt, mit der er jetzt seinerseits seine Umwelt traktierte. Sätze, wie: „Willst du mich anmachen?", „Ihr macht mich nicht platt" oder „Verpißt euch, ich komme alleine klar", waren seine Standards, die er auch mir gegenüber gebrauchte. Er benutzte sie, egal ob sie gerade auf die Situation passten oder nicht.

Arnos Haltung hat mich damals verärgert. Ich war der Meinung, gute Absichten mit ihm zu haben, wollte ihm helfen und er lehnte mich einfach ab. Ich habe diese Ablehnung zwar von anderen Jugendlichen später noch häufig erfahren, aber bei Arno war sie für mich neu, traf mich unvorbereitet und verletzte mich. Nach meiner damaligen Auffassung war ich doch ein „guter" Psychologe, weil ich meinen Ärger zurückhielt - mühsam, wie ich mich heute erinnere. Aber meine Versuche, mit Arno umzugehen, waren verkrampft. Wenn er wütend war, wurde ich äußerlich freundlich, was ihn noch mehr „auf die Palme brachte", denn ich vermittelte den Eindruck, nicht erreichbar zu sein. So steigerten wir uns gegenseitig, er sich in Wut und ich mich in angespannte Freundlichkeit, hinter der ich meine eigene zunehmende Wut verbarg.

Irgendwann habe ich es dann nicht mehr geschafft. Meine ganzen Anstrengungen waren umsonst und ich konnte meinen aufgestauten Ärger nicht mehr halten. Wir brüllten uns beide an: „Scheiß-Psycho", „Rotzlöffel", „Pisser", „Halt den Mund", ... Wir waren nicht sehr wählerisch. Arno reichte es zuerst, er ging einfach. Aber er kam wieder. Wir hatten regelmäßige Treffen vereinbart und er blieb nicht fort. So gab er mir die Chance, mir klarer darüber zu werden, was der Hintergrund für unsere, seine und meine Verhalten war. Warum ich bei ihm über lange Zeit so erfolglos war, keinen Kontakt zu ihm bekam. In einem späteren Gespräch vertraute er mir an: „Als wir uns angemacht haben, Psycho, da fand ich dich stark".

Arno hat an meiner Entscheidung wesentlich mitgewirkt, mich fortzubilden und mich insbesondere der Gestalttherapie zuzuwenden, einer an Sensibilität und emotionalem Kontakt interessierten therapeutischen Orientierung. Je mehr ich Arno kennenlernte, desto mehr mochte ich ihn und kam mit seinem Verhalten besser klar, weil ich es allmählich verstand und nachempfinden konnte. Ich habe durch ihn viel über mich und meine Arbeit gelernt. Ich begriff, dass mein Dilemma in der Beziehung zu ihm zustande gekommen war, weil ich meine Gefühle nicht wahrnehmen wollte, sie nicht verstand und darum verleugnet hatte, statt zu ihnen zu stehen. Ich hatte mich für ihn verschlossen, ohne mir dessen bewusst zu sein. Meine Haltung war darum verkrampft, war mir dabei sicherlich ins Gesicht geschrieben, in meiner Mimik und Gestik erkennbar. Und so war für Arno meine Freundlichkeit ein Betrug, der seinen negativen Erwartungen gegenüber Erwachsenen entsprach.

Ich habe in meiner Gestaltausbildung und in meiner begleitenden Lehrtherapie viele meiner Stärken und Schwächen kennengelernt und einige meiner eigenen „alten Wunden" geheilt, die mich gehindert hatten, offen zu sein. Die Auseinandersetzung mit mir selbst hat mir geholfen, meine Gefühle besser wahrzunehmen, sie anzunehmen und sie besser auszudrücken. Heute versuche ich sie als freundliche Begleiter anzusehen, die mir helfen können, die Situationen mit meinen Patienten besser zu verstehen. So konnte ich begreifen, dass ich von Arno enttäuscht wurde und zwar im doppelten Wortsinn. Er frustrierte mich zum Einen, weil er sein Leben nicht so leben wollte, wie ich das für ihn gut gefunden hätte und ich mich auf seine Vorstellungen auch nicht einlassen mochte. Und zum Anderen nahm er mir meine Selbsttäuschung, nämlich meinen falschen Glauben, dass ich tatsächlich in seinem Sinne wirkte. Mir ist in unserer Beziehung deutlich geworden, dass ich ihm zuvor gar keine wirkliche Hilfe war, weil ich nach meinem eigenen Bedürfnis, also für mich gehandelt habe. Mir wurde klar, dass es einem anderen Menschen überhaupt nicht nützt, wenn ich ihm meine Ansichten aufzwingen möchte, selbst wenn mir das konkrete Ziel, dass ich dabei für ihn im Auge habe, noch so wichtig, wenn nicht gar unumgänglich erscheint. Ich habe begriffen, dass ich jemandem nur helfen kann, wenn ich bereit bin, ihn auf seinem Weg zu unterstützen und seinen positiven Entwicklungsmöglichkeiten vertraue.

Bei meinem gestalttherapeutischen Arbeiten wurde mir immer deutlicher, dass ich die Gestaltprinzipien nicht auf meinen Arbeitsplatz begrenzte. Es wurde für mich ein Lebensprinzip. Sensibilität für mich selbst und andere, ganzheitliche Wahrnehmung, guter emotionaler Kontakt sind eben Eigenschaften, die nicht nur im therapeutischen Kontext Sinn machen, sondern allgegenwärtig sein sollten. Gestaltprinzipien können nach meiner Erfahrung in alle zwischenmenschlichen Begegnungen integriert werden.

Das Thema dieses Buches ist die Integration von „Gestaltarbeit" in die Pädagogik, genauer in die Jugendhilfe. In Fachzeitschriften und -büchern wird für die Übertragung von Gestaltprinzipien auf pädagogische Arbeit seit Jahren der Begriff „Gestaltpädagogik" verwendet. Er ist eine Schöpfung aus dem Wort „Gestalt", in dem Sinne, wie es in der Gestalttherapie verwendet wird, und dem Wort „Pädagogik", eben dem Gebiet, auf das Prinzipien der „Gestaltarbeit" übertragen werden sollen.

Der Schwerpunkt der Entwicklungen in der Gestaltpädagogik lag zu Anfang auf der Neugestaltung von schulischem Unterricht, dem Versuch, in der Schule Methoden und Umgehensweisen einzuführen, die dem ganzheitlichen Denken und dem menschlichen Sein besser entsprechen. Da sich die Bedingungen in der Jugendhilfe von denen in einer Schule stark unterscheiden, muss die Gestaltpädagogik hier ein eigenes Gesicht erhalten. Die Möglichkeiten des Gestaltansatzes im Rahmen der vielfältigen pädagogischen Arbeit kann ich bei dieser Eingrenzung natürlich bei weitem nicht erschöpfend darstellen. Allein in meinem Tätigkeitsfeld als Psychologe in der stationären Jugendhilfe habe ich die Erfahrung gemacht, dass Gestaltarbeit bei der Supervision und Fortbildung von Pädagogen[1], bei der Organisationsberatung und bei der Therapie mit jungen Menschen erfolgreich ist. Es arbeiten aber auch Berater in Erziehungsberatungsstellen, in Kinder- und Jugendberatungsstellen, bei der ambulanten Familienhilfe etc. mit gestalttherapeutischen oder -pädagogischen Mitteln und es werden immer weitere Möglichkeiten der Integration des Gestaltansatzes in weitere Tätigkeitsfelder erfolgreich erprobt.

---

[1] Ich gebrauche im Folgenden im spontanen Wechsel die männliche und die weibliche Schreibweise. Manchmal erscheint mir der Wechsel etwas verunsichernd für einen Leser oder eine Leserin, aber ich habe dennoch nicht darauf verzichten wollen und bitte um Ihre engagierte Nachsicht.

2 Gestaltpädagogik und aktuelle Situation in der Jugendhilfe

2.1 Die Reformen in der Heimerziehung

Gestaltpädagogik kann im Grunde nicht theoretisch vermittelt werden, sie ist kein Manual und auch nicht ausschließlich oder im wesentlichen eine Methode. Gestaltpädagogik wird erst dann realisiert, wenn der Pädagoge oder die Pädagogin sich für die eigene Persönlichkeitsentwicklung öffnet. Ein Pädagoge, der in seiner Arbeit „Gestalt" einbringen will, muss Gestaltarbeit darum an sich selbst erlebt haben und für sich als einen Weg zur eigenen Entwicklung akzeptieren. Das bedeutet, dass er bereit sein muss, sich selbst mit seinen eigenen Problemen und Stärken zu erfahren und aus diesen Erfahrungen zu lernen. Eine Beschränkung auf reine Methodik und der ausschließliche Blick auf den pädagogisch betreuten jungen Menschen, sind mit gestaltpädagogischen Grundprinzipien nicht vereinbar. Durch diese Forderung nach Auseinandersetzung mit der eigenen Person, setzt Gestaltpädagogik natürlich einiges mehr an Akzeptanz und innerer Bereitschaft für ihren Erwerb voraus, als Ansätze, die sich auf den Klienten, auf den jungen Menschen als Ziel von Wahrnehmung und Handlung fokussieren oder fixieren.

Ein Mensch bleibt nur dann wirklich lebendig und realitätsbezogen oder erwirbt diese Eigenschaften wieder, wenn er Entwicklungsbereitschaft bezüglich seiner Persönlichkeit besitzt, wenn er Kraft dieser Entwicklungsbereitschaft in der Lage ist, sich veränderten Bedingungen in der Umwelt zu stellen und nicht ängstlich an überholten Ansichten und Verhaltensmustern festhält. Diese Anforderung, die ich hier zunächst auf eine einzelne Person bezogen habe, gilt dabei ebenso für alle Formen menschlicher Gemeinschaften. Man konnte insbesondere der stationären Jugendhilfe lange nachsagen, dass sie von diesen Eigenschaften wenig besessen hat. Sie war bis in die 1980er Jahre eher wenig reformfreudig und hat ihre positiven Veränderungen erst unter äußerem Zwang begonnen, der aus unüberhörbarer Kritik und veränderten gesetzlichen Auflagen bestand. Ich will bei dieser Sichtweise selbstverständlich nicht die herausragenden Persönlichkeiten einer menschlichen Pädagogik unterschlagen, die es auch schon lange zuvor gegeben hat (siehe hierzu auch das Kapitel „Humanismus in der Erziehung"). Sie sind die Wegbereiter für die heutige Entwicklung gewesen. Allerdings waren sie zu ihrer Zeit noch „Pioniere" und mit ihren Idealen und ihren alternativen Einstellungen die Ausnahme.

Junge Pädagogen und Pädagoginnen bringen neue Ansprüche in die Jugendhilfe mit und stellen Überholtes in Frage. Leider höre ich aber zumeist mehr Kritik an Strukturen und eher weniger Forderungen nach und Vorschläge für bessere pädagogische Inhalte. So wird der Trugschluss genährt, dass nur Bedingungen verändert werden müssten, um eine bessere Pädagogik betreiben zu können. Natürlich unterliegen auch Strukturen der Notwendigkeit von Veränderungen, aber die Entwicklung pädagogischer Inhalte darf dabei nicht zum Opfer fallen oder auch nur als zweitrangig betrachtet werden. Ich vermute, dass eine Ursache in der falschen Gewichtung darin zu suchen ist, dass die jungen Pädagogen leider viel zu häufig und viel zu schnell durch „ältere" Kollegen und Kolleginnen sozialisiert werden und sich an vorhandene Verhaltensmuster anpassen, bevor sie in der Lage sind, mit beruflicher Erfahrung im

Hintergrund, auch bestehende erzieherische Vorgehensweisen fundiert und wirksam in Frage zu stellen.

Die pädagogische Entwicklung und die Einführung pädagogischer Alternativen gehen naturgemäß mit „Reibungsverlusten" und Rückschlägen einher. Dabei sind es häufig nicht einmal die Protagonisten einer konservativen Einstellung zur Erziehung die nötige Fortschritte verhindern. Vieles wird im pädagogischen Alltag der Einrichtungen dadurch gebremst, dass gestiegene oder veränderte Anforderungen, zum Beispiel durch veränderte Konzeptionen oder zunehmende Verwaltungstätigkeit, nicht mit einer Entwicklung von Kompetenz der Pädagogen korrespondieren, sie gar durch Überforderung verhindern. Mit jeder Generation junger Menschen stellen sich zudem neue Aufgaben, weil sich ihre Probleme und Bedürfnisse anders darstellen. Die Einstellung, dass eine Berufsausbildung zum Pädagogen für ein ganzes Berufsleben genüge, muss darum konsequent abgelehnt werden. Selbst wenn wir in einem Gedankenspiel einmal annehmen, dass eine pädagogische Grundausbildung für den Augenblick genügen würde, dann bleibt immer noch die Sicherheit, dass sie auch bei sorgfältigster Ausgestaltung nicht für die Jugendhilfe der Zukunft ausreichen wird. Eine Schlussfolgerung ist, dass die Grundausbildung des Pädagogen regelmäßig ergänzt werden muss durch Fortbildungen, in denen eine Reflexion der Praxis erfolgt, die zu einer fortgesetzten Reflexion der Praxis anregt und anleiten, mit denen eine kontinuierliche Anpassung an veränderte Bedingungen möglich ist. Ich gehe davon aus, dass viele Fortbildungsangebote diese Anforderung nicht erfüllen. Sie haben ein wesentliches Manko, weil sie viel zu stark auf Wissensvermittlung ausgerichtet sind und die Förderung der persönlichen Kompetenz des Pädagogen vernachlässigen. Manche bieten sich auch als ultima ratio an. Wenn aber die Vermittlung von Theorie im Vordergrund steht, dann wird in der Praxis erschreckend wenig von der Fortbildung realisiert.

Ich möchte im Folgenden deutlich machen, dass eine Fortbildung in Gestaltpädagogik eine geeignete Maßnahme ist, um zu Entwicklungsprozessen von Einrichtungen, Pädagogen und jungen Menschen beizutragen. Dazu möchte ich zeigen, ...

- dass Gestaltpädagogik dem Lernenden sowohl Chancen zu eigenem Persönlichkeitswachstum, als auch zum Erwerb zusätzlicher Wahrnehmungs- und Handlungsfähigkeit bietet
- dass Gestaltpädagogik aufbauend auf dem Menschenbild der humanistischen Psychologie, auf Konzepte und Methoden zurückgreift, die der Auffassung von menschlicher Erziehung besser entsprechen
- und dass sich Gestaltpädagogik nicht für eine Weiterentwicklung über ihren derzeitigen Stand hinaus verschließt, sondern dies als unausweichlich betrachtet.

2.2 Gestaltprinzipien in der Pädagogik

Die erlebte Gestaltselbsterfahrung und -therapie führt unweigerlich zur Veränderung des eigenen Lebensstils. Menschen, die daran teilnehmen, erleben sich und ihre Umwelt wirklicher und intensiver, sind offener für eigene Entwicklungen und können flexibler auf Veränderungen in ihrer Umgebung reagieren. Ich bin darum nicht verwundert, dass die Prinzipien des Gestaltansatzes auch von Nicht-Therapeuten entdeckt worden und in verschiedensten Bereichen, inner- und auch außerhalb der Sozialwissenschaften einbezogen worden sind. Sie eröffnen auch hier ein großes kreatives Potential. Menschen aus allen Fachrichtungen interessieren sich hierfür und an Gestaltfortbildungsseminaren nehmen neben Psychologen und Ärztinnen, auch Architekten und Lehrer, Managerinnen und Hausfrauen, Pastoren und Menschen aus vielen anderen Berufsgruppen teil. Aus der einst ausschließlich therapeutischen Methode ist so mehr und mehr ein universelles Konzept entstanden.

Unabhängig davon, in welchen Bereich der Gestaltansatz integriert wird, bleiben die grundlegenden Prinzipien jedoch gleich. Und dennoch kann man schon bei der Gestalttherapie sagen, dass kein Therapeut in seiner Arbeit dem anderen völlig entspricht, dass keine Therapie vollständig wie die andere ist. Der Gestalttherapeut ist nicht eingezwängt in ein starres Therapieschema mit festliegendem diagnostischem Vorgehen, eindeutiger Indikation und Handlungsmanual, sondern er entwickelt auf der Basis der Gestaltprinzipien in der Interaktion mit seinem Klienten die Therapie jeweils neu, behält dabei lediglich seinen individuellen Stil bei. Es ist diese Flexibilität des Gestaltansatzes, die die Integration des Ansatzes in die anderen Bereiche erleichtert.

Bei der Betrachtung der verschiedenen Integrationen wird immer wieder deutlich, dass jeder Bereich seine Eigenheiten hat. Er schafft den Gestaltprinzipien dadurch neue Möglichkeiten, setzt ihnen aber auch unterschiedliche Grenzen. Bei jeder Integration entsteht dadurch etwas Neues, eine neue Gestalt. Es stellt sich darum die Frage, welche Bedingungen bei der Integration von Gestaltprinzipien in die Jugendhilfe berücksichtigt werden müssen, welche Unterstützung vorhanden ist oder welche Hindernisse sich aufbauen.

Global lässt sich sagen, dass Unterstützung und Hindernisse einerseits aus den Bedingungen des pädagogischen Alltags und andererseits aus der jeweiligen pädagogischen Orientierung der Einrichtung entstehen.

Nehmen wir zunächst einmal die Situation der pädagogischen Arbeit in einer Wohngruppe der stationären Jugendhilfe im Vergleich zur klassischen gestalttherapeutischen Umgebung. In der Gestalttherapie wird zumeist mit einem einzelnen Menschen im Rahmen einer Zweierbeziehung von Klient und Therapeut gearbeitet. Selbst wenn dies im Rahmen einer Selbsterfahrungsgruppe geschieht, ist der Einzelne im Vordergrund, während die anderen Teilnehmer im Hintergrund bleiben und motiviert werden, eine förderliche Haltung für die sogenannte Einzelarbeit einzunehmen. Ein Pädagoge in der stationären Jugendhilfe kann hingegen in seinem Alltag so gut wie keine Individualtherapie und auch nur wenig andere individuelle Betreuung durchführen. Pädagogik in Wohngruppen ist im Regelfall Arbeit in und mit Gruppen von Jugendlichen.

Unter diesen Bedingungen muss der Erzieher immer wieder seine Aufmerksamkeit schweifen lassen, von der Gruppe zum einzelnen Gruppenmitglied. Er muss permanent abwägen, auf welchen Vorgang in seiner Umgebung er seine Aufmerksamkeit lenkt und die Zielrichtung seiner Aktionen flexibel verändern, je nachdem ob z.B. der Prozess der Gruppe seine Aufmerksamkeit verlangt oder ein Einzelner vermehrt seine Beachtung benötigt. Fixiert er sich auf den einzelnen jungen Menschen, verliert er seine Einflussmöglichkeit auf die Gruppe, deren Aktivitäten dann nur allzuleicht als Störung empfunden werden. Vernachlässigt er den Einzelnen zugunsten der Gruppe, dann unterstützt er unter Umständen die Entwicklung eines Außenseiters und kann einem individuellen Problem nicht gerecht werden. Es gibt nur eine angemessene Schlussfolgerung: Pädagogen müssen in ihrer Flexibilität und Wahrnehmungsfähigkeit für das Wesentliche in Situationen gefördert werden. Sie müssen in ihrer Entscheidungsfähigkeit gestärkt werden, welchen Prozess sie zurzeit fördern können und wollen und welchem sie ihre Aufmerksamkeit entziehen können und wollen. Eine Fortbildung muss als einen Bestandteil genau diese Zielsetzung haben.

Die Anwendungsmöglichkeiten der Gestaltprinzipien werden auch durch die Grundwerte bestimmt, wie sie sich in den bewussten, formulierten oder auch unbewussten, verdeckten Zielen der jeweiligen pädagogischen Orientierung einer Einrichtung oder einer Pädagogin widerspiegeln. Der Gestaltansatz trifft für seine Zielsetzung eine eindeutige Aussage. Er beschreibt sich als ein positivistischer Ansatz, der jedem Menschen seine eigene Entwicklungsmöglichkeit zugesteht. Wird darum das Ziel der pädagogischen Arbeit darin gesehen, das Kind oder den Jugendlichen zu lenken oder gar zu zwingen, bestimmte Normen und Werte zu übernehmen, ist die Anwendung von Gestaltprinzipien eingeengt oder eventuell sogar ganz unmöglich. In einem alten Lehrbuch aus dem Jahre 1977 von Wolfgang BREZINKA, Professor für Erziehungswissenschaften lese ich: "... *erzieherische Handlungen sind Handlungen, durch die versucht wird, Menschen eine bestimmte Form zu geben*". Ich gehe davon aus, dass von vielen Menschen diese Formulierung leider auch heute noch vertreten wird, obwohl sie eine repressive Einstellung wiedergibt, die dem, der erzogen werden soll, die Selbstbestimmung nimmt.

Gestalttherapie hat aber die Selbstverwirklichung und das persönliche Wachstum des Menschen zum Ziel. Das gestalttherapeutische Paradoxon der Veränderung lautet: „Nicht werden, was man nicht ist, sondern sein, was man ist". Sie geht somit von der positivistischen Sicht aus, dass jeder Mensch letztendlich die beste Entscheidung über sein Leben selbst treffen kann und muss. Darum ist der Therapeut in der Gestalttherapie auch aufgefordert, dem Klienten zu helfen, die Entscheidung über sein Leben in allen Belangen selbst in die Hand zu nehmen (siehe auch das Kapitel zum Thema Erziehungshaltungen) und ihn auf diesem Weg zu unterstützen.

Ich möchte Ihre Aufmerksamkeit noch einmal auf die Bedingungen der stationären Jugendhilfe lenken und Sie zur Verdeutlichung bitten, dabei auch einmal auf die Empfindungen zu achten, die die gängigen Bezeichnungen, die ich hier auch verwende, bei Ihnen auslösen:

Kinder und Jugendliche wachsen nicht in „Fremderziehung" auf, weil sie sich diese Umgebung freiwillig gewählt haben. Sie erleben ihre „Unterbringung", ihre Trennung vom Elternhaus oft als Bestrafung und Folge eigenen Versagens und nahezu immer als Unglück. Manchem jungen Menschen wurde schon lange mit der „Unterbringung im Heim" gedroht, wenn sie dieses oder jenes Verhalten nicht aufgeben würden. Die „Unterbringung" wurde als Machtmittel angesehen und so wurden negative Erwartungen erzeugt und genährt. Dass sich ein junger Mensch quasi aus dem Elternhaus in eine fremde Umgebung flüchtet und hier ein neues Zuhause sucht, kommt zwar auch vor, zeugt aber auch von den schlimmen Belastungen, die er erfahren hat. Der Pädagoge muss darum damit rechnen, dass ihm die jungen Menschen, die er betreuen will, zunächst alles andere als freundschaftliche und erwartungsfrohe Einstellungen entgegenbringen. Sie werden ihm in der Regel ablehnend oder mißtrauisch gegenüberstehen, wie es auch meinen oben geschilderten, eigenen Erfahrungen entspricht. Er wird nur in seltenen Ausnahmen unmittelbar als Partner oder als Modell für eine sinnvolle und befriedigende Form von Lebensführung gewählt. Wobei natürlich auch diese Haltung problematisch sein kann. Sein Rat wird darum vermutlich nicht selten als Bevormundung erlebt und seine Kritik mit Sicherheit nicht gewünscht. Pädagogen müssen sich eine gute Beziehung zu jedem jungen Menschen erst schaffen.

Die Wirklichkeit in den Heimen hat sich verändert, aber der schlimme Ruf vergangener Heime wirkt durchaus noch nach. „Erziehungsheime" hatten zu oft einen Charakter, der den negativen Erwartungen der jungen Menschen entsprach oder ihnen zumindest sehr entgegenkam. Der Erziehungsstil war autoritär, der Umgang im günstigsten Fall von rauher Herzlichkeit geprägt. Unter diesen Umständen war Erziehung tatsächlich eine Demonstration von Macht und Unterdrückung. Der junge Mensch hatte sich anzupassen, musste „gebessert" werden. Positiv bewertet wurde, wenn er gehorchte und sich „formen" ließ. Seine mangelnde Bereitschaft sich anzupassen, wurde als problematisches Verhalten angesehen und seine problematischen Verhalten wurden moralisch bewertet. Da er nicht als gleichwertig anerkannt wurde, blieb ihm, wenn er ein akzeptiertes Leben in der Gesellschaft anstrebte, nur die Kapitulation vor den vorgegebenen Normen und Werten, auch wenn er sie nur äußerlich demonstrierte.

Die Jugendhilfe hat sich für Reformen geöffnet und insgesamt ein anderes und positiveres Gesicht bekommen. Ausgelöst insbesondere durch Kritik, aber auch durch Einsicht in pädagogische Notwendigkeiten wurden neue Konzepte und verbesserte Rahmenbedingungen entwickelt. Gleichzeitig wurde auch das Angebot differenzierter, angemessen an die verschiedenen Bedürfnisse, die immer neue Generationen von jungen Menschen mit unterschiedlichen Problemen haben. Es gibt heute Angebote, die nach Alter, psychischer Problematik, Ausbildung etc. unterscheiden. Besonders auffällig ist die Verbesserung des Personalschlüssels, die verbesserte Wohnsituation durch Dezentralisierung außerhalb der Großeinrichtungen und die Auflösung der Bindung von Jugendhilfe an die Wohnsituation in Gruppen. Heute haben die jungen Menschen mehr Platz und Individualraum für sich und die Pädagogen mehr Zeit für einzelne jungen Menschen und damit bessere Chancen für den Aufbau von Beziehungen, auch wenn zunehmende Verwaltungstätigkeit dem wieder entgegenwirkt. Bedeutsam ist auch, dass sich das Verständnis für die pädagogische Aufgabe verändert hat. Die Funktion des Erziehers wird heute wesentlich weniger als sanktionierend und mehr als fördernd verstanden und die Ziele der Jugendhilfe sind neu definiert worden. Maßstab der erfolgreichen Erziehung ist immer weniger die gelungene Anpassung des jungen Menschen an eine vorgegebene Form, sondern die Verbesserung seiner Fähigkeit die Realität zu erfassen und darin angemessener zu reagieren. Diese Auffassung von Pädagogik stimmt mit der Zielsetzung von Gestaltarbeit überein und bildet darum eine Grundlage zur Integration von Gestaltprinzipien in die stationäre Jugendhilfe.

2.3 Jugend im Wandel

Aber auch wenn sich die Jugendhilfe verändert hat, sind die Einstellungen der jungen Menschen gegenüber dem Leben in fremder Unterbringung nicht zwangsläufig positiver geworden und die Pädagogin muss davon ausgehen, dass sie bei den Jugendlichen nicht den Wunsch nach Hilfe in einer Form antrifft, wie sie ihn sich vielleicht erhofft. Neben den negativen Vorerfahrungen mit erwachsenen Bezugspersonen, die sie teils auf alle Erwachsenen generalisieren, nehmen die jungen Menschen Erzieher auch als Vertreter einer Erwachsenengeneration wahr, die verantwortlich ist für die schwierigen Bedingungen, unter denen sie leben und sich entwickeln müssen.

Jugendliche wachsen in einer Welt auf, die ihnen ein Übermaß an Widersprüchen und Reizen, aber wenig an Orientierung und Lebensperspektive bietet. Die Integration in die Erwachsenenwelt verliert für sie in vielen Bereichen den Wert, angesichts einer Situation, die von nachlassender Solidarisierung, von Arbeitslosigkeit, verheerenden Umweltkatastrophen und -problemen geprägt ist, in der die Orientierung am Wohlstand ihren Bankrott erlebt, in der einerseits Hungersnöte auf der Welt toleriert werden und andererseits die Konsumorientierung pervertiert in Drogen- und Rauschmittelmißbrauch und in der der Expansionsdrang der Konzerne beim Waffenhandel unsere eigene Existenz bedroht. Junge Menschen werden in dieser Welt als Konsumenten umworben, aber viel zu wenig als Partner und Kritiker mit eigenem Standpunkt akzeptiert. Ich behaupte nicht, dass junge Menschen diese Haltung bewusst vortragen oder sich der Hintergründe gewiss sind, aber die psychische Konsequenz ist unübersehbar. Für viele Jugendliche sind die gesellschaftlich anerkannten und geforderten Werte und Normen der Erwachsenenwelt immer unglaubwürdiger und unattraktiver geworden. Jugendliche lehnen es mehr und mehr ab, in die ihnen angebotene oder angetragene, in vielem unattraktive oder bedrohliche Erwachsenenwelt einzutreten. Es gibt jene die völlig resignieren und viele die versuchen, stattdessen eigene Wege zu gehen oder sich Subgruppen anzuschließen, die ihnen Alternativen anzubieten scheinen. Dabei werden zum Teil Gruppen gewählt, die Stärke und Eindeutigkeit propagieren, mit klaren Feindbildern aufwarten oder fixierte Ziele verfolgen. Jugendliche ohne Orientierung nehmen solche „Hilfen" ebenso gerne an, wie Erwachsene auch, wenn sie ihre Orientierungslosigkeit als bedrohlich erleben und werden so Mitglieder von Gruppierungen die zum Beispiel dem Rechtsradikalismus zuzuzählen sind oder fanatischen religiösen Orientierungen.

Diese Entwicklung ist nicht mehr ausschließlich als Generationskonflikt verstehbar. Wer davon ausgeht, dass früher oder später schon Vernunft bei den Jugendlichen einkehren werde oder wer meint diese „Vernunft", mit welchen Mitteln auch immer, Jugendlichen aufoktroyieren zu können, der liegt gefährlich schief.

Bei Jugendlichen in der Jugendhilfe zeichnet sich die veränderte Grundhaltung noch deutlicher ab. Der Hintergrund hierfür ist, dass die Jugendhilfe im Spannungsfeld einerseits der gesellschaftlichen Forderung nach traditioneller Integration und anderseits den dafür nicht vorhandenen Bedingungen, sowie dem Widerstand der Jugendlichen steht.

Die Jugendhilfe kann und darf diese Entwicklung weder in ihrer alltäglichen Arbeit, noch in ihren Konzepten und in ihrer öffentlichen Selbstdarstellung verschweigen und ignorieren, will sie ihrem Auftrag gerecht werden. Sie zu ignorieren würde bedeuten, sich von den Jugendlichen ins Abseits stellen zu lassen, denn Jugendliche schaffen, wenn Erwachsene nicht entwicklungsfähig sind, durch aktiven und passiven Widerstand ihre gewünschten Bedingungen selbst. An einem Beispiel möchte ich dies verdeutlichen: Es wird niemals gelingen, einen Jugendlichen zum Schulerfolg zu zwingen. Ich denke, selbst die hartnäckigste erzieherische Maßnahme kann es maximal schaffen, bei einem Jugendlichen den Schulbesuch zu kontrollieren. Aber selbst bei dem Versuch, diesen Schulbesuch dauerhaft zu erreichen, müsste sie scheitern, wenn der Jugendliche ihn nicht will. Gar noch ein echtes Interesse oder einen Lernerfolg erzwingen zu wollen, halte ich für eine völlig irreale Wunschvorstellung.

Diese Entwicklung zu ignorieren hieße, sich selbst zu hohe Ziele zu setzen und sich zu überfordern. Ohne fachlich fundiertes Selbstbewusstsein gegenüber den Belegbehörden ist dies selbstverständlich nicht realisierbar, denn es gilt zu den Grenzen des Machbaren zu stehen und Illusionen auszuräumen, die auch in überzogenen Anforderungen an die Jugendhilfe verborgen sind.

Nun mag nach einem oberflächlichen Blick der Eindruck entstehen, dass ich vor den Bedingungen der Gegenwart oder vor menschlichen Problemen kapituliere. In diesem Fall werde ich aber missverstanden worden. Mein Beitrag soll keinesfalls als resignative Antwort auf eine nicht zu bewältigende Situation angesehen werden, sondern vielmehr als Versuch, die Dinge so realistisch zu sehen, wie sie nun einmal sind. Einige Verhalten von Jugendlichen sind selbstzerstörerisch oder gewalttätig gegen andere und können darum selbstverständlich nicht akzeptiert oder gar positiv bewertet werden. In diesem Punkt bin ich einer Meinung mit Arno Gruen, der für den offensiven Umgang mit Extremismus plädiert[2]. Aggressive, sogar destruktive Verhalten eines jungen Menschen rechtfertigen aber nicht den irrigen Versuch, durch im Wesentlichen repressive Maßnahmen eine Umkehr bewirken zu wollen. Wie anders soll ein junger Mensch eine solche Haltung verstehen, denn als Versuch, dass man sich seiner bemächtigen will. Hier muss vielmehr eine klare Unterscheidung her zwischen dem Unterbinden eines destruktiven Verhaltens in einem bestimmten Augenblick und einer annehmenden, überdauernden Grundhaltung, mit der konsequent die Hintergründe für dieses Verhalten bearbeitet werden.

Eine repressive Erziehungshaltung sehe ich als Folge davon an, dass der betroffene Pädagoge die Augen für die Realität und die Gegenwart verschlossen hat. Sie erscheint dadurch motiviert, dass der Repressive sich durch die Bedingungen in seiner Umgebung überfordert fühlt und es vermutlich auch ist. Aus dieser Überforderung und ihrer einseitigen Verarbeitung entsteht eine Blindheit, die keinesfalls einer realitätsbezogenen Handlungsweise oder einer professionellen pädagogischen oder therapeutischen Arbeit dient. Erst mit der Bereitschaft und Fähigkeit, sich an der

---

[2] GRUEN, A.: *Der Kampf um die Demokratie*. Stuttgart, 2002

gegenwärtigen Realität zu orientieren, sich für sie bewusst zu öffnen, ist ein Therapeut oder Pädagoge in der Lage, flexibel und erfolgversprechend zu agieren.

Erfreulich viele der neu entwickelten pädagogischen Konzepte sind gegenwartsbezogen. Sie wollen Jugendlichen gerechter werden als bisher. Dieser eigentlich Erfolg verheißende Anspruch, versagt aber leider in der konkreten Arbeit oft, weil er lediglich intellektuell und theoretisch besteht und nicht in ausreichendem Umfang auf geeignete praxisbezogene Methoden zurückgreifen kann. Es gelingt dann zwar noch die Orientierung am Jugendlichen in den Rahmenbedingungen zu verwirklichen, wenn zum Beispiel neue Wohnraumgrößen festgelegt werden, die dem Bedarf mehr entsprechen oder wenn Jugendliche über die Einrichtung ihrer Wohngruppe mitentscheiden dürfen. Aber im Alltag fehlt dem Pädagogen oft die fachliche und menschliche Kompetenz, diesen Anspruch auch konsequent im zwischenmenschlichen Umgang umzusetzen. So entsteht ein Spannungsverhältnis zwischen Planung und Praxis, in dessen Folge nicht selten über „Etikettenschwindel" gesprochen wird, wenn einmal mehr ein „intensives, therapeutisch-gruppendynamisches Projekt" aus der Taufe gehoben wird, in dem die Mitarbeiter dann von den Forderungen, die an sie gerichtet werden, überfordert sind.

Natürlich werden Pädagogen unter solchen Verhältnissen unzufrieden und man kann dann nur hoffen, dass sie ihren Unmut in die kritische Auseinandersetzung mit ihrer Situation und ihren Bedingungen und auch in die Motivation zu weiterer Qualifizierung münden lassen. Die Aus- und Fortbildungsstätten müssen sich dieser Motivation bewusst sein und entsprechende Angebote entwickeln. Sie tun dies, wenn sie gewährleisten, dass die Teilnehmer ihre Alltagserfahrungen bearbeiten können, wenn sie den Pädagogen in seiner Persönlichkeit stärken, wenn sie Bildungsinhalte anbieten, die vermitteln, was es in der pädagogischen Praxis bedeutet, ein Angebot zu machen, dass von den jungen Menschen angenommen wird, dass deren individuellen Stärken zu entdecken und zu fördern versucht, um ihnen so wieder Mut zum Leben zu geben, statt ihre Schwächen zu sanktionieren und ihnen so tagtäglich ihre „Minderwertigkeit" vor Augen führt.

Und Pädagogen müssen in der Aus- und Fortbildung insbesondere die Möglichkeit haben, zu erfahren, was es bedeutet, einen jungen Menschen dort abzuholen, wo er steht. Ich betone hier bewusst das Wort „erfahren" und meine damit, dass das Erleben von eigenen Persönlichkeitswachstumsprozessen Voraussetzung ist, für ein angemessenes Verständnis dieser Vorgänge bei anderen Menschen.

2.4 Die Belastungen des Pädagogen in der Jugendhilfe

Die Arbeit des Pädagogen in der Jugendhilfe ist manchmal über die Maßen anstrengend und oft frustrierend. Sie zu bewältigen, aber auch seine Grenzen zu akzeptieren und gute Konsequenzen daraus zu ziehen verdient Hochachtung. Im Gespräch mit Erziehern, Sozialarbeiterinnen und Sozialpädagogen höre ich immer wieder Berichte über ihre Belastungen. Geklagt wird über Ermüdung und Erschöpfung, über abnehmende Motivation immer wieder Neues zu erproben, über Jugendliche, mit denen „schon alles versucht" wurde und „nichts" Erfolg hat, über Kollegen, die sich nicht kollegial verhalten, über Vorgesetzte und Ämter, die sich nicht verständig zeigen, über jede Menge Verwaltungstätigkeit usw. Ich halte keine dieser Klagen für substanzlos und die Beschreibung der verschiedenen Probleme von Helfern hat schon unzählige Seiten Literatur gefüllt. Schlagworte wie „Helfersyndrom" und „burning out" sind dadurch bekannt geworden.

Sicherlich sind die meisten Pädagoginnen mit viel Engagement an ihren Beruf herangegangen, denn zu dieser Berufswahl gehört einfach ein Ideal. Enttäuschung oder gar Resignation stellen sich dann ein, wenn engagierte Bemühungen immer wieder von den jungen Menschen nicht angenommen oder gar zurückgewiesen werden. Ich kann diese Enttäuschung gut verstehen, weil ich gleiche Erfahrungen gemacht habe. Und der Zurückweisung durch die jungen Menschen kann man im Grunde nicht entgehen oder ausweichen. Diese jungen Menschen haben ja fast ausnahmslos schmerzhafte Erfahrungen in früheren Beziehungen gehabt und projizieren jetzt negative Erwartungen auf ihre Betreuer, aus Angst erneut verletzt zu werden. Sie testen immer wieder misstrauisch die Bereitschaft, sie zu akzeptieren, sind dabei in ihrer Einschätzung unrealistisch und ungerecht, im Verhalten verletzend und treffen auch immer wieder schwache Stellen der Pädagogen.

Verliert die Pädagogin in solchen Situationen aus dem Auge, dass das Misstrauen und die Ablehnung nicht ihr persönlich gilt, sondern eine generelle Reaktion ist, verliert sie dabei leicht die Geduld und lässt sich auf eine Konfrontation ein, dann wird sie auf Dauer resignieren, denn die jungen Menschen sind in der Überzahl und mit jeder Aufnahme in ihre Wohngruppe folgt immer wieder ein neuer junger Mensch mit frischen Energien nach. Und wählt der Pädagoge die Zielsetzung, die negative Haltung der jungen Menschen schnell abzubauen, dann wird er seine Kräfte vergeuden, denn das Misstrauen, das dem Verhalten zugrunde liegt, lässt sich nur allmählich überwinden.

Durch die tagtäglichen Anforderungen gerät Helfern sehr leicht aus den Augen, dass sie zunächst einmal für sich selbst sorgen müssen, wenn sie ihre Freude an der Arbeit und damit ihre Arbeitsfähigkeit erhalten oder zurückgewinnen wollen. Ich möchte es einmal so beschreiben: Der Pädagoge hat kein anderes „Werkzeug" zur Verfügung als sich selbst, mit der eigenen Kompetenz und Persönlichkeit. So wie bei jedem Handwerker die Pflege des Werkzeuges selbstverständlich ist, sollte dies beim Pädagogen ebenfalls selbstverständlich sein.

Es gibt aber Einstellungen, die dem eindeutig entgegenwirken. So betrachten Pädagogen sich nicht als Helfer, sondern nicht selten als verantwortlich für die Entwicklung der jungen Menschen in ihrer Obhut, selbst wenn diese schon fast im Erwachsenenalter sind. Damit überschätzen sie eindeutig ihre Möglichkeiten. Sie messen ihre Zufriedenheit an einem viel zu hoch gestecktem pädagogischen Erfolg und lassen sich in der Zielsetzung oft fremdbestimmen und überfordern.

Eine Fortbildung muss die Tendenz zur Selbstüberforderung berücksichtigen. Sie muss dem Teilnehmer Rüstzeug mitgeben, mit dem er pädagogische Möglichkeiten realistischer einschätzen, seine Möglichkeiten selbstbewusster darstellen und sich selbst „im Augen behalten" kann, in dem Bewusstsein, dass eine gute Aus- und Fortbildung bei der „Selbstpflege" eine gute Grundlage sein kann, aber eine permanente Unterstützung durch Beratung und Supervision des Betreuerteams dadurch natürlich nicht ersetzt werden kann. Der Veränderungsprozess in der stationären Jugendhilfe ist so intensiv, dass für Pädagoginnen und Pädagogen die Fortbildung und die ständige Entwicklung der eigenen Fähigkeiten zum Berufsbild gehören müssen. In einer Befragung im Auftrage des Bundesministeriums für Jugend, Familie und Gesundheit im Jahre 1984 wurden Erzieher gefragt, welche Maßnahmen ihnen geeignet erschienen, die Belastungen in ihrem Heim zu verringern. Sie nannten mit fast 60% pädagogische und psychologische Fortbildungsmaßnahmen an zweiter Stelle. Nur die Reduzierung der Gruppengröße wurde noch häufiger genannt.

Die Veränderungen und Entwicklungen in der Jugendhilfe haben teils Erleichterungen gebracht, aber auch verstärkte fachliche Anforderungen. Zum Beispiel muss mit dem Anspruch zu fördern statt zu formen, der moralische Standpunkt des Urteilens beziehungsweise Verurteilens zugunsten des Verstehens aufgegeben werden. Es ist nicht ausreichend, das Verhalten der Betreuten zu bewerten, in Recht und Unrecht zu unterscheiden, es zu sanktionieren, sondern es muss erklärt und verstanden werden. Die Bedingungen zur Realisierung der neuen Pädagogik sind in vielen Einrichtungen aber noch nicht optimal. Für die Umsetzung dieses Anspruchs ist - wie gesagt - einerseits eine entsprechende Aus- oder Weiterbildung der pädagogischen Mitarbeiter erforderlich. Andererseits muss die Einrichtung Strukturen schaffen und bereit halten, die die Verwirklichung dieser neuen Pädagogik erlaubt und nicht verhindert. Aus diesem Grunde kommen Leitungsfunktionsträger nicht umhin in ihrer Einrichtung für die Klärung des hier vertretenen Menschenbildes und insbesondere des pädagogischen Konzeptes menschlicher Entwicklung zu sorgen und systemische Störungen bei dessen Umsetzung in pädagogisches Handeln konsequent zu unterbinden beziehungsweise zu beheben suchen, auch wenn sich hierbei die Struktur einer Einrichtung von Grund auf ändern müssen.

Solange die Reinigungskraft in einem Hause die Pädagogik bestimmt, solange der Mangel an Fachlichkeit dadurch deutlich wird, dass Bezeichnungen mit Erklärungen verwechselt werden, indem psychiatrische Krankheitsbegriffe, wie Depression oder Schizophrenie, herhalten müssen, um die Niedergeschlagenheit oder Stimmungslabilität eines jungen Menschen zu erläutern, gerade so, als sei damit die Ursache genannt und solange fachfremde Leitungsfunktionsträger den Pädagogen des eigenen Hauses kein Vertrauen in deren Kompetenz entgegenbringen, solange kann ein Optimum an pädagogischer Leistung nicht erreicht werden.

2.5 Integration therapeutischer Methoden in den pädagogischen Alltag

Methoden, die ursprünglich in der Psychotherapie verwendet wurden, in die Jugendhilfe oder andere Bereiche zu übertragen, ist schon oft versucht worden und teils recht erfolgreich. Der motivationale Ursprung für diese Integration ist meines Erachtens einmal in der Vorstellung zu suchen, dass die jungen Menschen im Vergleich zu früher viel schwieriger geworden sind und zum anderen im gestiegenen Anspruch an die Jugendhilfe. Ich will die Vorstellung, der sich verschlechternden Jugend hier nicht auf ihre Richtigkeit untersuchen. Tatsache ist aber, dass ihr Verhalten schon immer beklagt wurde. Bereits Sokrates soll vor 2500 Jahren gesagt haben: *„Die Jugend liebt heutzutage den Luxus. Sie hat schlechte Manieren, verachtet die Autorität, hat keinen Respekt vor den älteren Leuten und schwatzt, wo sie arbeiten sollte. Die jungen Leute stehen nicht mehr auf, wenn Ältere das Zimmer betreten. Sie widersprechen ihren Eltern, schwadronieren in der Gesellschaft, verschlingen bei Tisch die Süßspeisen, legen die Beine übereinander und tyrannisieren ihre Lehrer".*

Bis vor einigen Jahren war in der Folge des gestiegenen Anspruchs der Ruf nach intensiverer Betreuung ständig gewachsen, was unter anderem auch hieß, psychotherapeutische Maßnahmen in die Arbeit in der Jugendhilfe einzubinden. Es wurden zunehmend Psychologen und Vertreter anderer Berufsgruppen eingestellt, die therapeutische Qualifikationen unterschiedlichster Art hatten. Diese Entwicklung hat sich derzeit allerdings wieder abgeschwächt und sogar einer gegenläufigen Entwicklung Platz einräumen müssen. Unter dem Eindruck leerer Kassen tauchen in der Diskussion immer öfter Gegenargumente gegen die Psychotherapie in der Jugendhilfe auf, die sich in solchen Bemerkungen, wie „Vertherapeutisierung des pädagogischen Alltags" niederschlagen. Ohne ehrliche Darstellung des eigentlich motivierenden Hintergrundes wird meines Erachtens diese Diskussion leider oft konfus geführt, mit einseitigem Therapieverständnis und ungenügender Kenntnis. Doch zu dieser Diskussion möchte ich später kommen und zunächst einmal die Entwicklung bis heute anschauen.

Die Entwicklung therapeutischer Arbeit in der Jugendhilfe

Ausgehend von der kritischen Auseinandersetzung mit der „Heimerziehung" setzte sich eine Veränderung in Gang, die immer mehr den Grundsatz verwirklichte, den jungen Menschen und seine Bedürfnisse in den Mittelpunkt zu stellen. Bei der Beachtung des Problems, dass zur Unterbringung eines jungen Menschen führt, tritt seither immer mehr die Beurteilung des Verhaltens in den Hintergrund und das Verstehen von Ursache und Zielrichtung des Verhaltens in den Vordergrund. Zunächst wurde der Ruf nach psychologischer Diagnostik laut und mehr und mehr Psychologen wurden in den Einrichtungen beschäftigt. „Mehr Wissen heißt" aber noch nicht „mehr können". Die diagnostischen Daten allein waren natürlich ungenügend, um die Probleme zu lösen, waren teils durch den Sprachgebrauch vielmehr geeignet, Verwirrung zu stiften. Sie mussten ergänzt oder ersetzt werden durch die psychologische Beratung der Teams und durch einrichtungsinterne Psychotherapie. Gemäß dieser Erkenntnis wurde in den Einrichtungen die Psychotherapie von den Psychologen und verwandten Berufsgruppen durchgeführt, zunächst als flankierende Maßnahme. Der Therapeut war in der Regel abseits von der Gruppe untergebracht und erhielt auf mehr oder weniger geplante Weise junge Menschen der Einrichtung zur Therapie überwiesen.

Das medizinische Modell

Diese Arbeitsweise erinnert an das medizinische Behandlungsmodell. Kurz dargestellt lässt sich dies etwa so charakterisieren:

Der Behandelnde führt die Behandlung außerhalb der alltäglichen Umgebung des Patienten durch und ist allein verantwortlich für den Heilungsprozess. Er ist kompe-

tent für die Erkennung und Beschreibung des Problems. Seine Vorgehensweise ist klar trennbar in Diagnose und Therapie.

Für körperlich erkrankte oder schwer psychisch Kranke kann diese Orientierung sehr wichtig sein. Für die therapeutische Arbeit im Heim halte ich sie aus mehreren Gründen, von denen ich nur einige exemplarisch aufzählen möchte, für unangemessen:

Grund 1.: Der Therapeut legt den Menschen nach seinen Wertmaßstäben auf das Ziel der Therapie fest und etikettiert ihn mit seiner Diagnose.

Bei psychisch kranken Menschen, die sich selbst oder andere gefährden, ergibt die Festlegung des Therapieziels einen Sinn. Denn wenn ein drogenabhängiger Mensch nicht die Drogenfreiheit, oder ein suizidaler Mensch nicht den Lebenswillen als Zielsetzung der Therapie erführe, wäre sie überflüssig. Einem jungen Menschen aber die Lust an der beruflichen Ausbildung oder den Verzicht auf aggressive Durchsetzung zum Therapieziel zu machen, hieße den sozialpädagogischen Lernprozess aufzugeben und im Extremen sogar emanzipatorische Prozesse zu unterbinden.

Nebenbei möchte ich eins nicht unerwähnt lassen: Die Rolle des Diagnostikers und die des Zielfestlegers in der Therapie vermittelt eine Macht, die Versuchung mit sich bringt. Nicht umsonst wird der psychodiagnostische Sprachgebrauch so gerne von Nicht-Therapeuten übernommen.

Grund 2.: Der junge Mensch in der Therapie innerhalb einer Einrichtung ist in einer auffälligen Position. Die Behandlung ist nicht anonym.

Es ist für einen Menschen kein leichter Schritt, sich einzugestehen, dass er mit seiner Problemlösung versagt. Für verunsicherte junge Menschen ist dies sogar ein noch größerer Schritt, als für „vernünftige" Erwachsene. Und dann wirken in der Jugendhilfe noch Gruppen- und Subgruppenphänomene, denen sich der einzelne nur bedingt widersetzen kann. Mit seiner Therapie ist ein junger Mensch geradezu prädestiniert für die Rolle eines Außenseiters und Opfers. Er läuft Gefahr, verlacht und ausgegliedert zu werden.

Grund 3.: Therapie wird als Sanktion missbraucht.

Wer braucht die Einzelbehandlung? Diese Frage wird nur allzu oft damit beantwortet, dass es der schwierige, also laute und aggressive junge Mensch ist, der zur Behandlung geschickt wird. Dies hat Konsequenzen sowohl in der Wahrnehmung der Therapie durch junge Menschen, als auch in der Motivation zur Behandlung überhaupt. Ein Mensch, der zwangsweise therapiert werden soll, verweigert offen oder verdeckt die Zusammenarbeit. Hinzu kommt, dass in einer Einrichtung, die wie hier beschrieben vorgeht, auch die aggressionsgehemmten bedürftigen jungen Menschen nicht mehr bereit sind, sich auf den Besuch des Therapeuten einzulassen.

Grund 4.: Klassische Therapie nach dem medizinischen Modell ist nicht ökonomisch.

Heime können sich nicht eine solche Anzahl von Therapeuten leisten, dass jeder bedürftige junge Mensch Einzeltherapie erhält. Kann sich eine Einrichtung einen

Therapeuten leisten, dann halte ich es für sinnvoller, dass er seine Fähigkeiten zum Beispiel in Fortbildungen für Pädagogen multipliziert.

Ist psychotherapeutisches Vorgehen eigentlich nötig?

Nahezu alle jungen Menschen in unseren Einrichtungen haben negative und belastende soziale Erfahrungen gemacht. Das Verhalten, dass sie uns zeigen, ist eine konsequente Folge der Verletzungen und Enttäuschungen die sie erlebt haben. Diese Erlebnisse müssen von ihnen verarbeitet werden. Pädagogik ist zwar geeignet, neue und bessere soziale Erfahrungen anzubieten, eine tiefgehende seelische Verarbeitung ist aber erst in psychotherapeutischen Prozessen möglich.

Die Integration psychotherapeutischer Methoden

Was haben wir jetzt alles ?

1. Die jungen Menschen in den Heimen können Therapie gut gebrauchen.
2. Die Therapie oder therapeutische Methode, die sich an das medizinische Modell anlehnt, ist in der Jugendhilfe ungeeignet.

Eigentlich wäre es vorteilhaft, wenn ein pädagogisches Verfahren eine ganzheitliche, umfassende Verarbeitungsmöglichkeit für die Probleme der jungen Menschen anböte, denn dann wäre der Konflikt zwischen Psychotherapie und Pädagogik vermieden. Mir ist aber kein solches Verfahren bekannt. Aus diesem Grunde ist eine Integration von psychotherapeutischen Aspekten in die pädagogische Arbeit angebracht. Ganz so neu ist dieser Gedanke nicht, denn immerhin hat er dazu geführt, dass therapeutisch-pädagogische Konzepte entstanden sind, wie z.B. die Heilpädagogik, die diese Integration schon mit ihrem Namen deutlich macht.

Meinen Ansprüchen genügt eine heilpädagogische Ausbildung noch nicht und es wäre auch viel zu schade um den Erfahrungsschatz der psychotherapeutischen Arbeit, wenn sich Pädagogen ihn nicht zunutze machten. Zugegeben kann das Thema „Psychotherapiemethoden im pädagogischen Alltag" zu Witzeleien anregen, wenn man sich etwa vorstellt, dass der therapeutisch gebildete Pädagoge den deprimiert dreinschauenden Jugendlichen für ein vertrauliches Gespräch erst einmal auf ein Sofa legen muss. In diesem witzigen Aspekt steckt aber natürlich auch Wahrheit. Therapie kann der Pädagogik nicht einfach aufgepfropft werden, wie ein fremder Zweig einem Obstbaum. Vielmehr muss sich die psychotherapeutische Methode in den Rahmen der Pädagogik einpassen. Immerhin sind wir ja pädagogische Einrichtungen und keine Psychiatrien. Psychotherapeutische Methoden müssen also folglich daran gemessen werden, ob sie sich einpassen lassen oder ob sie sich zumindest modifizieren lassen, damit sie dem pädagogischen Rahmen nicht widersprechen. Dies ist eine meiner Hauptforderung die sich zerlegen lässt in konkrete Teilforderungen, von denen ich wiederum nur einige aufzeigen möchte:

1. Forderung: Die Psychotherapie oder psychotherapeutische Methode muss gemäß den wechselnden pädagogischen Anforderungen der Arbeit in der Gruppe flexibel sein.

Im pädagogischen Alltag kann der Betreuer keine Einzeltherapie durchführen. Er muss seine Aufmerksamkeit vielmehr schweifen lassen von den Bedürfnissen des Einzelnen zu denen der Gruppe und spontan auf das reagieren, was seine größte Aufmerksamkeit verlangt. Die Gruppenprozesse treten somit als Störung von Einzelgesprächen auf. Wichtiger ist, dass die zu integrierende Methode die spontane Handlungsfähigkeit des Betreuers verbessert, indem sie ihm z.B. einen einfachen Orientierungsrahmen anbietet.

2. Forderung: Die Psychotherapie oder psychotherapeutische Methode darf keine Verfremdung des pädagogischen Alltags bewirken.

Fachlichkeit darf nicht zu Fachjargon im Umgang mit den jungen Menschen führen. Ein junger Mensch, der aufgefordert wird, seine Übertragungen aufzugeben, wird den Betreuer nicht verstehen und es sieht für mich auch nicht sehr sinnvoll aus, zunächst eine sprachliche Einführung anzubieten, bis ich einem jungen Menschen zu helfen vermag. Psychotherapie muss also bei einer Integration in den pädagogischen Alltag befreibar von Fachjargon sein, ohne an Wirksamkeit einzubüßen.

Sicher muss ein Pädagoge seine Handlungen reflektieren, aber eine langwierige Diagnostik ist für ihn nicht möglich, denn er muss dem jungen Menschen vom Augenblick seiner Aufnahme in der Gruppe an begegnen und kann nicht als Neutrum gelten, bis der diagnostische Vorgang abgeschlossen ist. Angemessen ist darum ein psychotherapeutischer Ansatz, der die zeitliche Trennung von Diagnostik und Behandlung aufgibt, zugunsten eines Prozesses, der in der stetigen Interaktion der Beteiligten eine Modifikation von Hypothese und Handlung erlaubt. Anders ausgedrückt: Der Pädagoge bildet sich eine Hypothese über den jungen Menschen, agiert ihr entsprechend und verändert seine Vorstellung gemäß den dabei gemachten Erfahrungen. Da dies der sowieso permanent ablaufende Vorgang zwischen Menschen ist, geht es jetzt nur noch darum, diesen Vorgang zu präzisieren. Dies erreicht man mit der Umsetzung der ...

3. Forderung: Die Psychotherapie oder psychotherapeutische Methode muss der Pädagogin bei der Entwicklung ihrer ureigensten Fähigkeiten helfen.

Der Pädagoge ist sein eigenes Werkzeug. Wenn er etwas bewirken will, dann muss er sich selbst einsetzen. Um sich selbst einsetzen zu können, muss er sich kennenlernen, seine Wahrnehmungsfähigkeit schulen und seine Handlungen realistisch gestalten. Meines Erachtens können diese Fähigkeiten nur von einer sogenannten ganzheitlichen Therapieform gefördert werden, die davon ausgeht, dass psychotherapeutisches Handeln ein Interaktionsprozess ist, in der die Therapeutin sich bewusst ist, dass sie und ihr Patient sich gegenseitig beeinflussen und voneinander lernen, in der die Beachtung von allen Aspekten menschlichen Seins wichtig genommen wird, wie Verhalten, Emotionen und Gedanken.

3 Erziehungshaltung

Die Motive und Interessen, die eine Pädagogin für ihre Tätigkeit hat, beeinflussen die Art und Weise wesentlich, wie sie ihre Berufsrolle ausfüllt. Motive und Interessen legen sie in ihrer pädagogischen Zielsetzung ebenso fest, ebenso wie in ihrer Wahrnehmung und Handlung. Für jeden Pädagogen und auch für jeden anderen Menschen in sozialer Verantwortung ist darum die intellektuelle und emotionale Auseinandersetzung mit den Beweggründen für seine Berufswahl und für sein aktuelles Erleben in seinem Beruf eine grundlegende Voraussetzung, will er nicht auf Klarheit über die eigenen Anteile am Geschehen verzichten. Wer sich entscheidet, auf diese Klarheit zu verzichten, ist selbstverständlich nicht ohne Einfluss, aber sein Einfluss ist unbewusst und unkontrolliert. Der Schulpädagogik ist dieser unbewusste und unkontrollierte Einfluss bekannt und sie hat für ihn, wenn er systematisch erfolgt, den Begriff "geheimes Curriculum" geprägt.

Im Folgenden beschreibe ich grundlegende Erziehungshaltungen, wie sie durch humanistische Ansätze in der Pädagogik und Psychologie vertreten werden. Sie sind die Haltungen, die auch für die Gestaltpädagogik gelten. Auch an diesem Punkt ist wichtig, sich bewusst zu sein, dass Haltungen nicht theoretisch erworben werden, sondern im Erleben. Diese theoretische Betrachtung wird darum in der Fortbildung des Gestalttherapeuten oder der Gestaltpädagogin noch durch die Erforschung seiner individuellen Motive zum Beispiel in Selbsterfahrung und Supervision ergänzen.

3.1 Humanismus in der Erziehung

Wenn ich mit jungen Psychologen spreche, dann höre ich als Motiv für ihre Berufswahl häufig, dass sie an anderen Menschen interessiert sind und ihnen helfen wollen. Diese Motive, die ich als wesentliche Aspekte von Menschlichkeit verstehe, sind die Eigenschaften, die landläufig der Psychologie als zentrale Grundhaltung zugeschrieben werden. Wenn dann der Begriff „humanistische Psychologie" genannt wird, klingt er dann wie eine Tautologie, also wie „kaltes Eis" oder „spitze Nadel". Aber was Menschlichkeit oder Humanismus ist, wird nicht von allen Menschen und wurde nicht zu allen Zeiten gleich gesehen. Für die Darstellung der Gestaltpädagogik, die fest in der humanistischen Psychologie verwurzelt ist, muss darum der Humanismusbegriff erläutert werden.

Der Gedanke des Humanismus hat eine lange Tradition, auch wenn das Begriffswort „Humanismus" erst im 19ten Jahrhundert geprägt wurde. Der Ursprung des Wortes ist im griechischen „humanitas" zu finden, das übersetzt soviel wie „Menschlichkeit" bedeutet. Die griechischen Philosophen der Antike forderten, dass der Mensch zu seiner wahrhaften Bestimmung erzogen werden solle und gingen davon aus, dass sie selbst hierfür zuständig seien. Ihre Schüler sollten durch rhetorische Einflüsse geformt und von Vernunft bestimmt werden. Was unter der wahrhaften Bestimmung zu verstehen sei, wurde dabei von ihnen gleich mit vorgegeben. In ihrer Entwicklung waren ihre Schüler somit fremdbestimmt, auch wenn sie dies durch die geschickte rhetorische Manipulation nicht unbedingt bemerkten. Mich selbst hat die Lehr- und Denkweise von Sokrates, so wie sie in den Werken von Plato beschrieben wird, sehr fasziniert.

Seit der griechischen Antike hat die Vorstellung, was das „wahre Mensch-Sein" ist, mehrfach Veränderungen erlebt. Der Begriff „humanitas" wurde zum Beispiel zeitweilig verurteilend gebraucht, wenn die „wahre menschliche Natur" als dämonisch oder triebhaft angesehen wurde und die Ratio, der Verstand, oder der Glaube für das menschliche Verhalten die Oberhand bekommen sollte. Bei dieser Betrachtungsweise stand der Begriff für menschliche Schwäche und Sündhaftigkeit. Er wurde aber auch zu anderen Zeiten in der Abwandlung „humaniora" verwendet, um sich als herausragend aus der Masse zu bezeichnen, wenn das eigene „wahre Mensch-Sein" von „höheren Werten" bestimmt sein sollte. Es versteht sich von selbst, dass auch bei dieser Philosophie dem Verstand und dem Glauben der wesentliche Einfluss auf das Verhalten zugestanden wird.

Unter Wilhelm von Humboldt nahm „Humanismus" eine gesellschaftskritische Bedeutung an. Humboldt forderte, sich selbst als „Neuhumanisten" sehend, dass Erziehung in kritischer Distanz zu Ökonomie, Staat und Gesellschaft erfolgen müsse. Für ihn war die Erziehung nach humanistischem Ideal eine Erziehung zur Gleichheit, die gesellschaftliche Schranken überwinden sollte. Hätte er seine Ideen umsetzen und entsprechende Erziehungseinrichtungen schaffen können, dann hätte er zumindest die Fremdbestimmung der Entwicklung des Menschen durch die Herrschaftsverhältnisse vermindert.

Die griechischen Philosophen mit ihrem „rationalen Humanismus" waren schon zu ihrer Zeit nicht unumstritten. Und parallel zu der langen Geschichte der Vernunft betonenden Linie der humanistischen Schulen gab es immer Denker, die sich hiervon distanzierten. Das, was heute als „ganzheitlicher Humanismus"[3] aufgefasst wird, entstand aber erst später durch die kritische Auseinandersetzung von Rousseau, Pestalozzi etc. mit den gesellschaftlichen und schulischen Bedingungen ihrer Zeit. Für sie war der ganzheitliche Humanismus Kontrapunkt zu gesellschaftlichen Verhältnissen und somit keineswegs von ihnen unabhängig. Das Abhängigkeitsverhältnis lässt sich dabei als reziprok bezeichnen, ähnlich wie ein junger Mensch seine ersten Schritte in die Selbständigkeit über die Opposition gegenüber den Eltern erprobt, sie dabei aber als Gegenpart auch benötigt.

Die heutige ganzheitliche humanistische Psychologie und Pädagogik hat sich von einem vorrangig gesellschaftskritischen Ansatz emanzipiert, hin zu einer selbstbewussten eigenständigen Orientierung. Sie definiert ihre grundlegenden Prinzipien nicht als Alternative zu vorherrschenden Normen und Werten, auch wenn sich diese eindeutig voneinander abheben, sondern sieht sich vielmehr als Teil der konsequenten Umsetzung eines globalen Paradigmenwechsels in den Wissenschaften. Diese faszinierende Entwicklung beschreibt Friedjoff[4] Capra in seinem Buch "Wendezeit", dass ich hiermit empfehlen möchte.

---

[3] FATZER, G.: *Ganzheitliches Lernen: Handbuch zur humanistischen Pädagogik, Schul- und Organisationsentwicklung.* Bergisch Gladbach (2011).
[4] CAPRA, F.: *Wendezeit. Bausteine für ein neues Weltbild.* Bern, München, Wien (1982).

Ganzheitlicher Humanismus in Psychologie und Pädagogik bedeutet, sich über den Primat des Geistes hinwegzusetzen, Intuitionen und Emotionen als natürlichen Bestandteil menschlichen Seins anzuerkennen und einzubeziehen und die Selbstbestimmung des Menschen zu betonen:

Der Mensch ist eine Einheit von Körper, Verstand und Gefühlen. Der Zwang, einem fremdbestimmten Normen- und Wertesystem entsprechen zu müssen, kann aufgegeben werden. Mit der Sicherheit, den eigenen Gefühlen vertrauen zu können, wird einem positivistischem Denken Platz gemacht, mit dem Carl Rogers[5] (S.99) den Menschen wie folgt beschreibt:

„... der innerste Kern der unmenschlichen Natur, die am tiefsten liegenden Schichten seiner Persönlichkeit, die Grundlage seiner tierischen Natur ist von Natur aus positiv - von Grund auf sozial, vorwärtsgerichtet, rational und realistisch."

In konsequenter Umsetzung dieses Ideals haben Pädagogen, Psychologen schon früher ihre Arbeit gestaltet und sind somit Wegbereiter für pädagogische und therapeutische Entwicklung geworden.

3.2 Antiautoritäre Erziehung

Im Jahre 1960 veröffentlichte A.S. Neill[6] sein Buch mit dem Titel „Erziehung in Summerhill", in dem er seine Arbeit und seine Ideale beschrieb. Dieses Buch wurde in den folgenden Jahren zum Kultbuch alternativer Pädagogen und die darin beschriebene antiautoritäre Erziehung zu einem festen Begriff. Auch wenn an Neill und seiner Haltung später gezweifelt wurde, vermochte er mit seinem Werk die Kritik an unmenschlicher repressiver Pädagogik befeuern, die immer lauter wurde und die Forderungen nach „offenen Schulen" und „Alternativen Erziehungssystemen" laut werden ließ. Man kann bedauern, dass auch Vertreter einer globalen Gesellschaftskritik diesen Ansatz für sich entdeckten, denn mit ihrer Erfolglosigkeit in der gesellschaftlichen Neugestaltung verloren auch die Ideale von Neill an Überzeugungskraft und an Möglichkeit in der Pädagogik durchschlagende Veränderungen herbeizuführen. Der gesellschaftskritische Standpunkt beherrschte die weitere Entwicklung und die antiautoritäre Erziehung wurde mehr und mehr mit gesellschaftlicher Utopie, ja sogar Spinnerei gleichgesetzt und nicht als realistische Alternative in der Pädagogik akzeptiert.

Welche Grundideen hat die antiautoritäre Erziehung?

- Ein Mensch lernt nur, was er wissen muss und wissen will, was er zum Überleben und Leben benötigt und/oder was sein Interesse weckt.

- Es ist wesentlich wichtiger, dass er lernt, wie man lernt, als faktisches Wissen anzusammeln. Nur so kann er den sich wechseln Anforderungen im Leben gewachsen sein und sich jeweils das Wissen aneignen, das er benötigt.

---

[5] ROGERS, C.: *Die klientenzentrierte Gesprächspsychotherapie.* Frankfurt a.M. 2012.
[6] NEILL, A.S.: *Erziehung in Summerhill.* München (1965).

- Es ist ebenso wichtig zu lernen, wie man fühlt, wie zu lernen, wie man denkt.

Vertreter der antiautoritären Erziehung werfen autoritären und auch „charitativen" Pädagoginnen vor, dass sie mit ihrer Haltung den jungen Menschen die Freude am Leben nehmen und ihnen vermitteln - beabsichtigt oder nicht - dass sie minderwertig und von Hilfe abhängig seien. Antiautoritäre Pädagogen setzen dem Zwang und auch dem Motivieren und Anleiten zu fremdbestimmten Verhalten, die natürliche Neugier, eine jedem Menschen innewohnende Motivation, entgegen. Junge Menschen sollen das Recht haben, ihre Aktivitäten selbst zu wählen und ihre Lehrer oder Erzieher sollen lediglich nötige Informationen bereitstellen. Sie vertrauen auf einen Prozess, in dem das Lerninteresse entsteht und die Konfrontation mit der Realität selbst für die Zielrichtung des Lernens sorgt. Eine vergleichbare Idee hatte die dänische Tvint-Schule ihrem Konzept zugrunde gelegt und umgesetzt.

3.3 Demokratische Erziehung

Carl Rogers[7] hat die klientenzentrierte Gesprächspsychotherapie entwickelt. Rogers betont in den Grundsätzen dieser Therapieform, dass jeder Mensch grundsätzlich die Fähigkeiten besitzt, konstruktiv mit seiner Lebenssituation fertig zu werden. Wird er zum Klienten, dann hat er eine Störung, beziehungsweise ein Problem, weil er diese Fähigkeiten zurzeit nicht nutzt. Der Psychotherapeut braucht somit nicht das Problem stellvertretend für den Klienten zu lösen, sondern sein Ziel muss es vielmehr sein, die Fähigkeiten des Klienten (wieder) freizusetzen. Und Rogers zieht die Schlussfolgerung: Wenn dies in der Psychotherapie möglich ist, dann müssen sich Hypothese und Methode auf Unterricht und Erziehung übertragen lassen.

Rogers Ansatz ist, auch nach seiner eigenen Auffassung, politisch bedeutsam. Er hat für eine autoritäre Kultur keine Relevanz, denn er ist ein demokratisches Erziehungssystem. Er fördert selbstinitiierte Handlungen und Verantwortungsgefühl, befähigt zu Selbstlenkung und Kreativität, zu wirkungsvoller Kooperation mit anderen. Menschen, die eine solche Erziehung genossen haben, werden eine repressive Struktur nicht anerkennen und immer eine Veränderung anstreben.

Grundlegende Ideen des personenzentrierten Ansatzes sind:
- Kein Mensch kann einem anderen etwas lehren, sondern nur dessen Lernen fördern. Die Wahrnehmung des Lehrenden oder Erziehenden muss darum auf den Betreuten gerichtet werden, da seine Interessen und seine Förderungsmöglichkeiten ausschlaggebend sind.
- Jeder Mensch nimmt nur die Dinge auf, die er für die Erhaltung oder Erhöhung der Struktur seines Selbst als wichtig erachtet. D.h.: Interesse entsteht nur für etwas, dass der eigenen Orientierung dient. Biete ich einem Menschen etwas an, das sein Selbst stört, dann wird er die Annahme in irgendeiner offenen oder verdeckten Form zu verweigern versuchen.

---

[7] ebenda

Aus diesen Erkenntnissen heraus schlägt Rogers vor, für die Erziehung im Unterricht eine Atmosphäre des Akzeptierens zu schaffen und den Schüler darin zu fördern, eigene Absichten oder gemeinsame Absichten in der Gruppe zu entwickeln. Der Pädagoge muss nach seiner Vorstellung in der Lage sein, die Rolle zu wechseln, vom Leiter der Gruppe, der auf geäußerte emotionale Einstellungen und Gefühle reagiert, zum Leiter, der dem Gruppenprozess eine Struktur geben kann.

Anne-Marie und Reinhard Tausch[8] haben sich auf dem Hintergrund ihres personenzentrierten Arbeitens intensiv mit der Haltung zwischen Lehrenden und Lernenden, zwischen Erziehern und Erzogenen auseinandersetzen. Dabei lassen sie eine inhaltliche Nähe zu Carl Rogers und eine vergleichbare menschliche Haltung erkennen, die auffällig, aber nicht zufällig ist, denn sie sind beide selbst Gesprächspsychotherapeuten. Ihr vorrangiges Ziel, dass sie in ihrer „Erziehungspsychologie" formulierten, ist Lehrern, Erziehern und Eltern dazu zu verhelfen, dass sie

„... in der alltäglichen Beziehung von Person zu Person bedeutungsvolle seelische Vorgänge und die konstruktive Persönlichkeitsentwicklung von Kindern und Jugendlichen fördern".

Sie schlagen für Betreuerinnen vor, sich psychosoziale Grundwerte anzueignen, die für jedes humane Zusammenleben von Menschen wichtig sind, nämlich Selbstbestimmung, Achtung der Person, Förderung der seelischen und körperlichen Funktionsfähigkeit, sowie Anerkennung einer sozialen Ordnung. Wesentlich für sie war, dass der Erwachsene für den Heranwachsenden ein Modell darstellen soll. Lehrer und Erzieher sollen beispielhaft die Eigenschaften zeigen, die sie vermitteln möchten. Wenn sie als Modell attraktiv und erfolgreich sind, haben sie die besten Chancen, dass ihr Verhalten übernommen wird.

Der Ansatz des Ehepaares Tausch unterscheidet sich von Neills Vorstellungen insbesondere durch die Gewichtung der sozialen Ordnung. Selbstbestimmung bedeutet bei ihnen darum auch nicht jede Freiheit für eine Person, sondern sie betonen, dass für eine Gemeinschaft eine gewisse Ordnung und Regelung des Zusammenlebens erforderlich ist, damit zum Beispiel die Grundwerte der Selbstbestimmung jedes einzelnen gewährt sind und eine verantwortungsvolle soziale Kooperation gefördert wird. Somit stellen sie die Forderung auf, dass eine nicht-autoritäre Haltung auch unter den Lernenden erforderlich ist und angestrebt werden soll.

3.4 Konfluente Erziehung

Lernen besteht nicht nur aus einer Wissensansammlung, sondern auch aus der Bewertung des Erfahrenen, aus dem Herstellen einer Beziehung zwischen der Information oder der Erfahrung die ich mache und dem Entdecken, was diese für mich bedeutet. Anders ausgedrückt: Wenn wirklich gelernt werden soll, dann müssen Lehrer und Erzieher den Menschen ganzheitlich sehen, müssen begreifen, dass der junge Mensch denkt und fühlt. Sie müssen dem jungen Menschen gestatten, dass er das Wissen, dass an ihn heran getragen wird, nicht einfach schluckt, ohne es zu verdauen, sondern dass er es kritisch beleuchtet, analysiert, aus seinem subjektiven

---

[8] TAUSCH, R. und TAUSCH, A.-M.: *Erziehungspsychologie.* Göttingen-Toronto-Zürich 1998.

Blickwinkel intellektuell und emotional bewertet, in eine Beziehung zu seinem eigenen Leben setzt.

Aus diesen Überlegungen heraus hat George Brown[9] die „konfluente Erziehung" aus der Gestalttherapie entwickelt. Gemäß seiner Vorstellung soll in jedem Unterricht, egal ob es sich um naturwissenschaftliche oder musische Fächer handelt, der Ausdruck von Emotionen gefördert werden, da sich so Interesse und Beteiligung erhöhen. Insbesondere in den Weiterentwicklungen dieses Ansatzes, die die Förderung von verhaltensgestörten und behinderten jungen Menschen zielen, ist das Konzept erfolgreich. Hilarion Petzold und Ulrike Mathias[10] berichten als Mitautoren in dem Werk von Brown über solche Versuche und betonen dabei, dass den Pädagoginnen eine Bürde genommen wird, indem der „Zwang zur Normalität" aufgegeben wird. Den Pädagoginnen würden Frustrationen erspart und dem Kind würde die Chance gegeben, sich selbst zu mögen, wenn es trotz seiner Störungen oder Behinderungen sein dürfe, wie es ist und dennoch angenommen würde.

Die konfluente Erziehung ist von ihrer grundsätzlichen Orientierung her ein Erziehungsmodell für die Schule: Ihre Methoden zielen auf einen humaneren Unterricht und sie hat nicht die Förderung des ganzheitlichen Erlebens unmittelbar zum Ziel. Sondern sie ist ein Konzept, das auf dem Hintergrund von Ganzheitlichkeit den Erwerb von Wissen in menschenfreundlicherer Form ermöglicht.

3.5 Die Erziehungshaltung des Gestaltpädagogen

Der gestaltpädagogische Ansatz setzt die Entwicklung der humanistischen Pädagogik fort. Er stellt dabei die bestehenden Ansätze humanistischer Pädagogik nicht in Frage und will sie auch nicht in ihrer Bedeutung schmälern. Vielmehr will er auf ihnen aufbauen und sie mit seinen, aus der Gestalttherapie resultierenden Möglichkeiten ergänzen und mit der Gestalttheorie einen Bezugsrahmen schaffen.

Für die Gestaltpädagogik ist die Entwicklung von Selbststeuerungs- und Erlebnisfähigkeit ihr unmittelbares und eigentliches Ziel. Auf diesem Hintergrund fügt sie den humanistischen pädagogischen Ansätzen Prinzipien, Erfahrungen und Methoden der Gestalttherapie hinzu und entwickelt eigene Verfahren für ihren speziellen Bedarf. In der Gestaltpädagogik wird die Trennung überwunden, die häufig zwischen Psychotherapie und Pädagogik in übertriebener Weise wahrgenommen oder postuliert wird. Gestalttherapie und Gestaltpädagogik arbeiten am gleichen Wachstumsprozess des Menschen. Sie kennen keine unterschiedliche Wertigkeit ihrer Aufgaben und können sich ohne Konkurrenz in der Praxis ergänzen.

Die antiautoritäre Erziehung von Neill hat viele Diskussionen und auch Ablehnung ausgelöst. Ein Teil dieser negativen Reaktionen beruhte sicherlich darauf, dass manche Erzieher und Eltern den antiautoritären Aspekt mit einer Laissez-faire-

---

[9] BROWN, G.I. (Hg.) et al.: *Gefühl und Aktion. Gestaltmethoden im integrativen Unterricht.* Frankfurt a.M. (1978).
[10] PETZOLD, H.G., MATHIAS, U., *Integrative Pädagogik in der Arbeit mit behinderten und verhaltensgestörten Kindern.* (1978). In: Brown, Petzold, 156-166.

Haltung verwechselt haben. Kritiker nahmen deshalb an, dass sich in der antiautoritären Haltung ein Desinteresse an den Kindern und Jugendlichen zeige. Und manche vermeintliche Anhänger verdeckten mit der Maske einer alternativen Erziehung tatsächlich eine solche Egal-Einstellung. Es mag auch sein, dass Neill selbst einiges nicht deutlich genug hervorgehoben hat, manch seiner Prämissen zu naiv vertrat (naiver Glaube an das Gute im Kind). Wer aber sein Buch sorgfältig liest und Schilderungen über Summerhill berücksichtigt wird erfahren, dass er für die Kinder und Jugendlichen in seiner Betreuung ein erhöhtes Maß an Aufmerksamkeit hatte, zugewendet und warmherzig war, für sie Ansprechpartner und Ratgeber war, den Kontakt zu ihnen gesucht hat.

Der Begriff „anti-autoritär" ist irreführend, solange er nicht klar abgegrenzt wird von der Autorität durch Persönlichkeit. Ich mag Neill Persönlichkeit unterstellen, mit der er auch Autorität hatte, ohne autoritär aufzutreten. Bezieht sich der Begriff „anti-autoritär" auf die Beschreibung der Alternative zur anmaßenden repressiven Haltung, dann ist er zutreffend. Wird er aber verwendet, um jede Einflussnahme abzulehnen, dann wird übersehen, dass jedes menschliche Leben ein Leben in Gemeinschaften und damit sozialer Beziehung ist, in der sich Interessen der Individuen begegnen und miteinander ausgetragen werden müssen. Rogers und das Ehepaar Tausch haben betont: Pädagogen nehmen Einfluss, ob sie wollen oder nicht. Und Kommunikationsforscher haben herausgefunden, dass es nicht möglich ist, nicht zu kommunizieren[11].

Pädagoginnen haben in der sozialen Gemeinschaft mit ihren Kolleginnen und mit den jungen Menschen nicht nur ein Recht auf einen eigenen Standpunkt, sondern die Äußerung ihres Standpunktes ist sogar pädagogisch notwendig. Ohne die Darstellung ihrer eigenen, abgegrenzten Persönlichkeit können sie für die jungen Menschen kein signifikantes Modell für das Vertreten eigener Bedürfnisse in Gemeinschaften und für das Auftreten in Konflikten sein. Einrichtungen, in denen es gelang einen anti-autoritären Stil (im Sinne von ausagieren-lassen und Grenzsetzung vermeiden) zu realisieren, schufen darum ein soziales Umfeld, dass mit der Realität außerhalb wenig Gemeinsamkeit hatte. Kinder und Jugendliche, die unter diesen Bedingungen aufwuchsen, hatten außerhalb der Einrichtung erhebliche Orientierungsprobleme, waren in anderer Umgebung nicht gemeinschaftsfähig.

Ausschlaggebend für eine gesunde Erziehungshaltung ist also nicht der Verzicht auf jede Autorität, sondern die Realisierung einer partnerschaftlichen Grundeinstellung gegenüber Kindern und Jugendlichen, in der Form, wie sie z.B. das Ehepaar Tausch und Carl Rogers fordern. Eine solche partnerschaftliche Grundeinstellung ist daran erkennbar, dass in der Kommunikation auf die Darstellung von Machtverhältnissen verzichtet wird und dass die Umgangsweise umkehrbar ist. Das heißt, so wie die Pädagogin dem jungen Menschen begegnet, muss dieser auch der Pädagogin begegnen können und dürfen. Bei einer solchen Einstellung besteht die Bereitschaft des Pädagogen, eigene Erfahrungen und Ansichten als Information und nicht als unveränderliche Norm anzubieten, sie auch in Frage stellen zu lassen.

Kinder und Jugendliche müssen die Möglichkeit haben, eigene Standpunkte zu entwickeln und in der Auseinandersetzung zu erproben, wenn sie selbstverantwortli-

---

[11] WATZLAWICK, P. (Hg.) et al.: *Menschliche Kommunikation. Formen, Störungen, Paradoxien.* Bern (2000).

che Erwachsene werden sollen. Dies setzt voraus, dass Erwachsene den Konflikten mit ihnen nicht ausweichen, dass sie im Konflikt keine Unterdrückung erfahren und dass sie Freiraum für Experimente zugestanden bekommen, in dem sie nicht unter Erfolgszwang stehen. Eine solche Haltung ist nicht-autoritär und sozial-integrativ, sie ist die Haltung, die sich in der humanistischen Pädagogik und damit auch in der Gestaltpädagogik in den Umgangsweisen und Zielen niederschlägt. Im Folgenden möchte ich diese Ziele zusammenfassend darstellen:

Die Gestaltpädagogin, der Gestaltpädagoge ...

- akzeptieren die Bedürfnisse des jungen Menschen und stellen Erfahrungsmöglichkeiten bereit, die dessen Potential berücksichtigen,

- nehmen die eigenen inneren Prozesse und Bedürfnisse wahr, erkennen die wichtige Rolle von Gefühlen an und berücksichtigen persönliche Werte und Wahrnehmungen im Erziehungsprozess,

- versuchen, ein Bewusstsein persönlicher Wertschätzung zu entwickeln, für sich selbst und für den anderen,

- versuchen, den jungen Menschen in den Prozess seiner Erziehung einzubeziehen,

- entwickeln ein Lebensklima, das persönliches Wachstum fördert und das vom jungen Menschen als interessant, verstehend, unterstützend uns angstfrei empfunden wird,

- entwickeln einen echten Respekt für den Mitmenschen und vermitteln die Fähigkeit, Konflikte zu lösen.

Die Berufsrolle (Ü)

Die Übung biete ich gerne in der Anfangszeit einer längeren Fortbildung an. Einerseits verhilft sie, Material für die Diskussion der Inhalte der Berufsrolle des Pädagogen zu verschaffen und zum anderen ist ihr Ziel, zu mehr Bewusstheit darüber zu verhelfen, wie die Teilnehmerinnen ihre Tätigkeit bewerten, welche Fantasien sie mit ihr verbinden, welche Ideale sie mit ihr verknüpfen. Voraussetzung für diese Übung ist die Bereitschaft, sich auf Fantasien einzulassen, eine gute Entspannung und eine ungestörte Atmosphäre. Hilfreich ist ein autogenes Training als Einleitung. Ich halte es grundsätzlich für sehr hilfreich vor Übungen oder Experimenten, die auf Fantasie zurückgreifen, eine Phase der Entspannung einzufügen. Die Entspannung hat zur Folge, dass die Teilnehmer Beklemmungen und Hemmungen abbauen und mehr Zugang zu sich selbst finden.

Ich bitte die Teilnehmer meiner Seminare zu wählen, ob sie entspannt sitzen oder liegen wollen. Für einige ist das Sitzen angenehmer, weil sie im Liegen einschlafen würden und für andere ist das Liegen angenehmer, weil ihnen längeres Sitzen anstrengend ist. Erproben Sie für sich die vorteilhafteste Ausgangsposition. Da Sie während der Übung die Augen schließen sollten, müssen Sie sich die Anleitung entweder (sinngemäß) merken oder aber auf einen Tonträger sprechen und dann abhören. Am vorteilhaftesten ist, sie von einem guten Freund vorlesen zu lassen. Zwischen den Anweisungen sollten sie immer einige Augenblicke vergehen lassen, damit Zeit zur Verarbeitung vorhanden ist.

Machen Sie es sich im Liegen oder Sitzen bequem. Schließen Sie dann ihre Augen und entspannen Sie sich, zum Beispiel, indem Sie autogen trainieren.

Nach einiger Zeit der Entspannung lenken Sie ihre Aufmerksamkeit auf ihren Beruf. Sagen Sie sich: Ich bin Erzieher, Sozialarbeiter oder was immer zutrifft.

- Machen Sie sich bewusst, was Ihnen ihr Beruf in diesem Augenblick bedeutet. Was ist Ihnen wichtig daran...?
- Was macht Ihnen Spaß und was belastet Sie...?
- Ist ihr Beruf so, wie Sie ihn sich vorgestellt haben, bevor Sie ihn ergriffen? Hat er sich im Laufe der Jahre gewandelt...?

Stellen Sie sich nun einen konkreten jungen Menschen in ihrer Betreuung vor....

- Wie sieht dieser junge Mensch in ihrer Fantasie zur Zeit aus...?
- Was hat er für Probleme? Womit belastet er Sie...?
- Was hat er für Stärken? Womit erfreut er Sie...?
- Was hat er vermutlich für Hoffnungen und Wünsche für seine Zukunft...?
- Wie wird er sich wohl entwickeln...?
- Wird er seine Wünsche realisieren können...?
- Was soll er nach ihren Vorstellungen erreichen? Haben Sie Ziele für ihn...?
- Wird er sich ohne ihre Hilfe in seinem Leben zurechtfinden...?

Da in der Fantasie alles möglich ist, stellen Sie sich nun vor, dass Sie auf eine Zeitreise gehen. Langsam verblasst das Bild des Jugendlichen und es wird für einen kurzen Augenblick völlig dunkel....

Stellen Sie sich vor, dass in diesem Augenblick eine lange Zeit vergeht. Sie reisen in ihrer Fantasie 10 Jahre durch die Zeit...

Jetzt wird es langsam wieder hell und die 10 Jahre sind vergangen. Der junge Mensch von damals steht nun als Erwachsener vor Ihnen...

Stellen Sie sich vor, alle ihre pädagogischen Bemühungen haben bei diesem Menschen Erfolg gehabt. Er ist so geworden, wie Sie es sich gewünscht haben.

Betrachten Sie ihn unter diesen Gesichtspunkten...

- Wie sieht er jetzt aus...?
- Wie verhält er sich...?
- Welchen Beruf hat er...?
- Ist er verheiratet...?
- Ist er mit seinem Leben zufrieden...?

Stellen Sie ihm in der Fantasie diese Fragen und hören Sie ihm zu, was er über sein derzeitiges Leben zu berichten hat...

- Fragen Sie ihn, was ihm auf seinem Weg geholfen hat...
- Fragen Sie ihn, wie Sie hilfreich für ihn waren...

- Und fragen Sie ihn auch, wie er für sich selbst gesorgt hat...

Beenden Sie die Übung, wann Sie möchten, indem Sie sich von dem Menschen verabschieden und in ihrer Fantasie in die Gegenwart zurückkreisen. Bevor Sie aufstehen, beleben Sie durch Strecken und Räkeln ihren Körper und werten Sie erst nach einer Weile die Übung für sich aus. Lassen Sie zur Auswertung der Übung noch einmal an sich vorüberziehen, was Sie in der Fantasie erlebt haben. Betrachten Sie dann folgende Fragen und beantworten jene, die Sie beantworten möchten, ergänzen Sie diese Fragen um jene, die Ihnen selbst wichtig sind:

- Was ist für Sie wichtig in ihrem Beruf?
- Welche Kriterien sind Ihnen bei der Betrachtung und Bewertung der jungen Menschen in ihrer Betreuung wichtig?
- Welche Ziele haben Sie für die jungen Menschen?
- Was sind ihre Kriterien für ihren beruflichen Erfolg?
- Wie haben Sie den jungen Menschen bisher geholfen und wie wollen Sie ihnen in Zukunft helfen?
- Welche erzieherischen Ideale haben Sie?

Es kann für Sie eine wichtige Erfahrung sein, mit den Erlebnissen aus ihrer Fantasie den jungen Menschen neu zu betrachten. Versuchen Sie doch herauszufinden, ob sich ihre Haltung ihm gegenüber verändert hat oder ob Sie Neues an ihm entdecken.

4 Prinzipien der Gestaltpädagogik

4.1 Bezug zur Gestalttherapie

Die Gestalttherapie hat ihre Wurzeln in der humanistischen Psychologie. Auf die gleichen humanistischen Grundlagen bauen noch eine ganze Reihe weiterer psycho-therapeutischer Verfahren und Methoden auf. Ihnen gemeinsam sind eine am Menschen orientierte Denk- und Erlebensweise, was unter anderem bedeutet, dass der Mensch als eine Einheit von Denken, Fühlen und Verhalten verstanden und jeder Organismus als Bestandteil eines Feldes oder Systems mit komplexem Bedingungs-gefüge angesehen wird.

Der Begriff „Gestalt" stammt aus der experimentellen Wahrnehmungs- und Erkennt-nispsychologie der Berliner Schule der Gestaltpsychologie von Max Wertheimer, Kurt Koffka, Lewin und Goldstein, die verschiedene Wahrnehmungsphänomene erforsch-ten und formulierten[12]. Hierzu gehört unter anderem die Beobachtung, die der Gestalttherapie ihren Namen gab, das Gestaltphänomen:

Menschen neigen dazu, visuelle Eindrücke so zu organisieren, dass sie eine sinnvol-le Einheit, eine Gestalt bilden.

Der deutsche Arzt und Psychotherapeut Fritz Perls[13] erkannte, dass die Ergebnisse und Schlussfolgerungen dieser Gestaltpsychologie nicht nur für die Wahrnehmung, sondern für das gesamte menschliche Erleben Relevanz haben. Er übertrug sie darum auf seine psychotherapeutische Arbeit und legte so den Grundstein für die Gestalttherapie.

Fritz Perls hat zumeist in den USA gearbeitet, nachdem er wegen seiner jüdischen Abstammung aus dem nationalsozialistischen Deutschland flüchten musste. Hier hat er zusammen mit anderen Therapeuten humanistischer Orientierung in Esalen eine Stätte kreativen Schaffens ins Leben gerufen, von der über viele Jahre hinweg die Entwicklung von Therapie- und sozialen Arbeitsformen ausging. Mit dieser Entwick-lung verbinden sich Namen wie Ruth Cohen[14], Ida Rolf (Rolfing), Laura Perls, Paul Goodman, Jacob Moreno (Psychodrama) und viele mehr. Sie haben zusammen mit Perls erheblich zur sogenannten New-age-Bewegung beigetragen.

Perls und auch alle anderen mir bekannten Gestalttherapeuten haben die Gestaltthe-rapie nie als isolierte Technik oder Psychotherapieform betrachtet. Vielmehr haben sie gerade auf das Wachstum des Ansatzes gesetzt, der hierfür auch aus anderen Konzepten Erfahrungen und Inhalte schöpft. Sie haben - teils sehr pragmatisch - verschiedene Psychotherapieformen und -methoden integriert, gemäß dem Gestalt-prinzip, dass das Ganze mehr ist, als die Summe seiner Teile. Wegen dieser Integra-tion wird heute auch vielfach von integrativer Gestalttherapie gesprochen. Des

---

[12] KOFFKA, K.: *Zu den Grundlagen der Gestaltpsychologie - Ein Auswahlband.* Herausgegeben von Michael Stadler. Verlag Wolfgang Kammer, Wien (2008).

[13] PERLS, F.: *Grundlagen der Gestalttherapie -Einführung und Sitzungsprotokolle.* Donauwörth (2007).

[14] COHEN, R.: *Von der Psychoanalyse zur Themenzentrierten Interaktion.* Stuttgart (2009).

Weiteren wurde die Entwicklung auch durch Ansätze phänomenologischen und existentialistischen Denkens befruchtet, wie sie sich in fernöstlichen Philosophien finden. Beim Transfer von Gestalttheorie und Gestalterleben in andere als sozialwissenschaftliche Bereiche entstand ebenfalls ein gegenseitig fruchtbarer Austausch, wie durch die Berücksichtigung anderer Wissenschaften, wie zum Beispiel astrophysikalischer Theorien durch Stemmler und Bock[15]. Manche dieser Integrationsversuche gewannen keine Kraft, führten in eine Sackgasse und wurden wieder aufgegeben. Manche wurden aber auch als Esoterik kritisiert und verworfen.

Schon im Laufe seiner frühen psychotherapeutischen Arbeit erkannte der psychoanalytisch gebildete Perls, dass ein Mensch Kraft und Motivation zu seiner Entwicklung oder zur Heilung seiner Persönlichkeit aus der bewussten Wahrnehmung der Gegenwart schöpft. Er postulierte das Grundprinzip, dass die Therapie permanent auf das Erleben im Hier-und-Jetzt zurückgreifen müsse. Perls Versuche, seine Ideen in die Psychoanalyse einzubringen, wurden von Sigmund Freud zurückgewiesen, so dass er sich zunehmend distanzierte und seinen eigenen Weg ging.

Die Gestaltprinzipien

Der Gestalttherapeut oder Gestaltpädagoge arbeitet mit dem Prinzip des permanenten Erlebens im Hier-und-Jetzt indem er seine eigene Wahrnehmung und die Wahrnehmung des Menschen dem er hilft, immer wieder auf die Gegenwart lenkt. Nicht immer ist der Mensch mit dieser Hilfe einverstanden oder möchte die damit verbundenen Konsequenzen ertragen, denn dabei werden verdrängte leidvolle Erlebnisse gegenwärtig erlebbar, mit all ihren seelischen Verletzungen und dem damit verbundenen Schmerz. Um sich vor diesem Leid zu schützen, bringt ein Mensch der Wahrnehmung in der Gegenwart Widerstand entgegen, versucht den Kontakt mit seinen Sinneserlebnissen zu vermeiden. Wenn sich ein Mensch so gegen verändernde Einflüsse wehrt, dann ist diese Vermeidung nicht negativ zu bewerten, sondern als wichtige Äußerung seines Selbst anzuerkennen, als der aktuelle Versuch, seine psychische Balance aufrecht zu erhalten. Durch die Vermeidung ist zwar der gesunde Ablauf des Erlebens gestört, der Kontakt mit Teilen des Selbst und mit Teilen der Umgebung findet nicht oder reduziert statt, aber dennoch bedeutet Heilung nicht, den Widerstand zu ignorieren oder zu durchbrechen, sondern in zu akzeptieren, bis er im Rahmen der Persönlichkeitsentwicklung seine Notwendigkeit verliert und von selbst aufgegeben wird.

Aus den eben aufgezählten und im Folgenden noch ausführlicher dargestellten Prinzipien haben Gestalttherapeuten Vorgehensweisen für die Psychotherapie abgeleitet. Mit diesen Vorgehensweisen zielen sie auf die Verbesserung der Wahrnehmung in der Gegenwart, die Überwindung der Trennung von Leib und Seele, die Stärkung der Selbstfunktionen, sowie auf die Wiederherstellung eines guten Kontaktes zwischen Organismus und Umgebung. Die Ziele lassen sich zusammenfassen in dem Bestreben, die Fähigkeit des Menschen zu verbessern, seine Gestalten des Erlebens zu schließen.

---

[15] STEMMLER, F.-M. und BOCK, W.: *Neuentwurf der Gestalttherapie*. München 1987.

Da die Ziele, die Haltungen des Helfers und die Methoden übereinstimmen, vermag ich derzeit die Frage, was Gestalttherapie und Gestaltpädagogik voneinander unterscheidet nur so zu beantworten, dass ich feststelle: Es ergeben sich aufgrund der verschiedenen Arbeitsbedingungen verschiedene Schwerpunkte der Aufmerksamkeit und der Handlungsfelder, so dass Pädagoge und Psychotherapeut aus einem gemeinsamen Pool von Möglichkeiten lediglich nach diesen unterschiedlichen Schwerpunkten wählen: Der Psychotherapeut hat sein intensivstes Wirkungsfeld bei intrapsychischen Prozessen und arbeitet zumeist in Einzelgesprächen. Der Pädagoge im Gruppendienst wird sein Handeln vornehmlich auf interpersonelle und Gruppenprozesse lenken und so eher indirekt Einfluss auf intrapsychische Vorgänge haben, den Austausch zwischen Personen und die Entwicklung in der Gruppe fördern.

4.2 Die Gestaltbildung und Figurbildung

Als ich ein etwa 8 Jahre alter Schüler war, passierte mir Folgendes: Ich saß im Unterricht vor einem Zeichenblock und meine Lehrerin wollte, dass ich eine Blume male. Um mich herum waren alle meine Mitschüler emsig am Farbe mischen und klecksen. Mir war aber eher langweilig, weil ich hier stillsitzen sollte und viel lieber auf dem Schulhof hinter einem Ball her gerannt wäre. Und weil ich „zappelig" und mit den Gedanken bei ganz anderen Dingen war, stieß ich gegen meine Palette, in der Farbe angerührt war. Sie schwappte über und auf meinem Blatt entstand eine kleine dunkelrote Pfütze. Viel Farbe war es nicht und ich faltete das Blatt einfach zusammen, damit es niemand sehen sollte. Später bekam meine Lehrerin dann durch einen Zufall meine „Zeichnung" doch noch zu sehen und lobte sie, weil meine Blume so schön symmetrisch war. Sie war damit dem Wahrnehmungsphänomen der Figurbildung „zum Opfer gefallen"[16].

Ein für die Gestaltarbeit wesentliches Ergebnis der Wahrnehmungsexperimente ist die Entdeckung des Prozesses der Gestaltbildung, zu dem als wichtigster Bestandteil die Figurbildung gehört.

Figurbildung
Menschen strukturieren ihre Wahrnehmung und ihr gesamtes Erleben. Fakten, Sinneswahrnehmungen, Verhaltensweisen und Phänomene werden von Menschen erst durch ihre Organisation definiert und nicht schon durch ihre Bestandteile. Erst durch die Organisation und durch ihre Differenzierung in Vordergrund und Hintergrund erhalten sie ihre eigenständige und besondere Bedeutung. Die Gestalt ist hierbei die organisierte Gesamtheit unseres aktuellen Erlebens und die Figur ist der Teil dieser Gestalt, der im Zentrum unserer Aufmerksamkeit ist. Der Prozess, der als Gestaltbildung bezeichnet wird, ist für die Gestalttherapie und Gestaltpädagogik namengebend gewesen. Er erklärt, dass Menschen zum Beispiel Gegenstände, auf

---

[16] *Um einem möglichen Missverständnis vorzubeugen: Mit meiner Unachtsamkeit und dem folgenden Irrtum meiner Lehrerin wurde keineswegs der Grundstein für ein bekanntes psychodiagnostisches Verfahren gelegt.*

die sie ihre Aufmerksamkeit richten, nicht als unzusammenhängende Bruchstöcke wahrnehmen, sondern sie im WahrnehmungsProzess zu einem sinnvollen Ganzen, zu einer Figur organisieren und sie vom Rest der Gegenwart als Hintergrund abheben. Dinge, Gedanken, Gefühle, Personen: Alles das, was in unserer Wahrnehmung in den Vordergrund tritt und von uns als ein Ganzes erlebt wird, ist Figur. Dieses Wahrnehmungsphänomen ist in einem Satz zusammengefaßt, der lautet:

Das Ganze ist mehr als die Summe seiner Teile.

Betrachtet man den Wahrnehmungsvorgang differenzierter, dann wird man feststellen, dass unsere Sinnesorgane nicht in der Lage sind, die Umwelt schon sinnhaft, also mit ihren Strukturen, Gefügen und Bedeutungen aufzunehmen. Alle unsere Sinne fangen vielmehr physikalische Reize auf, setzen sie in spezifische Nervensignale um, die zunächst noch bearbeitet und in einen Zusammenhang gebracht werden müssen, damit sie verwertet werden können. Dieser Vorgang ist abhängig von unseren Fähigkeiten zur Analyse und Synthese und von unserer Erfahrung. Wir vergleichen aktuelle Eindrücke mit Erinnerungen, erkennen dabei Dinge wieder oder erleben Neues, dass wir erst verwertbar einordnen können, wenn wir es auf verschiedene Weise erfahren haben:

- Meine Lehrerin war zum Beispiel bereit, meinen Klecks als Blume zu sehen, denn gemäß ihrer Erfahrung können 8-jährige Jungen Blumen noch nicht so besonders gut malen, sie sehen dann eher wie Kleckse aus. Bei mir hatte der Zufall noch etwas nachgeholfen und durch das Falten des Blattes waren symmetrische Strukturen entstanden, die bei ihr den Eindruck einer Blume noch verstärkten.

- Ein Baum wird nicht als ein Sammelsurium von Holz und Blättern oder gar als eine Vermengung von Klecksen und Bewegungsfetzen wahrgenommen, sondern als eine Einheit, die in einem gewissen Rahmen auch Veränderungen standhält. Ein Baum bleibt für uns der gleiche Baum, auch wenn der Sturm in bewegt, wenn er im Winter seine Blätter verloren hat oder wenn er im Frühling in voller Blüte steht. Zudem sondern wir ihn als hervortretendes Element von seinem Hintergrund, von Landschaft, Häusern und Wegen ab.

Dieser Vorgang der Figurbildung gilt nicht nur für Dinge, sondern für alle Wahrnehmungen schlechthin - also auch für Ereignisse in sozialen Situationen. Fritz Perls beschrieb ihn an Hand des Geschehens bei einer Cocktailparty:

„Ein Neuankömmling betritt den Raum. Er ist chronischer Alkoholiker und braucht dringend etwas zu trinken. Für ihn wird alles, die anderen Gäste, die Bilder an den Wänden, unwichtig sein und im Hintergrund bleiben. Er wird sich schnurstracks an die Bar begeben; sie wird von allen Objekten im Raum als einziges in den Vordergrund treten."[17]

Andere Gäste bringen andere Interessen mit, z.B. die Absicht eine Freundin zu treffen oder ein Bild zu sehen, dass sie für die Gastgeber gemalt haben. In Abhängigkeit von ihrem Interesse werden sie ihre ganz eigene Figur bilden, nämlich eine für sie zu einem sinnvollen Ganzen organisierte Einheit. Sie werden ihren Blick auf

---

[17] PERLS, F.: *Grundlagen der Gestalttherapie -Einführung und Sitzungsprotokolle.* Donauwörth (2007).

der Suche nach der Freundin oder dem Bild durch den Raum schweifen lassen und alles andere in den Hintergrund drängen. Ohne Interessen wird die Szene für sie ungegliedert und bedeutungslos bleiben. Und für die Orientierung in unserer Umwelt, aber auch in unserer Innenwelt ist die Bildung von Figuren ein (über-)lebenswichtiger Vorgang.

Immer wenn ich ein Bedürfnis entwickele oder ein Interesse erlebe, bin ich mir nicht sofort über dessen Zielrichtung im Klaren. Bedürfnis und Interesse sind noch eine Weile diffus und damit auch ihr Ziel. Manchmal ist der Augenblick des diffusen Zustandes allerdings von so geringer Dauer, dass wir ihn kaum oder gar nicht bemerken und darum den Eindruck einer spontanen Zielfestlegung haben. So wird uns das Bedürfnis nach Ruhe in Gegenwart einer kreischenden Kreissäge nahezu augenblicklich deutlich werden Andererseits wird die Wahl einer Berufsausbildung bei einem jungen Menschen wohl eine längere Zeit des Nachdenkens, der Gespräche und Beratungen beanspruchen. Alle diese Prozesse laufen aber nach dem gleichen Prinzip ab: Ich beginne mich, während ich meine diffusen Empfindungen verspüre, zu orientieren und nach einem geeigneten Objekt zu suchen, dass hierzu passt und meinen diffusen Zustand mindert. Wenn dies geschieht, dann tritt es mehr und mehr in den Vordergrund und wird zu meiner aktuellen Figur. Mit der Entdeckung eines geeigneten Objektes, mit der Bildung einer Figur bekommt meine Aktivität ein Ziel auf das ich meine folgenden Handlungen beziehen kann. Ohne die Eingrenzung auf eine Figur, ohne die Fähigkeit „Dinge" in den Vordergrund zu stellen und andere in den Hintergrund zu verbannen, wäre mein Verhalten ungerichtet und uneffektiv.

Dinge, die ich in den Hintergrund dränge sind dennoch weiterhin gegenwärtig. Sie sind zwar nicht im Zentrum meiner Aufmerksamkeit, bestimmen aber meine Wahrnehmung und darum auch meine Handlung mit. Nehmen wir beispielsweise meinen Farbklecks: Trotz eventuell gleicher Form und Intensität hätte er meine Lehrerin nicht zu der Vorstellung gebracht, dass es sich um eine Blume handelt, wenn er auf dem Fußboden gewesen wäre. Und nehmen wir den Alkoholkranken auf der Party: Wenn sein Vorgesetzter anwesend ist, erscheint ihm unter Umständen die Bar gar nicht so verlockend. Er erlebt sie eventuell sogar als Verführung und als Gefahr bei dem Versuch, seinen Arbeitsplatz zu erhalten. Vermutlich wird er sich nur vorsichtig in ihre Nähe wagen und dann auch nicht zu „harten Sachen" greifen, um seinen Alkoholspiegel auf das Maß seiner Bedürfnisse zu bringen, sondern vielmehr des öfteren mit Sekt anstoßen und dabei seinen Chef einbeziehen.

Besonders deutlich wird die Bedeutung der Figur- und Gestaltbildung beim Säugling. Gerade weil er noch keinen genügenden Erfahrungshintergrund hat und über die Fähigkeiten nicht in dem Maße verfügt wie ein Erwachsener, ist er von seinen Eltern sehr abhängig. Er ist zum Beispiel noch nicht in der Lage, die Herkunft seines unangenehmen Gefühls als leeren Magen zu erkennen, es als Hunger zu deuten und Nahrung als Ziel seiner Aktivitäten zu bestimmen. Seine Reaktion auf alle möglichen unangenehmen Gefühle fällt darum nahezu gleich aus, ist ungerichtet und äußert sich in markigem Schreien. Dieses an sich uneffektive Verhalten führt nur durch die Schlussfolgerungen der anwesenden Erwachsenen zu den nötigen und richtigen Konsequenzen.

Figurbildung (Ü)

Für diese Übung ist Voraussetzung, dass Sie sich in einem Raum und nicht im Freien befinden. Sehen Sie sich nun in diesem Raum um und beachten Sie dabei einmal, wie sich Ihr Blick dabei fortbewegt...

Sie werden bemerken, das ihr Blick nicht sanft über alle Dinge hinweg gleitet wie eine Filmkamera, sondern er wird hier und da haften bleiben für einen kurzen oder längeren Augenblick der Konzentration und sich quasi ruckartig bewegen...

Versuchen Sie dennoch einmal dies zu unterbinden und mit ihrer Aufmerksamkeit möglichst nicht bei einer Sache stehen zu bleiben. Lassen Sie ihren Blick schweifen, so als würden Sie mit einer Filmkamera langsame Schwenks durch den Raum machen...

Versuchen Sie dies eine Weile fortzusetzen und Sie werden wahrscheinlich bemerken, dass es Ihnen immer schwerer fällt und Sie eventuell sogar unzufrieden werden...

Ihr Augenmerk fällt immer wieder auf einen Gegenstand oder eine Farbe, eine Struktur etc. und Sie möchten hier etwas verweilen und hinschauen. Das Fortfahren ist nicht in ihrem Sinne und unbefriedigend...

Sie werden immer dann verweilen wollen, wenn etwas ihr Interesse weckt. Und wenn sie dann nicht verweilen, wird ihr Interesse unbefriedigt bleiben...

Lassen Sie nun zu, dass ihr Blick dort verhält, wo Sie dies gerade möchten! ...

Bleiben Sie mit ihrer Aufmerksamkeit so lange dort, wie ihr Interesse anhält, lösen Sie sich dann wieder und lassen den Blick weiter schweifen, bis sich ihr Interesse zum nächsten Mal meldet! ...

Je nachdem wie stark ihr Interesse ist, wird das Verweilen unterschiedlich lange dauern...

Setzen Sie das Experiment fort, indem Sie den Blick weiter gleiten lassen, bis wiederum etwas ihre Aufmerksamkeit auf sich zieht. Bleiben Sie eine Weile bei diesem Objekt und versuchen Sie herauszufinden, welche Fantasie sich bei ihnen meldet, wenn Sie dieses Objekt betrachten...

Ist es beispielsweise eine Erinnerung an ein Erlebnis, die sich meldet, wenn Sie ein Fotoalbum stehen sehen, oder ist es die Erinnerung an einen Termin, die sich aufdrängt, wenn Sie den Wecker sehen...?

Setzen Sie das Experiment fort und versuchen Sie nun festzustellen, welches Motiv oder Interesse ihre Aufmerksamkeit lenkt...

Möchten Sie eventuell das Fotoalbum öffnen, um sich die Bilder anzusehen oder möchten Sie die Übung beenden, um den Termin nicht zu versäumen...?

Jedes Mal wenn Sie bei einer Sache verweilen und sich ihres Interesses bewusst werden, beginnt die Figurbildung, die dann abgeschlossen ist, wenn Sie einen Impuls verspüren, im Sinne ihres Interesses aktiv zu werden...

Wenn ihr Interesse für dieses Experiment nachlässt, dann beenden Sie es.

Vordergrund – Hintergrund

Die Unterscheidung der Gegenwart in einen Vordergrund und einen Hintergrund ist ein wesentlicher Bestandteil der Gestalt- und Figurbildung. Die Aufteilung in Vordergrund und Hintergrund stellt für die Gestalttheorie die grundlegende Organisation unserer Wahrnehmung dar. Danach bilden oder strukturieren Vordergrund und Hintergrund gemeinsam unsere jeweils gegenwärtige Gestalt, unsere aktuelle Abbildung von der Realität.

Haben wir erst einmal eine Figur gebildet, dann nimmt sie den Vordergrund ein. Figur und Vordergrund sind dann also identisch. Der Vorgang wird dabei von unserem Interesse geleitet. Mit unserem jeweils neu entstehenden Interesse tritt aus der Menge an Eindrücken aus unserer Umgebung und aus unserem inneren Erleben immer wieder eine Figur in das Zentrum unserer Aufmerksamkeit. Wir haben dabei die Wahl, können selektieren, was für uns bedeutsam wird, also in den Vordergrund tritt. Die Aufteilung in Vordergrund und Hintergrund ist demnach eine subjektive Leistung, in Abhängigkeit von unserer gegenwärtigen Umgebung, die unser Interesse anspricht. Je mehr unsere Figur unsere Konzentration dabei bindet, desto mehr hebt sie sich von anderen Dingen ab, die sich zu einem Hintergrund vereinigen. Die Dinge im Hintergrund verschwinden dabei nicht aus unserer Wahrnehmung, sondern sie sind lediglich für uns aktuell nicht von herausragender Bedeutung. Unsere Bedürfnislage verlangt vielmehr die Konzentration auf das, was im Vordergrund ist. Die anderen Dinge bleiben im Hintergrund bis sich unser Interesse verändert, unser Bedürfnis gestillt ist. Dann können sie jederzeit ihrerseits zur Figur werden, wenn sich unser neu entstehendes Interesse nun auf sie richtet. Und unser jeweiliger Hintergrund beeinflusst - wie schon festgestellt - mit all seinen Bestandteilen die Wahrnehmung unseres Zielobjektes und unsere darauf gerichteten Handlungen.

Wir kennen den Vorgang, dass etwas in den Vordergrund drängt und anderes dafür zurücktritt aus allen Bereichen unserer Wahrnehmung. Eben achten wir noch auf die Musik aus unserem Autoradio und im nächsten Augenblick schreckt uns ein Martinshorn auf, lässt uns nach allen Seiten schauen, von wo das Feuerwehrauto kommt. Eben genießen wir noch den Geschmack eines trockenen Weines und im nächsten Augenblick ist der Geschmack des Käses im Vordergrund. Eben sind wir noch konzentriert auf den Jugendlichen, der uns von seinem Besuch im Elternhaus berichtet und im nächsten Augenblick stört uns dabei das Geräusch zerbrechenden Porzellans aus der Küche. Immer wieder folgen wir mit unserer Aufmerksamkeit den Signalen aus unserer Umgebung, die uns wichtig erscheinen.

Vordergrund-Hintergrund (Ü)

Vermutlich haben Sie das nachfolgende graphische Beispiel schon einmal gesehen. Es demonstriert auf einfache Weise, wie die visuelle Wahrnehmung von Vorder- und Hintergrund wechselt, das Interesse auf jeweils einen anderen Aspekt der Darstellung gelenkt wird. Das Bild ist ein sogenanntes Kippbild, bei dem zwei verschiedene Betrachtungsweisen möglich sind. Einmal kann man zwei Gesichter erkennen, die zueinander gewendet sind und zum anderen ist es möglich, das Bild als einen Pokal zu sehen.

Konsistenz

Wenn ein Mensch erst einmal eine Figur gebildet und sie in den Vordergrund seiner Wahrnehmung gestellt hat, dann wird er diesen Zustand nicht wieder aufgeben wollen, bis die Energie, die er für seine Handlung bereitgestellt hat, verbraucht ist. Jede Unterbrechung in diesem Prozess empfindet er als eine Störung, die er überwinden möchte. Wenn er beispielsweise seinen Hunger bemerkt und sich zu seiner Sättigung einen frischen Salat wünscht, wird er unzufrieden sein, wenn er in einem Restaurant nur Gebratenes und Gegrilltes bestellen kann. Ein Pädagoge wird versuchen, bei kleineren Ablenkungen durch Streit in der Gruppe, noch im Gespräch mit dem einzelnen Jugendlichen zu bleiben und es muss eben schon klirrendes Porzellan sein, das ihn aus diesem Kontakt holt. Ein anderes Beispiel ist das Festlegen auf eine Meinung. Haben wir zu einer Person, einer politischen Partei oder einem Vorgang erst einmal einen Standpunkt gefunden, so wollen wir diesen nicht sofort wieder aufgeben, wenn sich zu ihm Widersprüche ergeben. Wir werden erst bestrebt sein, diese Widersprüche zurückzuweisen oder zu hinterfragen, mit der Hoffnung, dass sie sich als unzutreffend herausstellen.

Eine Figur ist also relativ resistent gegen Veränderungen. Selbst am graphischen Beispiel werden sie bemerken können, dass sie nicht einfach zwischen dem Wechsel der Betrachtungsweise „springen", sondern dass der Übergang fließend ist, der „alte" Eindruck etwas Beharrendes hat. Diese Konsistenz ist sinnvoll, denn ansonsten würden uns die heranstürmenden Mengen an Informationen aus unserer Umgebung überfordern und wir wären nicht in der Lage, Figuren auf ihre Tauglichkeit für unsere Bedürfnisbefriedigung zu überprüfen, was zur Folge hätte, dass alle unsere Bedürfnisse - selbst lebensnotwendige - unbefriedigt blieben. Problematisch wird erst das starre und dauerhafte Festhalten an einer Figur. Wenn das Loslassen, das Abwenden von einem Objekt, das seinen Sinn als Figur erfüllt hat, nicht gelingt, dann verliert der Mensch die Fähigkeit der gesunden Anpassung an eine sich verändernde Umwelt. Er ist dann nicht mehr entwicklungsfähig.

Prägnanz

Eine Figur ist je tauglicher, desto prägnanter sie sich von ihrem Hintergrund abhebt. Jeder Mensch hat darum die Fähigkeit, diese Prägnanz zu erhöhen, indem er seine Wahrnehmung der Figur strukturiert und organisiert. Bei der Strukturierung und Organisation der Wahrnehmung sucht der Mensch nach Merkmalen von Regelmäßigkeit, Einfachheit, Geschlossenheit, setzt seine Fähigkeit zur Vervollständigung und Abgrenzung ein. Nach diesen Prinzipien ist zum Beispiel eine regelmäßige Figur besser, als eine unregelmäßige, eine einfache besser, als eine komplizierte, etc. Hierbei vergleicht der Mensch die äußere Realität mit seinen Erinnerungen und schafft sich prägnante Abbilder der Gegenwart, die nicht mehr in völliger Übereinstimmung mit der Realität sind und eventuell sogar erheblich von ihr abweichen können. Es entsteht die subjektive Wahrnehmung. Der Prozess der Figurbildung ist abgeschlossen, wenn die Figur so prägnant geworden ist, wie es die aktuellen Bedingungen erlauben und wenn die Energie für die Handlung, die beim Figurbildungsprozess entsteht, ein ausreichendes Niveau erreicht hat.

Das Prägnanzprinzip wird in seiner Wirkung besonders deutlich, wenn wir von unserem Wahrnehmungsobjekt nur rudimentäre oder lückenhafte Information aufnehmen können. So verdichten wir unter Umständen einen flüchtigen Eindruck eines runden orangenen Gegenstandes subjektiv zu einer Apfelsine, wenn wir gerade Appetit auf frisches Obst haben oder wir reagieren blitzschnell mit dem Innehalten in der Vorwärtsbewegung, wenn wir an der Straßenkannte aus dem Augenwinkel eine schnelle Bewegung wahrnehmen, weil wir sie als Hinweis für ein nahendes Auto betrachten. Problematisch wird unsere Tendenz zur Prägnanz, wenn sich unsere subjektive Wahrnehmung in extremer Weise von der Realität entfernt, sie sozusagen „verbiegt". Es ist eine häufige Beobachtung vor dem Gericht bei einem Verfahren nach einem Verkehrsunfall, dass die Zeugenaussagen über den Hergang, ja sogar über solche Details wie die Farbe eines beteiligten Autos, ganz erheblich voneinander abweichen können. Und eine verbogene Wahrnehmung ist auch dann gegeben, wenn wir in extremer politischer Auffassung Randgruppen definieren und den individuellen Menschen übersehen, wenn wir aus einer geringen Informationsmenge über einen Menschen zu einem fertigen Persönlichkeitsbild kommen, wenn wir uns durch Werbung fremdbestimmen lassen, indem sie uns Eindeutiges und scheinbar Einleuchtendes vorgaukelt, wo Zweifel angebracht wären oder glauben Sie den Satz: „Wirklich sicher sind Sie nur mit einer Lebensversicherung".

Prägnanz (Ü)

Das Prägnanzprinzip wirkt schon bei der Wahrnehmung von Strichzeichnungen und sogenannten Piktogrammen. Betrachten Sie einmal das folgende Bild und beantworten Sie die Frage: Was sehen Sie?

Bisher lautete die Antwort der meisten Menschen, denen ich diese Frage stellte, dass sie ein Viereck sehen. Diese Reaktion ist völlig normal und entspricht dem Prägnanzprinzip. Wir sind bereit, ein Viereck zu erkennen, obwohl es sich bei dem Bild natürlich lediglich um systematisch angeordnete Striche oder Punkte handelt. Die Figur eines Vierecks wird dadurch prägnant, dass der Betrachter die Geschlossenheit der Figur herstellt, indem er auf seine Fähigkeit zur Vervollständigung zurückgreift und fehlende Teile ergänzt. Durch diese Wahrnehmungsorganisation hebt sich das so entstandene Viereck prägnant von seiner Umgebung ab.

Viele Zaubertricks bauen auf dem Prägnanzprinzip auf. Wie lässt sich auf dieser Basis zum Beispiel die „zersägte Jungfrau" erklären?

Bedeutung für die Pädagogik

Die Fähigkeit zur flexiblen Figurbildung in einer sich ständig wandelnden Realität ist für ein gesundes Leben erforderlich. Menschen, die in diesem permanenten Wandel Wesentliches nicht immer wieder von Unwesentlichem unterscheiden können, können sich nicht orientieren und auch nicht angemessen für sich sorgen, ihre Selbstregulation ist gestört. Sie sind entweder fixiert auf einen Ausschnitt ihrer subjektiven starren Realität, können sich von einer Sache nicht wieder lösen und sich darum keiner anderen zuwenden oder sie sind nicht in der Lage, sich auf eine Sache zu konzentrieren, für eine notwendige Weile bei ihr zu bleiben, weil sie sich immer wieder von neuen Geschehnissen ablenken lassen.

Störungen in der Figurbildung sind aber bei jedem Menschen möglich. So liegt beispielsweise bei einem Pädagogen eine Fixierung auf einen (wissenschaftlich nicht haltbaren) Standpunkt vor, wenn dieser in der Vorstellung festhängt, dass Jugendliche, die aggressiv handeln, dies aus einer bösartigen Haltung heraus tun, vielleicht sogar aus einer Veranlagung. Er wird gar nicht erst versuchen, die Hintergründe für das Verhalten des jungen Menschen zu verstehen. Und liegt die Störung der Firgurbildung bei der Pädagogin darin begründet, dass sie sich aus einem nur sie selbst betreffenden Grund, zum Beispiel wegen familiärer Probleme, die sie belasten, bei der Arbeit nicht auf eine einzelne Sache konzentrieren kann, dann kann dies für sie subjektiv so aussehen, als wenn viel zu viele Aufgaben an sie heran getragen werden und ihr verwehrt ist, sich jeweils nur einer zuzuwenden. Die tatsächliche Be-

und auch Überlastung, die in bestimmten Arbeitssituationen real vorhanden ist, soll hierbei allerdings nicht in Frage gestellt werden.

Beim Jugendlichen, beziehungsweise beim Kind kann die Fixierung auf einen Ausschnitt seiner Realität zum Beispiel so aus sehen, dass er seine Unterbringung in der Jugendhilfe als eine Bestrafung für seine Mängel wahrnimmt und dass die Pädagoginnen diese Bestrafung vollziehen. Dieser junge Mensch ist in der Vergangenheit vielleicht mit der Heimunterbringung bedroht worden und kann dann die Hilfen nicht annehmen, weil er jedes Angebot unter diesem Gesichtspunkt falsch bewertet. Er wird sich darum aggressiv und abwehrend gebärden. Ein Jugendlicher, der sich nicht auf eine Sache konzentrieren, sich nicht ganz auf etwas einlassen kann oder sich permanent ablenkt, wirkt unruhig, erweckt den Eindruck, ständig etwas Neues erleben zu müssen, immer auf der Suche zu sein. Mit diesem Verzicht, jeweils eine prägnante Figur zu bilden, vermeidet er unter Umständen die bewusste Wahrnehmung seiner Gegenwart und seiner Empfindungen. So kann er den Konfrontationen mit persönlichen Problemen ausweichen.

In der Gestaltpädagogik ist eine der wichtigsten Zielsetzungen, die Fähigkeit zur Figurbildung bei Pädagogen und bei jungen Menschen weiter zu entwickeln. Diese Zielsetzung ist gerade in unserer Zeit so wichtig, weil uns ein permanent hohes Maß an Reizen angeboten wird, dass uns die Konzentration auf Wesentliches immer wieder erschwert. Auch wenn es uns Menschen nicht unbedingt bewusst wird, wir leiden zum Beispiel darunter, dass wir durch teils sehr aggressive Werbung immer wieder als Konsumenten geworben werden, uns materielle Ersatzbefriedigung suggeriert wird und so unsere eigentlichen Bedürfnisse verfälscht oder verdeckt werden.

Für den Pädagogen ist es aber wichtig, im Umgang mit jungen Menschen offen und aufmerksam zu bleiben, für das, was für ihn selbst und für sein Gegenüber im Vordergrund ist, worauf es beiden im Kontakt jeweils ankommt, dafür welches Interesse vorhanden ist. Es genügt also überhaupt nicht, diese Eigenschaften allein beim Jugendlichen zu fördern. Sondern es ist auch erforderlich, jene in diesen Fähigkeiten zu stärken, die sich als Helfer für ihn anbieten. Durch die unterschiedliche Sozialisation in verschiedenen Generationen, durch die oftmals differierende Herkunft aus unterschiedlichen Bevölkerungsschichten, sowie durch die damit verbundene voneinander abweichende Gewichtung der Realität, ist die gegenseitige, „objektive" Wahrnehmung von Helfer und Jugendlichem in der Jugendhilfe erschwert. Darum ist es für die pädagogische Zielsetzung von besonderer Bedeutung, die Sensibilisierung für die andere und für die eigene Person in die Aus- und Fortbildung von Pädagogen aufzunehmen.

4.3 Homöostase

Als ich einmal vor dem Büro von Herrn Gerber[18] eines Leiters einer Jugendhilfeeinrichtung wartete, wurde ich Zeuge eines Gespräches, dass drinnen geführt wurde. Die Tür war nicht sorgfältig geschlossen worden und stand einen Spalt weit auf. Ich gebe zu, das Zuhören war für mich so spannend, dass ich einfach nicht fortgehen oder die Tür schließen mochte. Das Gespräch hatte die Einrichtung eines Jungenzimmers zum Thema. Der Jugendliche, sowie ein Pädagoge und der Leiter unterhielten sich über ihre verschiedenen Auffassungen von angemessener Renovierung und der Pädagoge erschien mir deutlich in der Klemme.

Herr Gerber:	„Die Wände hätte von dir nicht schwarz gestrichen werden dürfen, ohne vorher deine Erzieher zu fragen."
Der Erzieher:	„Ja, da hat Herr Gerber recht. Du hättest mich fragen müssen."
Der Junge:	„Aber wir haben doch in der Gruppensitzung festgelegt, dass jeder sich eine Farbe aussuchen darf."
Erzieher:	„Das stimmt Herr Gerber, wir hatten darüber gesprochen."
Heimleiter:	„Aber von schwarz war doch wohl nie die Rede."
Erzieher:	„Ja, schwarz ist ja auch eigentlich keine richtige Farbe."

Ich möchte diesen Teil der Unterhaltung verwenden, um das im Erleben ganz wesentliche Balanceprinzip deutlich zu machen, die Homöostase.

Ein gesunder Mensch regelt sein gesamtes Leben und somit auch sein Verhalten in einem homöostatischen Prozess. Dieser Prozess ist der Vorgang, durch den ein Organismus sein physisches oder seelisches Gleichgewicht, seinen lebensnotwendigen Status und seine Gesundheit unter wechselnden Bedingungen ständig aufrecht erhält. Da die Bedingungen, die uns umgeben und die Bedingungen in unserem Körper sich aber permanent verändern, muss dieser Prozess ständig ablaufen. Würde er versagen, wäre der Organismus krank oder würde im extremen Fall sogar sterben.

Das eben geschilderte Beispiel bezieht sich auf den Versuch eines Pädagogen sein seelisches Gleichgewicht zu erhalten. Vermutlich hatte er die Absicht, es sich mit keinem seiner beiden Gesprächspartner zu verderben, denn dann wäre entweder sein Bedürfnis nach Harmonie aus dem Lot oder er riskierte einen Konflikt mit seinem Vorgesetzten. Und vermutlich ist genau dies für ihn subjektiv eine besonders unangenehme Angelegenheit, die er unter allen Umständen vermeiden möchte, auch unter dem Preis seiner Glaubwürdigkeit.

Ein weiteres, sehr einprägsames und häufig verwendetes Beispiel für den homöostatischen Prozess ist der Hunger. Dabei spürt ein Mensch seinen leeren Magen und eine Schwäche, die auf den gesunkenen Blutzuckerspiegel hinweist. Mit der Zunah-

---

[18] *Der Name ist natürlich frei erfunden. Aber die Szene ist so tatsächlich abgelaufen.*

me dieser Gefühle wird seine Aufmerksamkeit für Nahrungsmittel immer stärker. In seiner Umweltwahrnehmung treten dann Bananen, Käse etc. immer häufiger in den Vordergrund, werden prägnante Figuren, auf die sich sein Interesse richtet. Das Interesse nimmt erst ab, wenn er sich eine genügende Menge an Nahrungsmitteln einverleibt hat.

Psychische Bedürfnisse

Wie jetzt sicherlich schon deutlich geworden ist, gilt der Prozess der Homöostase sowohl für die physischen, als auch die psychischen Bedürfnisse des Organismus. Im physischen Bereich sorgt das Prinzip unter anderem für die angemessene Nahrungsaufnahme, die genügende Versorgung mit Sauerstoff, für das körperliche Gleichgewicht und das richtige Maß an Bewegung und Erholung. Viele dieser Vorgänge laufen reflexartig ab, wir werden uns des Vorgangs lediglich bei einem intensiveren Mangel bewusst. Im psychischen Bereich zeigt sich die Homöostase in jedem Versuch eines Menschen, im seelischen Gleichgewicht zu bleiben, oder es wieder zu erlangen. Erinnern wir uns: Im oben beschriebenen Fall war der Pädagoge in der Gefahr, je nach Gesprächsverlauf, die Sympathie des Jungen oder den Respekt durch seinen Vorgesetzten zu verlieren. Je nachdem wer von beiden sich äußerte, kam sein seelisches Gleichgewicht auf andere Weise in Gefahr und er reagierte entsprechend.

Im homöostatischen Prozess greift der Mensch auf seine Fähigkeiten zur Figurbildung zurück. Ist das physische oder psychische Gleichgewicht gefährdet oder nicht mehr vorhanden, orientiert er sich neu, versucht die Ursache zu erkennen, lenkt sein Interesse auf Dinge, die die Gefahr oder das Ungleichgewicht vermeintlich beheben können und handelt, bis das Gleichgewicht wieder hergestellt ist.

Das seelische Gleichgewicht kann auf vielfältige Weise gefährdet sein und die Methoden, die wir zur Regulierung zur Verfügung haben, sind nahezu unbegrenzt, wenn der Mensch seine Kreativität verwendet. Ein Teil der Methoden, ein Gleichgewicht wieder herzustellen, wird dabei von unserer Umgebung grundsätzlich akzeptiert und gewünscht, ein anderer Teil aber zumeist abgelehnt. Zu den akzeptierten, ja sogar geforderten, gehört zum Beispiel die Anpassung an Normen und Werte der Gruppe zu der ein Mensch gehört. Mit ihnen kann er soziale Zuwendung erlangen und so sein Bedürfnis nach Anerkennung und Zugehörigkeit befriedigen. Zu den oft abgelehnten gehört die Vermeidung der realen Wahrnehmung, wenn wir beispielsweise unser „Tortenstück" immer wieder als zu klein beschreiben und uns zu kurz gekommen darstellen oder wenn wir kritiklos fremde Standpunkte übernehmen, als Opportunisten erscheinen, aus Angst vor sozialen Konflikten und Zurückweisung.

Vermeidung bedeutet dabei, dass ein Mensch etwas, von dem er annimmt, dass es für ihn bedrohlich sein könnte, weit von sich hält, unabhängig davon, ob die Gefahr wirklich ist oder nicht. Im Verhalten kann sich Vermeidung vielfältig, zum Beispiel durch häufige Müdigkeit, Unaufmerksamkeit, ärgerliche Abwehr, Überhören zeigen. Da es sich bei der Vermeidung aber um einen wichtigen homöostatischen Prozess handelt, mit dem der Organismus sich auch gesund schützt, darf sie nicht prinzipiell abgelehnt werden.

Ein Recht zur Vermeidung

Vermeidung wird, wie gesagt, oftmals zu Unrecht negativ bewertet, denn sie dient ja der Funktion, das seelische Gleichgewicht zu erhalten. Sie ist damit für den Menschen ein wichtiger Schutzmechanismus vor psychischer und physischer Überlastung. Natürlich ist es für jede Helferin ein Problem und frustrierend, wenn sie mit ihren gutgemeinten und wohl durchdachten Ratschlägen beim anderen nicht auf Gehör stößt, wenn ein junger Mensch scheinbar lieber seine Zukunft opfert, als im Augenblick ein unangenehmes Berufsberatungsgespräch zu führen. Aber solange ein Mensch keine Alternative für seinen Schutz zur Verfügung hat, ist es für ihn viel zu gefährlich, die Auseinandersetzung mit dem Pädagogen aufzunehmen, denn er tauscht seine, wenn auch unrealistische oder neurotische Orientierung gegen Angst und Unsicherheit ein. Darum muss der betroffene Mensch selbst entscheiden können, ob er es wagt, für einen Entwicklungsschritt ein (vorübergehendes) seelisches Ungleichgewicht in Kauf zu nehmen. Diese Entscheidung kann und darf ihm niemand abnehmen, da ihm auch niemand die Führung seines weiteren Lebens abnehmen kann. Jede nicht akzeptierte Vermeidung und jeder gebrochene Widerstand ist eine verpaßte Gelegenheit auf dem Weg zur Entwicklung einer selbständigen Persönlichkeit.

Homöostase (Ü)

Wie dargelegt, funktioniert auch in der Beziehung zu anderen Menschen der homöostatische Prozess. Wir regeln mit ihm zum Beispiel Nähe und Distanz zu anderen Personen. In einer Selbsterfahrungsgruppe lässt sich emotionale Nähe oder Distanz in einer Übung ganz gut über die Darstellung der tatsächlichen räumlichen Entfernung zu anderen Menschen ausdrücken. Und auch in anderen sozialen Situationen gibt es immer wieder diese Erfahrung: Fühle ich mich jemandem nahe, dann empfinde ich seine tatsächliche räumliche Nähe als angenehm und suche sie gerne. Fühle ich Distanz oder Ablehnung gegenüber einem anderen Menschen, dann drücke ich dies nicht selten dadurch aus, dass ich ihn räumlich nicht allzu dicht an mich heran lasse oder lassen möchte.

Probieren Sie dies doch einfach einmal aus und beobachten Sie dabei, wie ihre Empfindung für andere Menschen das Kriterium für ihre tatsächliche räumliche Nähe und Distanz liefert. Nehmen Sie zum Beispiel an ihrem Arbeitsplatz Kontakt zu einer Kollegin oder zu einem jungen Menschen auf und versuchen Sie die „richtige" räumliche Nähe zu finden, die genau ihrer Empfindung für diesen Menschen entspricht. Gut, ich empfehle nicht gerade eine Kollegin zu nehmen, in die Sie seit Jahren heimlich verliebt sind. Sie können den Anderen oder die Andere bitten sich an diesem Experiment zu beteiligen oder auch nicht. Dann gehen Sie etwas näher oder entfernen sich etwas. Beobachten Sie dabei wie sich ihre Empfindungen verändern.

4.4 Der ganzheitliche Mensch

Traditionelle (überholte) Medizin und auch manche Psychotherapieform operierte mit der Geist-Körper-Spaltung. Sie stellte sich so dar, als sei der Mensch kein ganzheitlicher Organismus, sondern ein Wesen, das aus den separaten Teilen Körper, Geist und Emotionen besteht, zwischen denen lediglich ein Datenaustausch geschieht. Wir müssen uns deutlich machen, dass Fantasie, Intuition und Denken aber ebenso Handlungen des Organismus sind, wie alle anderen, motorischen Handlungsformen auch, lediglich mit einem geringeren Energieaufwand. Oder wie Fritz Perls es ausgedrückt hat: „Gedanken und Handlungen sind aus demselben Stoff"[19].

Ganzheitliche Wahrnehmung

Es ist ein Paradigma des Gestaltansatzes:

Körper, Geist und Emotionen sind untrennbar miteinander verbunden.

Was ein Mensch tut, hat Auswirkungen auf seine Gedanken und Gefühle. Seine Gedanken und Gefühle schlagen sich in seinen Handlungen nieder, sind Bestandteile von ihnen. Wenn wir sein Verhalten aufmerksam beobachten, erhalten wir Hinweise auf das, was er denkt und fühlt. Unsere alltäglichen Erfahrungen beweisen uns diese Tatsache und der Volksmund hat sie schon lange für sich vereinnahmt, wenn er das Auftreten eines Menschen zum Beispiel in folgender Form kommentiert: „Seine Sorgen haben ihn niedergedrückt", „Sie sieht geknickt aus", „Er trägt den Kopf zu hoch". Hiermit werden gleichzeitig Aussagen über den Körperausdruck und über den Gemütszustand gemacht. Nicht umsonst wird für die körperliche Erscheinung und für die geistige und emotionale Verfassung auch das gleiche Wort „Haltung" verwendet. Aber machen wir uns Eines dabei deutlich, unsere Wahrnehmung des anderen Menschen ist nicht gleichzusetzen mit der subjektiven Realität des Anderen.

Da weint ein alter Mann auf der Bank im Wartehäuschen an der Bushaltestelle. Ich trete hinzu und frage ihn, ob er meine Hilfe benötige. Er schaut mich an und sagt mit einem Male lächelnd: „Ich könnte gerade jemanden brauchen, der meine Freude teilt". Und bis der Bus eintrifft, erzählt er mir, wie er sich nach langem inneren Kampf und Jahren des Streits entschlossen hat, über seinen Schatten des dummen, falschen Stolzes zu springen, um sich mit seiner Tochter zu versöhnen. Nun sei er auf dem Weg zu ihr und werde zum ersten Mal seine Enkeltochter sehen.

Wir sehen die Träne im Auge eines Menschen, aber ob hierfür Trauer, Wut, Freude oder eine geschnittene Zwiebel verantwortlich sind, bleibt ohne eine Bestätigung dieses Menschen pure Spekulation.

Emotionen haben teils so starken Einfluss auf die körperliche Darstellung eines Menschen, dass sie sichtbare oder deutlich spürbare körperliche Veränderungen entstehen lassen. Emotionen bewirken, dass unser Körper sich bereit macht, in

---

[19] PERLS, F.: *Grundlagen der Gestalttherapie -Einführung und Sitzungsprotokolle.* Donauwörth (2007).S. 33.

ihrem Sinne zu handeln. Wir spüren die Beschleunigung unseres Atems, wenn wir uns gefährdet glauben, unser Speichel beginnt zu fließen, wenn wir Appetit auf eine Speise verspüren, wir spannen unsere Muskulatur an, wenn wir Aggressionen empfinden, wir fühlen eine Enge in der Brust, wenn wir in Not geraten. Wenn wir unsere Gefühle oder Bedürfnisse nicht ausleben, ihnen keinen Raum geben, dann melden sie sich als sogenannte psychovegetative Störungen. Jeder Mensch kennt wohl die Kopfschmerzen, die sich nach einer anstrengenden Arbeit einstellen, bei der das Bedürfnis nach Bewegung und Sauerstoff übergangen wurde. Menschen leiden unter Verdauungs- oder Kreislaufstörungen, weil sie sich überfordern und ihren Ärger zurückhalten. Chronischer Verzicht auf die Beachtung von Emotionen bedeutet auch chronische Muskelanspannungen und im Endeffekt körperliche Erkrankung.

Zurückgehaltene Emotionen sorgen für ein ungewolltes „Bodybuilding". Ein Muskel in chronischer oder häufiger Anspannung wird dabei gewissermaßen einseitig trainiert. Chronische Muskelanspannung wirkt so, wie wir uns die eigentlich gewollte Wirkung einer Zahnspange vorstellen können. Hier sorgt die Spange für die Korrektur der Zahnfehlstellung. Aber eine ständig angespannte Muskulatur sorgt langfristig für verformende Auswirkungen auf den Knochenbau und für Störungen in der Versorgung mit Sauerstoff (bei eingeengter Brust) und der Durchblutung.

Es liegt an uns, ob Emotionen und Einstellungsveränderungen negative oder positive körperliche Auswirkungen haben. Um ein positives Beispiel zu nennen: Es ist nachgewiesen, dass zwischenmenschliche Zuwendung bei einem kranken Menschen den Heilungsprozess fördert oder das mentales Training Leistungen von Sportlern verbessert.

In der Gestaltpädagogik werden ganzheitliche Erfahrungen ebenso nutzbar gemacht, wie aufmerksame Ärzte und Psychotherapeuten die Informationen nutzen, die ihnen Menschen durch ihre Körperhaltung, Mimik und Gestik zur Verfügung stellen. Die bewusste Wahrnehmung der eigenen inneren Vorgänge und des nonverbalen Verhaltens anderer Menschen bedeutet eine enorme Bereicherung der pädagogischen Möglichkeiten. Jeder Pädagoge, der sich seiner Körperwahrnehmung bewusster wird und aufmerksam die nonverbalen Signale anderer Menschen beachtet, verbessert seine Einschätzungen und reagiert in besserer Übereinstimmung mit seiner ganzen Person und seiner Umgebung.

In unserer Kultur findet die „Weisheit" unseres Körpers leider viel zu wenig Beachtung, wird nicht selten bis ins Esoterische verdrängt. Wir tun oft so, als wäre unser Verstand die allein entscheidende Instanz, obwohl mittlerweile nachgewiesen ist, dass er mehr die „Hilfskraft" ist, die unsere Emotionen und Intuitionen nutzen[20]. Auch wenn es gute Bemühungen gibt, wenn zum Beispiel Achtsamkeitstrainings aktuell einen hohen Zuspruch erfahren und in verhaltenstherapeutische Arbeit umbenannte Gestaltelemente integriert werden, so muss man doch erkennen, dass es noch keinen hinreichend starken Trend dagegen gibt. Leider hat gerade das Psychotherapeutengesetz und die Integration psychotherapeutischer Behandlung in die Kassenabrechnung bewirkt, dass die Psychotherapie in Deutschland heute zu wenig als Erfahrungswissenschaft angesehen und von der naturwissenschaftlichen Ausrich-

---

[20] ROTH, Gerhard, Prof. Dr.: *Die reine Vernunft ist wirkungslos.* Im Interview mit dem Focus 42/2009

tung der Hochschulen und vom klassischen medizinischen Modell okkupiert wird, bei dem es im Behandlungskonzept im Grunde nicht um den individuellen Menschen geht, sondern um eine statistisch abgesicherte Schematisierung von Diagnose und standardisierter Behandlung.

Auch wenn für mich ein allmählicher Paradigmenwechsel hin zu Ökologie und Ganzheitlichkeit erkennbar ist, leitet uns noch eine verdinglichte und vom Konsum diktierte gesellschaftliche Orientierung, unsere Mühe darein zu investieren, die Signale unseres Körpers, unsere Emotionen und Bedürfnisse als Störung zu betrachten, sie mit ungesunden Essen oder Computerspielen zu betäuben, sie zu verfälschen, zu überhören und oder gar zu ignorieren. Wir Männer sind noch stärker davon betroffen, als Frauen Zu unserer Erziehung gehört traditionell ein männliches Ideal, bei dem die Akzeptanz von Gefühlen geringer ausfällt, wenn sie nicht mit Stolz für Leistung oder sexueller Lust verbunden sind. Aus diesen Gründen wartet gerade auf uns eine gehörige Portion an Aufwand und Mut, wenn wir uns auf die Wiederbelebung unserer Gefühle einlassen wollen. Für eine gute Pädagogik ist sie jedenfalls unerläßlich.

Ganzheitliche Wahrnehmung (Ü)

Zur Verbesserung der ganzheitlichen Wahrnehmung muss bei den meisten von uns ein Defizit in der Körperselbstwahrnehmung ausgeglichen werden, dann unsere hochtechnisierte Welt ist „kopflastig".

Für Übungen zur Körperselbstwahrnehmung braucht man in der einschlägigen Literatur nicht lange zu suchen, es gibt sie in Hölle und Fülle. Siehe unter anderem Ken Dychtwald[21], Jon Kabat-Zinn[22] oder Gerhard Zarbock et. al. [23]. Ich habe im Folgenden eine Achtsamkeitsübung und weitere Übungen aus meinen Seminaren dargestellt, die helfen sollen, die Wahrnehmung des eigenen Körpers zu verbessern, die Körperselbsterfahrung in die ganzheitliche Selbsterfahrung stärker einzubinden und die Aufmerksamkeit auf die nonverbalen Signale anderer Menschen zu erhöhen.

Achtsamkeitsübung „Body-Scan" (nach Jon Krabat-Zinn).

- Sorgen Sie dafür, dass Sie während der Übung nicht gestört werden, dass Sie nicht frieren, dass sie ca. 30 Minuten liegen oder gerade sitzen können. Ihre Wirbelsäule sollte dabei möglichst gerade gehalten werden. Wenn Sie liegen möchten, benötigen Sie vielleicht ein gerolltes Handtuch unter Ihren Kniekehlen. Sie sollten wach bleiben, weshalb ein Bett oder Sofa eher ungeeignet ist. Sie können auch aufrecht auf einem Stuhl sitzen. Lehnen Sie sich dann nicht an und wählen Sie einen Stuhl ohne Armlehnen mit einer geraden Sitzfläche. Wenn Sie dazu neigen, einzuschlafen, sollten Sie die Augen geöffnet lassen.

---

[21] Z.B.: DYCHTWALD, K.: *Körperbewusstsein.* Essen (1981), *Bodymind* (2003).
[22] KABAT-ZINN, J.: *Zur Besinnung kommen.* Die Weisheit der Sinne und der Sinn der Achtsamkeit in einer aus den Fugen geratenen Welt. Freiamt (2006).
[23] ZARBOCK, G., AMMANN, A., RINGER, S.: *Achtsamkeit für Psychotherapeuten und Berater.* Weinheim (2012).

- Machen Sie sich frei von Leistungsdruck. Sie müssen nichts erreichen. Sie sollen nur beobachten, was während der Übung geschieht. Beobachten Sie nur eine Zeit lang Ihren Atem. Nehmen Sie wahr, wie sich Ihr Bauch dabei hebt und senkt.

- Versuchen Sie nun Ihren Körper als Ganzes wahrzunehmen. Wenn Sie abgelenkt sind, registrieren Sie dies einfach nur und kommen dann wieder auf das Spüren ihres Körpers als ganze Einheit zurück.

- Lenken Sie Ihre Aufmerksamkeit nun zu den Zehen Ihres linken Fußes. Beobachten Sie, was Sie dort empfinden. Sind Ihre Zehen warm oder kalt? Reiben Ihre Socken? Empfinden Sie eventuell einen Schmerz? Bleiben Sie dabei, dass Sie Nichts erreichen müssen.

- Machen Sie nun weiter mit der Fußsohle, Fußrücken, dem Sprunggelenk.

- Kehren Sie zwischendurch immer wieder zu Ihrem Atem zurück. Beobachten Sie einfach, wie er in den Bauch ein- und wieder ausströmt. Es kann auch hilfreich sein, sich vorzustellen, dass ihr Atem zu dem Körperteil fliest, welches gerade ihre Aufmerksamkeit hat. Versuche die Vorstellung „Ich atme in die Zehen" oder „in den Fuß" …

- Wenden Sie sich nun Ihrem linken Fuß zu! Wie fühlt er sich an? Spüren Sie nach, welche Empfindungen Sie an der Fußsohle, Fußrücken, der Ferse und dem Knöchel fühlen.

- Machen Sie mit dem linken Bein weiter und lassen Sie Ihre Aufmerksamkeit langsam am Bein hinauf wandern! Wenn Sie den Rumpf erreicht haben, wiederholen Sie das Ganze mit Ihrem rechten Bein.

- Machen Sie dann mit dem Rumpf weiter, gefolgt vom linken Arm (Fingerspitzen, Finger, Hand, Unterarm, Oberarm) und dann mit Ihrem rechten Arm.

- Es folgen der Hals und der Kopf. Spüren Sie auch hier, welche Empfindungen Sie haben? Beenden Sie die Wanderung durch den Körper mit Ihrer Kopfhaut und den Haaren.

Sicherlich werden Sie zwischendurch immer wieder einmal abgelenkt sein. Sie können dabei in Gedanken eintauchen oder Einflüsse von außen bemerken. Kämpfen Sie nicht dagegen an, registrieren Sie es einfach und kehren immer wieder zur Achtsamkeit auf ihren Körper zurück.

Wenn Sie die Übung beendet haben, bleiben Sie noch einige Zeit ruhig liegen und beobachten Ihren Atem und Ihre Gedanken. Wenn Sie bereit sind, können Sie aufstehen und die Übung beenden.

Körperselbstwahrnehmung (Ü)

Machen Sie die folgende Übung für sich allein und nehmen Sie sich dabei Zeit. Hilfreich ist eine angenehme Atmosphäre. Vielleicht kochen Sie sich einen Tee und ziehen sich dann zu einer angenehmen Musik in ein Zimmer zurück, in dem Sie niemand stört.

Mit dieser Übung können Sie die Wahrnehmung ihres Körpers intensivieren und erforschen, wie sehr Sie sich in ihrem Körper Zuhause fühlen, was Sie als ihr

„Selbst" definieren, wieweit Sie ihr Selbst in ihrem Körper ausgedehnt haben, wie Sie sich mit diesem Zustand fühlen. Es ist dabei nicht störend, wenn Sie jeweils bis zu einer Pause lesen und dann diesen Abschnitt jeweils üben, bis Sie wieder bereit sind, den nächsten Abschnitt zu lesen.

Während der Übung ist es nicht erforderlich, dass Sie sitzen oder liegen bleiben. Machen Sie es sich aber zunächst im Liegen oder Sitzen bequem und richten Sie ihre Aufmerksamkeit auf ihren Körper.

- Durchwandern Sie ihn mit ihrer Aufmerksamkeit von den Fingern bis zur Brust und dann von den Füßen bis zum Kopf. Hilfreich ist dabei die Vorstellung, dass eine kleine warme Kugel ihren Körper durchwandert und jeweils die Stelle erwärmt, auf die sich Ihre Aufmerksamkeit richtet.

- Fällt Ihnen irgendeine Empfindung auf? Sind Sie entspannt oder spüren Sie eine Verspannung, weil Sie nicht bequem sitzen oder sich bei irgendeiner vorangegangenen Tätigkeit zu sehr belastet haben? Spüren Sie eventuell ihre Verdauung oder einen warmen Sonnenstrahl, der durch das Fenster auf ihren Arm fällt?

- Wenn es für Sie schwer ist, sich auf diese Wahrnehmung ihres Körpers einzulassen, dann nehmen Sie einmal einen Schluck Tee und spüren, wie dieser durch den Mund, Ihre Kehle, Ihre Speiseröhre bis in ihren Magen rinnt, wie sich ihr Magen erwärmt.

- Bleiben Sie eine Weile bei der Wahrnehmung ihres Körpers und machen Sie sich bewusst, dies bin ich. Ich bin mein warmer Magen und ich bin die Verspannung. Ich bin meine Verdauung und die Wärme meiner Haut. Gelingt es ihnen, diese Sätze zu bilden, oder neigen Sie dazu, zu sagen: Etwas verspannt oder drückt mich, mein Magen ist warm etc.?

- Setzen Sie die Übung fort und entdecken Sie noch weitere Vorgänge und Empfindungen in ihrem Körper. Fragen Sie sich dabei, ob Sie zu all den Wahrnehmungen sagen können: „Dies bin ich". Wenn Sie dies können, dann gehören Sie zu den Menschen, die mit ihrem Selbst ihren Körper ausfüllen, dann sind Sie ihr Körper. Wenn Sie dies nicht können, dann haben Sie sich aus Teilen ihres Körpers zurückgezogen und auf einen Teil von ihm reduziert ...

- Denken Sie eine Weile nur das Wort „ich" und versuchen Sie herauszufinden. Worauf Sie es beziehen. Eventuell spüren Sie, dass es zu einem kleinen Teil ihres Körpers gehört, zum Kopf oder zum Bauch. Eventuell merken Sie aber auch, dass hierzu wesentlich mehr gehört, vielleicht sogar Teile ihrer persönlichen Umgebung.

Beenden Sie die Übung, wenn ihr Interesse nachlässt.

4.5 Die Wirkung der Umwelt

Was den Menschen zu einer Handlung bewegt, ist eine der Grundfragen sozialer Wissenschaften. Ich vermute, im Bestreben eine möglichst einfache Antwort zu bekommen, wurde das Denkmodell des Ursache-Wirkungs-Prinzips formuliert, mit der Theorie, dass jedes Verhalten direkt durch eine oder mehrere Variablen zu erklären ist, die zwangsläufig das Verhalten immer wieder auslösen. Diese Theorie ist aber viel zu sehr vereinfachend und wird dem menschlichen Sein in keiner Weise gerecht. Die Gestaltpädagogik akzeptiert die simplifizierende Denkweise des Ursache-Wirkungs-Prinzips nicht, sondern verwendet die Feldtheorie. Sie geht davon aus, dass zu jedem Geschehen ein Feld gehört, in dem nicht-lebende Dinge und lebende Organismen vorhanden sind und in dem mit der Interaktion aller Bestandteile ein komplexes Geschehen abläuft. Jedes Geschehen ist darin immer ein Prozess mit Wechselwirkungen. Bei diesen Wechselwirkungen spielt unter anderem eine Rolle, wie sich die dingliche Welt im Prozess verändert, welchen Effekt beispielsweise eine Handlung eines Lebewesens bei den Dingen hat oder welchen Effekt einer Handlung ein Lebewesen beobachtet (Lernen am Modell).

Ein kleines Kind ändert seine neugierigen Absichten zu einem großen Hund zu gehen höchstwahrscheinlich, wenn dieser zu knurren beginnt. Oder ein erwachsener Psychologe wird die Geschwindigkeit seines Autos unter die erlaubten 50 Kilometer pro Stunde drosseln, wenn ein Polizeiwagen hinter ihm fährt, auch wenn er es eigentlich eilig hat, rechtzeitig zu einer Besprechung zu kommen. Dieses interaktive Moment, welches ich mit diesen Beispielen beschreibe, charakterisiert eine Handlung. Und ohne dieses interaktive Moment wäre eine fortlaufende Anpassung an die sich verändernde Realität unmöglich.

Was ist nun aber konkret das Feld für einen Menschen?

Für einen Pädagogen kann es zum Beispiel die Gruppe der Jugendlichen sein, die er bei einem Fest betreut. Zu diesem Feld gehören dann aber auch die vorherrschende Stimmung, die aus den Erwartungen an "störende Erzieher" resultieren, die „ungenügende" Menge an (alkoholischen) Getränken und die laute Musik, die kalte Heizung, Bernd, der wieder seine abgestandenen Witze über Frauen erzählt und vieles mehr.

Es kann aber auch aus einer wunderschönen Berglandschaft bestehen, mit einem ebenso schönen Sonnenuntergang, den sie auf dem Gipfel eines Berges erleben, auf den sie gestiegen sind, an einem Urlaubstag, fern von allen Zwängen...

Ein Feld ist also meist sehr komplex und in der Regel so umfangreich, dass es nicht völlig überschaubar und berechenbar ist. Alle Bedingungen eines Feldes sind also in aller Regel nicht zugleich erfassbar und ein Mensch ist darum genötigt, sich mit seiner Hypothese, was im Feld ausschlaggebend für irgendein Geschehen sein mag, zufriedenzugeben.

Diese Erkenntnis hat natürlich wesentliche Folgen für die psychologische Diagnostik. In einem komplexen Feld muss vorteilhafter Weise der Handelnde selbst versuchen, seine Handlung zu verstehen. Auch ein psychologisch geschulter Beobachter kann selbst mit fundiertesten Feststellungen keine Wahrheit definieren, sondern nur

Hilfestellung geben, etwas davon zu erfassen. Seine Feststellungen sind entweder direkte Beobachtungen, die der subjektiven Wahrnehmung unterliegen oder Hypothesen. Sie dürfen auch nur als solche in den diagnostischen Prozess einfließen.

Und es gibt die gleichen Auswirkungen natürlich auch bei pädagogischen Handlungsweisen. Einerseits muss ein Pädagoge sich bewusst sein, dass er auf der Basis seiner subjektiven Einschätzung handeln muss und darum nicht fehlerfrei agieren kann. Und andererseits muss er auch noch versuchen, bei seinen Eingriffen die Wirkung im Feld einbeziehen und interaktiv sein. D.h.: Der Pädagoge muss aufmerksam für das bleiben, was im Hintergrund abläuft und sein Verhalten, wie auch sein pädagogisches Ziel entsprechend den Geschehnissen in der Gegenwart modifizieren.

Umwelt, Handlung und Interaktion

Jeder Organismus ist unvermeidlich ständig Teil eines Feldes, agiert immer in einer Umwelt. Immer wird ihn etwas umgeben, dass er nicht zu seiner eigenen Person zählt und immer wird er in Beziehung zu anderen Teilen eines Feldes stehen. Sein Verhalten ist jeweils eine Funktion dieses ganzen Feldes, also auch eine Funktion seiner eigenen inneren Vorgänge. Das Feld schließt den Hintergrund für unsere jeweilige Figur und die Figur selbst mit ein. Also: Auch der jeweilige Wahrnehmungshintergrund beeinflusst die Handlungen mit. So dass ein Verhalten nicht ausschließlich Reaktion auf einen einzelnen oder wenige Reize ist.

Ein Feld verändert sich permanent und dabei ändert sich auch unser Erleben und unser Verhalten, sowie das Erleben und Verhalten aller anderen Lebewesen, die sich mit in dem Feld befinden. In dem Feld, das uns umgibt, treten in Abhängigkeit von unserem, sich permanent entwickelndem Interesse, Figuren in den Vordergrund und wir kommen mit ihnen in Kontakt. Es ist von Bedeutung, was dabei an der Kontaktgrenze, an der Stelle des Übergangs von dem, was wir als Selbst und Nicht-Selbst empfinden, geschieht. Hier findet der Austausch zwischen Organismus und Umwelt statt, der Lernen und Wachstum ermöglicht. Unsere Gedanken, unsere Handlungen und unsere Emotionen sind unsere Art, diese Grenzvorfälle zu erleben oder zu verarbeiten.

Sie wollen einmal weg von der reinen Theorie? Gut, nutzen Sie ihre Fantasie und ich schlage Ihnen vor, sich in das obige Beispiel des Pädagogen auf dem Fest mit den Jugendlichen hinein zu versetzen und sich einen Ablauf des Geschehens vorzustellen... Malen Sie sich die Situation aus, so wie sie in Ihrem Alltag ablaufen könnte oder denken Sie sich einfach eine eigene Geschichte aus... Dabei werden immer wieder verschiedene Teile des Feldes interessant und zur Figur für Sie werden, andere werden in den Hintergrund treten... Mit der Figur im Vordergrund werden Sie jeweils einen Kontakt haben, bei dem Gedanken und Gefühle ausgelöst werden... Sie werden Impulse verspüren, die eine Bereitschaft zu einer Handlung signalisieren... Auch ohne große Anstrengung ist vorstellbar, dass zum Beispiel das Eintreffen eines weiteren Gastes die Stimmung auf dem Fest verändern kann oder neuen Gesprächsstoff bringt, dass die Getränke ihre Wirkung auf das Verhalten der Anwesenden haben, das ein lauter Streit in einer Ecke andere zum Schweigen bringt etc. etc.

Im Feld ist das Individuum nicht reaktiv, sondern interaktiv. Es ist den Bedingungen nicht ausgeliefert, sondern kann sie mitbestimmen. Ich habe weiter oben beschrieben, dass der Mensch seinen WahrnehmungsProzess organisiert und strukturiert und dass Umwelt und Organismus an der Kontaktgrenze in einem Austausch miteinander stehen und sich gegenseitig beeinflussen. Jede Handlung bewirkt Veränderungen im Feld. Jeder Mensch kann sich in seiner Umwelt bewegen und sie aktiv erforschen. Er kann neue Erfahrungen sammeln und muss nicht den jeweils vorhandenen Bedingungen ausgesetzt bleiben. Er kann sein Feld aktiv mitgestalten, denn er besitzt die Fähigkeit zur Orientierung und Handlung. Oder er kann die Umgebung verlassen. die ihm nicht gibt, was er möchte und braucht. Ich erinnere mich bei dieser Beschreibung an einen provokativen Satz meines Gestaltlehrtherapeuten Thomas Bungardt vom Gestalt-Institut in Frankfurt a.M., der mit sagte: „Wenn du willst, kannst du in Australien leben". Dieser Satz ist mir in Erinnerung geblieben, weil er mir bei einem wichtigen Lernschritt half. Damals empfand ich mich übermäßig den Bedingungen meiner Umwelt ausgeliefert und vertraute wenig auf meine eigenen Möglichkeiten, selbst zu einer Veränderung in meinem Leben, insbesondere in meiner beruflichen Situation beizutragen oder gar eine andere Umwelt für mich zu wählen, sprich: den Arbeitgeber zu wechseln.

Die häufig vernommene Klage von jemandem, dass er gegenüber irgendeiner Bedingung ausgeliefert sei, ist ebenso häufig mehr ein Ausdruck der resignativen Einstellung und der subjektiv erlebten Erschöpfung als der tatsächlichen Gegebenheiten. Die Mauer, die jemand so erlebt, ist nicht real, sondern von ihm selbst errichtet, als ein Produkt seiner Fantasie. Ich hatte damals in meiner Ausbildungsgruppe über meine unbefriedigende Arbeitssituation in einer Strafvollzugsanstalt geklagt und sie dennoch beibehalten, weil ich den finanziellen Vorteil und die materielle Sicherheit als Beamter nicht aufgeben wollte. Ich habe Geld und Sicherheit damals zu hoch für mich eingeschätzt und war lange Zeit unzufrieden bis ich mich dann entschied, eine andere berufliche Aufgabe zu suchen.

Feldtheorie und Diagnostik

Für einen Pädagogen ist es wichtig, immer wieder zu erforschen, worauf in der Gegenwart - auf welchen Teil des Feldes - er sich mit seiner Wahrnehmung und Handlung gerade bezieht. Und ebenso wichtig ist, dass er eine Idee entwickelt, worauf sich der junge Mensch, mit dem er sich auseinandersetzt, gerade beziehen mag. Wenn er nicht bei der Aufnahme eines fruchtbaren Kontaktes an seiner Subjektivität und an seinen Vorurteilen scheitern will, darf er sich bei der Beurteilung des Verhaltens des jungen Menschen nicht an fertigen Theorien festbeißen, sondern muss Hypothesen bilden, mit der Bereitschaft, diese auch wieder aufzugeben, falls sie der Prüfung durch die Realität nicht standhalten. Zur Bewährung der Hypothese in der Gegenwart gehört ganz wesentlich die Bestätigung durch den jungen Menschen selbst, denn er alleine ist kompetent für seine inneren Vorgänge und für sein Erleben der Umwelt. Auf den Versuch eine eindeutige Diagnose fremdbestimmend zu formulieren, kann im Grunde verzichtet werden, denn das Feld ist viel zu komplex und die inneren Vorgänge des anderen sind, wie gesagt, nicht wahrnehmbar. Die einfachen Fragen, an den jungen Menschen gestellt: „Was ist dir jetzt wichtig?" oder „Was möchtest du jetzt?", können darum sehr viel weiter helfen, als komplizierte

Diagnoseinstrumente. Zudem helfen sie Missverständnisse zu verhindern und signalisieren dem anderen Menschen Interesse.

Der Pädagogin muss bewusst sein, auf welchen Teil des Feldes sie ihr eigenes Verhalten bezieht. Nimmt sie wirklich den jungen Menschen wahr oder ist sie bei ihren Fantasien über korrektes Verhalten, hört sie den ärgerlichen Tonfall oder lenkt sie die Erinnerung an einen Termin ab? Je unaufmerksamer die Pädagogin für ihre Wahrnehmung und damit für den jungen Menschen ist, desto wahrscheinlicher ist ihre Fehleinschätzung der Situation, und damit verliert sie an Möglichkeit adäquat zu handeln.

Auswirkungen eines Feldes (Ü)

In einem Seminar, in dem ich für Pädagogen eine Fortbildung zum Erstellen von Entwicklungsberichten anbot, untersuchten wir einmal wer und was alles Ein- und Auswirkungen auf den Bericht haben. Hierfür erstellten wir eine Grafik, wie sich für uns das Feld, mit seinen Informationswegen darstellte. Wir empfanden das Ergebnis als sehr verwirrend, weil sehr schnell ein kaum überschaubares Bild entstand. Ich schlage Ihnen vor, selbst einmal den Versuch zu machen, eine solche Grafik anzu-fertigen. Wenn Sie ihre Zeichnung fertig haben, dann versuchen Sie sich noch vorzustellen, welchen Ansprüche und Interessen die verschiedenen von Ihnen gefundenen konkreten Personen und Organisationen an den Bericht haben, um sich dann die Frage zu stellen, ob es Ihnen noch möglich ist, alle Forderungen in diesem Feld miteinander zu koordinieren.

4.6 Das Hier-und-Jetzt-Prinzip

Alles was geschieht, geschieht hier und jetzt. Die Vergangenheit gibt es nicht mehr und die Zukunft wird erst noch werden. Jede Veränderung muss in der Gegenwart geschehen, denn die Vergangenheit steht uns nicht mehr und die Zukunft noch nicht zur Verfügung. Endlos über ungenutzte Chancen zu lamentieren ist deshalb ohne Wirkung auf eine Veränderung und mit dieser Zielsetzung auch nicht sinnvoll. Die Beschäftigung mit der Vergangenheit ist nur interessant, wenn sie dazu dienen soll, Fehler nicht zu wiederholen, also zum Beispiel mit der Fragestellung: Was tue ich immer wieder ohne Erfolg? oder: Welchen Schmerz erfahre ich immer wieder durch andere Menschen? Das Hoffen auf die Zukunft kann ein wesentlicher Hintergrund für Motivationen sein, an einer Entwicklung zu arbeiten, wenn es aber Aktivitäten verhindert, dann besteht immer die Gefahr, dass die Hoffnung vergebens ist. Hoff-nung darf Handlung nicht ersetzen.

Wir behandeln Zeit häufig wie ein Ding, das greifbar und manipulierbar sei. Dies äußert sich zum Beispiel im Gebrauch solcher Redewendungen, wie: Er hat mir die Zeit gestohlen, die Zeit läuft mir weg, die Zeit wird knapp. Hierbei verwechseln wir aber lediglich unser subjektives Erleben mit der Wirklichkeit. Ebenso wie bei der Fixierung auf die Vergangenheit und Zukunft geht auch bei der Vermaterialisierung der Zeit, der Bezug zur Gegenwart verloren. Zeit ist kein Ding, dass sich aufteilen lässt, dass verrinnt oder verloren geht, obwohl wir unsere subjektiven Empfindungen in solche Umschreibungen kleiden. Nur die Gegenwart ist uns zugänglich und dies geschieht über unsere Sinne. Wenn wir uns öffnen für unsere Wahrnehmung, dann sind wir gegenwärtig und bereit, die Dinge so zu erleben, wie sie sind. In solchen Augenblicken bilden sich bei einem Menschen die tiefen Eindrücke, in denen die Zeit scheinbar still steht, in denen er intensiv empfindet und wahrnimmt. Jeder Mensch wird aber auch die Tage kennen, an denen er den Eindruck hatte, dass nur noch ein Hetzen zwischen den Terminen möglich war, die er sich viel zu dicht beieinander gesetzt hatte, als dass sie gut einzuhalten waren, und an deren Abende man feststellt, dass alles wie im Flug vergangen ist, ohne uns zu erfüllen. Dies sind die Tage, an denen er sich nicht das Recht genommen hat, seine Sinne zu öffnen. Genaugenommen hat er an diesem Tag nicht wirklich gelebt.

Wirkung der Vergangenheit

Die jungen Menschen in unseren Einrichtungen der Jugendhilfe haben fast alle Erlebnisse hinter sich, in denen sie durch andere Menschen seelische Verletzungen erfahren haben. Sie sind darum mißtrauisch und schnell abweisend, wenn sie die Gefahr sehen, dass sie erneut geschädigt werden könnten. Ihre Wahrnehmung ist sehr sensibel für mögliche Gefahren und eventuell ist sie sogar übersensibel und lässt sie auch dort Gefahren vermuten, wo sie nicht wirklich vorhanden sind.

Die Wahrnehmungen und die Handlungen dieser jungen Menschen sind bestimmt durch ihre negativen Erinnerungen. Oft fällt es ihnen schwer zu glauben, dass es auch noch andere Erfahrungen gibt oder sie wünschen sich eine dermaßen idealisierte Gegenwart, dass sie allein schon wegen ihrer zu hohen Erwartungen immer wieder enttäuscht werden müssen. Je fester sie daran glauben, dass sich die negativen Erfahrungen wiederholen werden, desto weniger werden sie sich für alternative Erlebnisse öffnen wollen. Sie werden quasi in ihrer Vergangenheit leben und nicht zu aktuellem Erleben bereit sein oder das, was sie aktuell erleben gemäß ihren Erwartungen verklären.

Nehmen wir eine alltägliche Situation aus einer Wohngruppe:

Ein Erzieher erinnert den Jugendlichen Bernd in einem freundlichen Ton an seine Schulaufgaben: „Bernd, willst du die Aufgaben nicht vor dem Essen machen? Wir wollten danach mit der Gruppe ins Kino". Vom Pädagogen kann dieser Hinweis lediglich als Erinnerung gemeint sein, weil er wahrnimmt, wie sehr Bernd in Musikhören vertieft ist und die Verabredung wohl vergessen hat. Für Bernd kann dieser Hinweis und diese Frage aber einen Angriff darstellen. Er hat vielleicht bis vor kurzen noch im Elternhaus gelebt, in dem mit solchen Hinweisen immer ein Vorwurf verbunden gewesen war und regelmäßig eine herbe Auseinandersetzung folgte, wenn er nicht umgehend an die Arbeit ging. Wenn dies der Fall ist, dann kann er sich vermutlich nicht vorstellen, dass die Ansprache wohlmeinend ist und er reagiert darum aggressiv: „Lass mich in Frieden. Ich weiß schon, wann ich die mache".

Bernd ist also nicht offen für eine angemessene Wahrnehmung der Gegenwart, sonst könnte er bemerken, dass der ärgerliche Unterton, den sein Vater bei solchen Äußerungen besaß, beim Erzieher nicht vorhanden ist. So reagiert er in der aggressiven Art und Weise, wie er es in der Vergangenheit immer getan hat und wie es seinen negativen Erwartungen entspricht. Wenn der Erzieher dieses Dilemma von Bernd nicht versteht, dann wird er verletzt sein und vermutlich seinerseits ärgerlich werden und unwirsch auf Bernd reagieren. Letztendlich hätte Bernd dann sogar noch die Situation selbst erzeugt, die er doch so sehr ablehnt und vor der er sich im Innersten eigentlich fürchtet. Dieses Phänomen ist in der Psychologie bekannt unter dem Begriff der Sich-selbst-erfüllenden-Prophezeiung.

Veränderung in der Gegenwart

Ich habe es schon betont: Dem Menschen ist es nur möglich in der Gegenwart Veränderungen herbeizuführen und nur hier kann er handeln. Dies ist eigentlich eine Binsenweisheit und dennoch tun wir häufig so, als wären wir Zeitreisende. Unser Orientierungs- und Handlungssystem ist aber nur für die Gegenwart geeignet. Vergangenheit und Zukunft sind für uns nicht erreichbar. Äußerungen wie: „Du warst gestern ärgerlich" oder „Du wirst mich wieder hängen lassen", sind hypothetisch und somit nicht Realität, sondern Erinnerung und Erwartung. Erinnerungen und Erwartungen sind aber inhaltlich keine Wahrnehmungen der Gegenwart, sondern Ideen und Fantasien. Bernds Konzept, „der Erzieher ist genauso wie mein Vater", stimmt nicht, und dennoch handelt er danach und orientiert sich somit an seiner Idee und Erinnerung und nicht an dem, was tatsächlich in der Gegenwart um ihn herum geschieht. Er beschäftigt sich, wie dies viele Menschen häufig tun, mit seinen Gedanken und hält sie sogar für Realität und lebt dabei quasi in der Vergangenheit.

Es gibt viele Menschen, die ihr ganzes Leben auf ein Ziel hin leben, das sie nie erreichen werden, die zu einer besseren Zukunft streben und das Erleben der Gegenwart vergessen und am Ende ihres Lebens eventuell zurücksehen und enttäuscht und verbittert sind. Und viele andere trauern permanent einer Vergangenheit nach, die es nie gab, weil sie sie positiv verklären oder die glauben, dass sie für die wesentlichen Dinge des Lebens "keine Zeit haben". Sie alle unterliegen dem Irrtum, dass das Leben nicht in der Gegenwart stattfinde und dass sie keine Wahlfreiheit hätten, sich für ihr Handeln in der Gegenwart zu entscheiden.

Mit der Prämisse, dass es nur die Gegenwart gibt, behandelt die Gestalttherapie und Gestaltpädagogik die Vorgänge des Erinnerns und Planens als selbstbestimmte gegenwärtige Handlungen, obwohl sie sich auf Vergangenheit und Zukunft beziehen. Die Fantasien von Vergangenheit und Zukunft werden auf verschiedene Weise in der Gegenwart erlebbar gemacht, indem der Gestalttherapeut oder -pädagoge auffordert, ihnen Ausdruck zu verleihen.

Junge Menschen in der Jugendhilfe sind schnell bereit, ihr Elternhaus entgegen vieler Erfahrungen in ihrer mitgeteilten Erinnerung extrem negativ zu beschreiben oder sehr positiv zu verklären oder ihre Zukunft nach der Jugendhilfe ins Utopische verklärt einzuschätzen. Sie lenken sich so von der Auseinandersetzung in der Gegenwart ab. Der Versuch, für sie die Realität erträglicher oder attraktiver zu machen, in der Hoffnung, dass sie sich dann von ihren Fehleinschätzungen trennen, das klärende Gespräch über die Vergangenheit genügen als Hilfe allein nicht.

Gestaltpädagogen arbeiten mit dem Prinzip des Hier-und-Jetzt. Dass heißt: Sie beziehen in die Interaktion mit dem jungen Menschen die Informationen über ihn mit ein, die sie aus ihrem unmittelbaren, gegenwärtigen Erleben gewinnen und versuchen so zu ihm einen guten Kontakt aufzubauen und zu erhalten. Beispielsweise achten Sie auf die Unruhe, die den Jugendlichen erfasst, wenn über seine Freundin gesprochen wird, weisen ihn eventuell darauf hin oder fragen ihn, ob er das Gespräch tatsächlich jetzt führen möchte. Sie sind achtsam, öffnen sich für ihre Bewusstheit und bemühen sich ihre Vorurteile zu erkennen. Im Beispiel fortgefahren heißt dies: Sie unterstellen dem jungen Menschen kein Desinteresse am Gespräch, wenn er nicht dazu bereit ist, sondern akzeptieren, dass es hierfür auch andere Gründe geben kann und dass ein neuer Versuch zu einem anderen Zeitpunkt erforderlich ist und mehr erbringen kann. Sie versuchen sich ihrer eigenen Interessen im Kontakt mit dem jungen Menschen bewusst zu sein, erkennen dann eventuell ihre Neugier als Motiv ihrer Fragen und verzichten dann darauf, zur Befriedigung ihrer eigenen Bedürfnisse den Jugendlichen weiter zu bedrängen. Sie gestalten aktiv die Kontakte in denen die jungen Menschen sich auf das Erleben der Gegenwart einlassen, bestärken sie beim emotionalen Ausdruck von Erlebnissen, helfen ihnen auf verschiedene Weise sich und ihre Umgebung in der Gegenwart wahrzunehmen, stellen über diese Kontakte eine intensivere und belastbarere Beziehung zu ihnen her und versuchen sie für weitere Erlebnisse im Hier-und-Jetzt zu gewinnen.

Ein Jugendlicher, der Probleme mit seiner Freundin hat, hat natürlich das Bedürfnis, diese zu lösen. Er hat Energien hierfür zur Verfügung, die er eventuell nur nicht in angemessener Form einzusetzen weiß. Diese Energien zu fördern, so dass sie einen konstruktiven und für den jungen Menschen befriedigenden Weg nehmen, ist die eigentliche Kunst der zwischenmenschlichen Hilfe. Und die Wahrnehmung dessen, was in der Gegenwart geschieht ist der erste Schritt zum erlernen dieser Kunst.

Wahrnehmung in der Gegenwart (Ü)

Wahrnehmung in der Gegenwart ist immer eine Sinneswahrnehmung. Alles, was wir sehen, hören, fühlen, riechen, schmecken können und alle Empfindungen, die sich auf unseren Körperzustand beziehen, sind Wahrnehmungen in der Gegenwart. Die Übung, die ich Ihnen vorschlage, klingt auf den ersten Blick ganz einfach:

Versuchen Sie für nur 15 Minuten bei der Wahrnehmung der Gegenwart zu bleiben, zu sehen, zu hören, zu riechen, zu schmecken und zu empfinden, ohne in Ideen, Erinnerungen, Bewertungen und ähnliches abzugleiten. Wenn es dennoch passiert, dann brechen Sie die Gedanken wieder ab und kommen zur Sinneswahrnehmung zurück...

Beobachten Sie sich bei diesem Versuch und Sie werden voraussichtlich feststellen, dass es Ihnen nicht gelingt, die Aufgabe wirklich 15 Minuten durchzuhalten.

Jeder Mensch hat bestimmte Wahrnehmungen und Empfindungen bei denen er besonders leicht ins Denken und Bewerten kommt. Sie beziehen sich zumeist auf Bereiche zu denen er den Kontakt vermeiden möchte, weil er hier persönliche Belastungen oder Probleme aufdecken könnte. Unter Umständen erkennen Sie bei dieser Übung ja sogar selbst irgendeine Wahrnehmung, bei der es Ihnen schwer fällt zu bleiben oder die Sie vermeiden möchten.

4.7 Die Bewusstheit oder auch Achtsamkeit

Was ist eigentlich wahrnehmbar?

Erscheint Ihnen diese Frage eventuell überflüssig oder ringt sie Ihnen vielleicht einen gelangweilten Seufzer ab, weil sie simpel zu beantworten erscheint. Ich lade Sie ein, noch einen zweiten Blick zu tun und etwas genauer hinzusehen. Ich gehe davon aus, dass Ihnen dann deutlich wird, wie wichtig die intensivere Beschäftigung mit ihr ist:

„Ich sehe, dass du mir böse bist", kommentieren wir unsere Beobachtung eines anderen Menschen. Wenn uns dann jemand fragt, ob wir von dieser Aussage überzeugt sind, werden wir vermutlich heftig nicken. Eigentlich meinen wir mit unserer Feststellung aber „ich glaube, er ist mir böse" aber ganz etwas anderes. Wir interpretieren und kommentieren nämlich unsere Beobachtung, dass er auf unsere Frage nicht geantwortet hat, dass er einen verkniffenen Mund und geballte Fäuste hat, etc. Die Einstellung, die wir dabei in ihn hinein interpretieren, ist definitiv nicht beobachtbar. Unsere Beobachtung hat lediglich zu einer Formulierung unserer Vermutung geführt. Unsere Interpretation kann dabei stimmen, kann aber auch völlig falsch sein, wenn die Mimik und Gestik die wir in unserem Fall gesehen haben, vielleicht unmittelbar zuvor durch eine andere Person als uns oder durch heftige Zahnschmerzen hervorgerufen worden war und wir lediglich unserer Bereitschaft zum Opfer gefallen sind, bei anderen Menschen eher Ablehnung zu vermuten. Wir können solche Irrtümer nicht grundsätzlich vermeiden, aber wir können sie verringern, indem wir uns selbst und unserer Umgebung bewusster werden und indem wir lernen, Beobachtbares von Interpretationen, Ideen, Fantasien etc. zu unterscheiden.

Bereiche der Bewusstheit

Zur Erlangung größerer Bewusstheit gehört zunächst einmal die intensive Übung von Wahrnehmung. Wenn sie einmal inne halten und sehen, hören, riechen, schmecken und fühlen, dann sind sie sich Teile ihrer Wahrnehmung bewusst. Sie spüren vielleicht den Sitz unter ihrem ..., sie sehen die Buchstaben, Worte und Sätze in diesem Buch, empfinden die Kleidung auf ihrer Haut. Und wenn sie sich gerade jeweils auf meinen Wahrnehmungsvorschlag eingelassen haben, dann werden sie auch bemerken, dass sie diese Wahrnehmungen selten bewusst vornehmen. Unsere Wahrnehmung richtet sich eben auf all das, was wir als wichtig betrachten und anderes wird vernachlässigt. Lange vernachlässigte Wahrnehmungsbereiche müssen darum erst von uns erst wieder kennengelernt werden. Ein großer Teil der Übungen zur Wahrnehmung in der Gestaltfortbildung und in diesem Buch verfolgt dieses Ziel. Bei diesen Übungen werden sie erleben, dass sie sich teils auf die Wahrnehmung von Vorgängen im Körper und anderenteils auf Vorgänge außerhalb beziehen. Durch die gelenkte Wahrnehmung werden wir uns dieser Vorgänge und Dinge wieder bewusst.

Unsere Bewusstheit kann sich auf die Wahrnehmung der eigenen Person und die Wahrnehmung der Umwelt beziehen. Und dann sind da noch unsere Ideen, Vorstellungen und Fantasien und unser Bewusstsein, dass wir denken und fantasieren. Wir produzieren gedankliche Vorgänge und können uns dabei selbst wieder beobachten.

Die Wahrnehmung von unserer Tätigkeit des Vorstellens und Fantasierens ist unsere meditative Bewusstheit.

Bewusstheit ist also nicht das Gleiche, wie die Inhalte unserer Gedanken und Fantasien. Sie ist nicht identisch mit der konkreten Vermutung über ein Geschehen oder der Idee der Ausführung einer handwerklichen Aufgabe, sondern sie ist die Wahrnehmung, dass wir mit Denken, Fantasieren, Wünschen beschäftigt sind.

- *Beispiele für externe Bewusstheit:*

Ich sehe die Sonne, mein Hemd reibt auf der Haut, es ist kühl, das Fenster in meinem Zimmer steht offen, ich rieche Blütenduft und etwas Brandgeruch, draußen sprechen Menschen,

- *... interne Bewusstheit:*

Ich fröstele und mein Kreuz wird lahm, ich habe Durst, meine Stirn ist angespannt und meine Augen brennen, ich spüre Zuneigung,

- *... meditative Bewusstheit:*

Ich bemerke, dass ich mich mit Gedanken an meinen Nachbarn ablenke, der dort draußen grillt; mir wird bewusst, dass ich nach immer neuen Wünschen forsche, um nicht mehr weiter zu arbeiten; und schließlich bemerke ich eine zunehmende Bereitschaft eine Fantasie nachzugehen, in der mein Nachbar klingelt und mich zum Grillen einlädt.

Wenn wir andere Menschen beobachten, dann sind wir auf unsere externe Bewusstheit angewiesen. Beginnen wir in dieser Situation unsere Vermutung über deren innere Vorgänge zu beschreiben, dann verlassen wir den Bereich der Wahrnehmung und können ihn aber wieder erreichen durch die meditative Bewusstheit: „Aha, ich denke, also nehme ich nicht in der Gegenwart wahr". Mit dieser meditativen Bewusstheit entsteht eine Paradoxie und für uns die Chance, uns wieder zu öffnen für eine neue Perspektive, für neue Ideen und Ansichten. Unsere Handlungen werden durch meditative Bewusstheit flexibler und somit erfolgreicher.

Die Bedeutung für die Pädagogik

Der Gestaltpädagoge der die Bereitschaft haben will, Standpunkte auch wieder aufzugeben, wenn sie sich als nicht (mehr) realistisch erweisen und die Sinne immer wieder für neue Eindrücke öffnen will, bedarf der Bewusstheit für das, was um ihn herum geschieht. Ohne diese Bewusstheit ist ein erfolgreiches pädagogisches Handeln nicht möglich. Und ebenso wichtig ist die Bewusstheit des Pädagogen für seine eigenen Prozesse, zum Beispiel ob er im Augenblick wirklich das Interesse aufbringt, die Sorgen eines jungen Menschen anzuhören oder ob er ein Gespräch besser auf einen späteren Zeitpunkt legt, ob er in seinen Zielen, Handlungen und Empfindungen authentisch ist oder ob er vielmehr seine Ideale höher wertet als seine Wahrnehmung der Realität, ob er seiner Arbeit die Zeichen seiner eigenen Probleme aufdrückt, ob er eventuell sogar das Interesse verloren hat und den Beruf nur weiter ausübt, weil er für sich nur keine berufliche Veränderungsmöglichkeit sieht...

Gestalttherapeuten und -pädagogen entwickeln in einem ständigen, nicht endenden Prozess ihre Fähigkeit, interne und externe Wahrnehmung auseinanderzuhalten und insbesondere hiervon Fantasien, Vorstellungen und Wünsche zu unterscheiden. Diese Entwicklung ist Bestandteil ihres Persönlichkeitswachstums. Mit jedem Schritt ihrer Persönlichkeitsentwicklung werden sie dem einzelnen jungen Menschen gerechter. Sie vermögen deutlicher zu differenzieren, was sie selbst in die Interaktion mit dem Jugendlichen hineintragen, welchen Einfluss sie durch den Jugendliche verspüren, was andere von ihnen beiden wollen. Wenn Sie diesen Prozess aufgeben, geben sie gleichzeitig die Gestalttherapie oder -pädagogik auf.

Ein ausschließlicher Rückgriff auf Theorie und Methodik kann die Fähigkeit zur bewussten Wahrnehmung nicht ersetzen, denn er führt weg von der Offenheit für das Geschehen in der Gegenwart und hin zu reinen Vergleichsprozessen zwischen geforderter Norm und dem Sein des jungen Menschen, letztendlich zu einem unmenschlichen Dogmatismus, der selbst durch die besten zugrundeliegenden Zielvorstellungen nicht zu beheben ist. Mit der Zunahme an Bewusstheit nimmt die Fähigkeit zu, den jungen Menschen dort abzuholen, wo er in seiner Entwicklung gerade steht. Und mit der Zunahme an Bewusstheit für das eigene Sein kann der Pädagoge seine eigenen Widersprüche mehr erforschen und abbauen.

Kein Mensch ist völlig authentisch in seinem Denken, Fühlen und Handeln. Es muss auch nicht das Ziel sein, dies zu erreichen. Es gibt aber auch keinen akzeptablen Grund, sich nicht auf den Weg zu machen und sich menschlichen und damit auch beruflich zu entwickeln.

Lao Tse: „Entzünde eine Kerze, denn es gibt keinen Grund

im Dunkeln zu bleiben".

Bewusstheitsebenen (Ü)

Die folgende Übung besteht aus vielen Teilen und ist sehr umfangreich. Es bietet sich an, hier und da einen Teil davon zu erproben, denn der Übungseffekt entsteht gerade erst dann, wenn Sie sich öfter damit beschäftigen und sich nicht mit zu vielen Übungsteilen auf einmal überlasten.

Zunächst schlage ich Ihnen vor, Beispiele für die verschiedenen Bewusstheitsebenen zu suchen - für interne Wahrnehmung, für die Wahrnehmung von Dingen die außen geschehen und für Fantasien und Ideen.

Wenn Sie ein Beispiel gefunden haben, stellen Sie sich noch einmal die Fragen: Ist dies wirklich eine Wahrnehmung über etwas, was in mir geschieht oder ist es die Wahrnehmung eines Reizes aus meiner Umgebung oder ist es die Wahrnehmung eines Denkvorganges in mir?

Gelingt Ihnen die Unterscheidung oder fühlen Sie sich unsicher...?

Beobachten Sie einmal andere Menschen. Auf welche Bewusstheitsebene bezieht diese Kollegin ihre Äußerungen, welche Ebene spricht der junge Mensch in ihrer Betreuung an, Ihr Kind und Ihre Eltern...?

Sprechen sie über ihre inneren Vorgänge, über das, was sie außen wahrnehmen oder über Ideen und Fantasien?

Versuchen Sie einmal herauszufinden auf welche Bewusstseinsebene sich einzelne Person in ihrer Umgebung am meisten beziehen. Und versuchen Sie einmal festzustellen, welche Ebene der Bewusstheit von Menschen wohl am häufigsten verwendet wird. Sie können hierzu konkrete Personen aus ihrem Bekanntenkreis nehmen oder auch den Fernseher einschalten.

Wenn Sie den Fernseher einschalten, dann unterscheiden Sie bei ihrer Beobachtung auch einmal nach verschiedenen Sendungen. Wenn Sie Menschen in Ihrer Umgebung beobachten, dann unterscheiden Sie zum Beispiel einmal nach Jugendlichen und Erwachsenen, nach Verkäufern oder Polizistinnen, nach Eltern oder Lehrern. Bemerken Sie Unterschiede...?

Sie können ihre Beobachtungen ergänzen, indem Sie abwechselnd auf Ihre Beobachtungen und gleich darauf auf Ihre Empfindungen achten, die das Beobachtete auslöst:

Was empfinden Sie, wenn Menschen über ihre interne, über ihre externe oder über ihre meditative Bewusstheit sprechen?

Geht es Ihnen je nach angesprochener Bewusstheitsebene unterschiedlich?

Wann fühlen Sie größere Nähe oder Distanz zu dem Menschen?

Erproben Sie auch einmal, wie andere auf Sie reagieren und wie es Ihnen selbst ergeht, wenn Sie eine Weile versuchen, Ihre Äußerungen verstärkt auf eine bestimmte Ebene von Bewusstheit zu beziehen. Teilen Sie zum Beispiel eine Weile verstärkt mit, was in Ihnen vorgeht oder melden Sie häufiger an andere zurück, was Sie um sich herum wahrnehmen und dann bleiben Sie für einige Zeit einmal dabei, im wesentlichen Ihre Gedanken und Fantasien zu äußern.

Beim Bezug auf welche Bewusstheitsebene fühlen Sie sich am wohlsten, beziehungsweise am wenigsten wohl? Ist Ihnen aufgefallen, in welchen Situationen und zu welchen Anlässen, Sie sich auf welche Bewusstheitsebene beziehen?

4.8 Der Orientierungsrahmen der Gestaltpädagogik

Sie haben nun eine Reihe von Gestaltprinzipien kennengelernt, die jedes für sich schon reichliche Anregungen für ihre pädagogische Arbeit liefern können. Was noch fehlt, ist ein Orientierungsrahmen in den diese Prinzipien gehören und auf den Sie zurückgreifen können, wenn die Situation, in der Sie stecken, einmal schwer überschaubar geworden ist und sie einen Anhaltspunkt für den vorherrschenden Prozess benötigen. Diesen Rahmen liefern die bisher beschriebenen Gestaltprinzipien allein noch nicht, sie müssen erst noch mittels eines übergreifenden Konzeptes in eine Beziehung zueinander gebracht und in ein Gesamtbild menschlichen Seins eingeordnet werden. Dieses Konzept ist der Gestaltzyklus des Erlebens.

Der Nutzen von Theorie

In einer meiner Supervisionen beschrieb eine Pädagogin folgende Szene. Sie sagte: „Ich hatte mich gerade mit Bernd in das Dienstzimmer gesetzt, um mit ihm allein zu sprechen, da ging es draußen auf dem Gang wieder los. Eigentlich brauchte mich der Bernd. Er hatte am Wochenende Ärger beim Urlaub in seiner Familie gehabt. Sein Stiefvater hatte ihn wegen irgendeiner Kleinigkeit vor die Tür gesetzt, wie er das ja schon öfter gemacht hat. Er kam Sonnabend mitten in der Nacht ganz kaputt hier an. Aber Roger und Manni hatten sich wieder in der Wolle und ihr wißt ja, wenn man bei den beiden nicht gleich dazwischen geht, dann schlagen sie sich die Nasen blutig. Also bin ich aufgestanden und habe mich mit Bernd auf etwas später verabredet. Er hat ganz schön frustriert ausgesehen, aber es nützte ja nichts. Gerade kam mir noch die Idee, dass ich ihn bitten könnte, für nachher noch einen Tee zu machen, damit er bis dann wenigstens etwas beschäftigt war."

Diese kleine Szene ist für mich ein treffendes Beispiel dafür, wie es häufig im Arbeitsalltag von Pädagogen in einer Wohngemeinschaft in der Jugendhilfe abläuft. Wenn ich dieses Beispiel zugrunde lege und einmal die Anforderungen aufzähle, die an einen Pädagogen gestellt werden, dann ergibt sich für mich folgendes Bild: Der Erzieher darf sich nicht auf eine Situation oder eine Person völlig festlegen, vielmehr wird von ihm die Fähigkeit, der schnellen und flexiblen Reaktion auf jede Veränderung verlangt. Er muss in der Lage sein, immer wieder neu zu entscheiden, wo und wie seine Aufmerksamkeit angebracht ist, was eine Weile warten kann oder muss, was Vorrang hat. Er soll sich ständig bewusst sein, wofür er in jedem Augenblick genügend Aufmerksamkeit zur Verfügung hat, wofür er sie aufbringen muss. Er muss dabei einen eigenen Standpunkt glaubwürdig und kontinuierlich vertreten. Trotz dieser schon hohen Anforderung sollen alle Handlungen auch noch nach einem durchgängigen pädagogischen Konzept geschehen.

Wie soll aber der Pädagoge in einer schwierigen Situation bei diesen vielen Anforderungen die Orientierung behalten und wirksam handeln? Nach welcher Theorie soll er sich richten? Welche Theorie ist überhaupt so handhabbar, dass sie nicht obendrein noch eine Belastung darstellt, weil die Auseinandersetzung mit ihr von der Aufmerksamkeit auf die Gegenwart ablenkt?

Wir können erst einmal davon ausgehen, dass ich mit dem Anforderungskatalog die „Über-Pädagogin" beschrieben habe; eine Superausgabe von Erzieherin, die nicht den realen menschlichen Möglichkeiten entspricht. Die von mir aufgezählten Fähigkeiten mögen zwar als Idealvorstellung akzeptabel sein, dann aber bitte mit dem klaren Verständnis, dass sie niemals im vollen Umfang zu erreichen sind. Pädagogik, wie ich sie verstehe und wie sie die Gestaltpädagogik ermöglicht, ist zu einem hohen Maße Improvisation und Intuition und erst in zweiter Linie Theorie und Wissen:

Erziehen ist eine Kunst.

Ein Pädagoge hat in seiner Ausbildung und in Fortbildungen Wissen erworben und macht dennoch meist die Erfahrung, dass davon in konkreten Situationen wenig spontan verfügbar ist und für ihn gar nicht die Möglichkeit besteht, länger theoretisch abzuwägen. Der Streß, der in schwierigen Situationen entsteht, stört zudem die Konzentration für eine geistige Verarbeitung. Wenn wir uns erinnern oder auch in der Gegenwart einmal beobachten, wie wir Entscheidungen bei unserer Arbeit treffen, dann werden wir entdecken, dass wir dies fast immer intuitiv tun oder dass unsere Intuitionen zumindest einen großen Anteil haben. Zum Nachdenken brauchen wir Abstand, tun dies darum oft erst im Nachhinein.

„Wozu sind dann Theorien überhaupt nutze?", höre ich den Leser in meiner Fantasie sagen. Und ich habe einige gestandene Pädagogen erlebt, die sogar noch weiter gingen und eine handfeste grundsätzliche Abneigung gegen Theorien entwickelt haben, die Theoretikern einen Mangel an Praxisbezug vorwarfen. Ich denke, an diesem Vorwurf ist viel Wahres. Ein mit Theorien überfrachteter Mensch, der sich nicht auf lebendige Erfahrungen einlassen will und wesentlich mit geistigem Einordnen und Sortieren beschäftigt ist - also ein introspektives Verhalten zeigt - kann nicht gleichzeitig offen ungerichtet aufmerksam für seine Umgebung sein. Seine geistige Aktivität wird seine Aufmerksamkeit binden an Vergleichs- und eventuell Bewertungsvorgänge und seine Kreativität einschränken. Hinter der Ablehnung von Theorie kann sich aber auch eine gehörige Portion Vermeidung verbergen, wenn damit die Reflexion eines Geschehens gänzlich verweigert wird. Theorie ist an sich nicht abzulehnen. Sie wird sogar benötigt zur Ideenbildung. Erst ihre falsche Anwendung macht sie zu einem Problem (Wir lehnen ja auch kein Küchenmesser nur deshalb ab, weil wir wissen, dass es als Stichwaffe missbraucht werden kann). Ich mag darum folgende Prämissen formulieren:

➢ Theorien sind erforderlich, um unsere Erlebnisse einzusortieren und zu verstehen. Lebendige Erfahrungen sind als Lerngrundlage unersetzlich, wenn sie intellektuell verarbeitet werden.

• Selbst das wache Erleben im Berufsalltag reicht allein noch nicht für eine Verbesserung der pädagogischen Fähigkeiten aus. Hinzukommen muss noch die Verarbeitung des Erlebten, zu der eben auch das geistige Reflektieren gehört. Bei der Aufarbeitung von Erfahrungen hat Theorie wichtige Funktion. Sie unterstützt die Einordnung von Erlebnissen, zum Beispiel in der Supervision, in Teamgesprächen oder im kollegialen Austausch.

• Selbsterfahrungsseminare lassen unzufriedene Teilnehmer zurück, wenn lediglich emotionale Erlebnisse provoziert und nicht aufgearbeitet werden. Gegen Selbsterfahrungsseminare werden oft die mangelnde Verarbeitung und der fehlende gute Abschluss als Kritik angeführt. Wenn aber eine Aufarbeitung nicht angeboten wird, wird eine Chance zum Persönlichkeitswachstum und zur Heilung vertan, denn in der Selbsterfahrung werden nicht verheilte psychische Verletzungen aktualisiert, die somit wieder zugänglich werden.

Emotionales Aufarbeiten und Intellektuelles Reflektieren, beides gehört gleichberechtigt zur Entwicklung von beruflicher Qualifikation und zum Persönlichkeitswachstum dazu und beides verbessert die Fähigkeit intuitiv angemessen wahrzunehmen und zu handeln.

> Eine Zusammenfassung von Theorien in einem Konzept können wir als Orientierungsrahmen nutzen.

Wenn wir eine Theorie verwenden, in der viele einzelne Erkenntnisse zu einem Konzept zusammengefasst sind, dann werden wir sie häufiger als Orientierungshilfe heranziehen können, als die Teile, aus denen sie besteht, denn ein Konzept ist für uns wesentlich leichter und auch intuitiver zu erfassen, als eine Reihe von einzelnen und unzusammenhängenden Theorien. Natürlich muss das Konzept einfach und verständlich sein, um im wechselhaften pädagogischen Prozess auch nützlich zu sein. Komplizierte und umfangreiche Theorie kann in der Praxis nicht genutzt werden, aus den oben genannten Gründen. Diese Anforderungen an das Konzept sind hoch und führen uns in ein Dilemma, denn wie wir wissen, ist unser menschliches Sein nicht gerade einfach zu erfassen. Wie soll dann aber eine Theorie in der Lage sein, hierfür eine einfache Erklärung anzubieten?

Im Konzept der Gestaltpädagogik werden keine „Gesetzmäßigkeiten" formuliert, die jedes einzelne Verhalten eines Menschen unmittelbar plausibel und eindeutig erklärbar machen. Einerseits ist ein solches Konzept in keiner der Sozialwissenschaften in Aussicht gestellt und zum anderen müsste es vermutlich so umfangreich werden, dass mit seiner Handhabung jeder Mensch im Alltag völlig überfordert wäre. Kurz gesagt, es wäre nicht praktikabel. Die folgende Theorie soll darum nicht mit dem Anspruch vorgestellt werden, Verhalten bis ins Detail zu analysieren, sondern sie soll einen Orientierungsrahmen für die Praxis anbieten, in dem Grundprinzipien menschlichen Seins beschrieben sind.

Die Theorie vom Gestaltzyklus des Erlebens

Unser Erleben verläuft von seinem Prinzip her immer wieder in gleicher Weise:

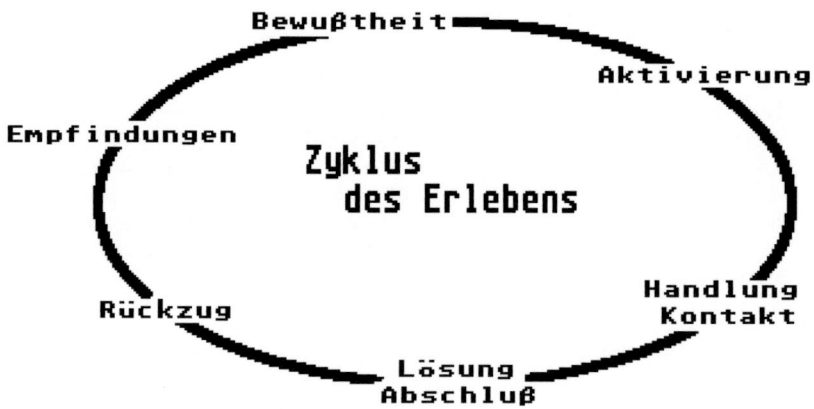

Wir werden uns bestimmter Dinge in uns oder in unserer Umgebung bewusst, gewinnen Interesse an ihnen und nehmen sie mit zunehmendem Interesse deutlicher und prägnanter wahr, lassen sie zur Figur werden. Dabei entsteht mehr und mehr Energie. Dass heißt: Die Bereitschaft, in der Richtung unseres deutlicher werdenden Bedürfnisses tätig zu werden, nimmt zu. Ist die Figur prägnant genug und die Energie ausreichend, dann handeln wir. Mit der Handlung kommen wir in Kontakt mit unserer Umwelt und dem Zielobjekt unseres Interesses, geben für eine bestimmte Zeit die Grenzen zwischen uns und dem Zielobjekt auf, verschmelzen mit ihm und trennen uns dann wieder. Im Kontakt mit unserer Figur wird unser Bedürfnis befriedigt, die Energie abgebaut. Ist dies geschehen, dann treten wir den Rückzug an, zerstören unsere Figur und erleben eine Phase der Verarbeitung und der Ruhe. Nach dieser Phase sind wir wieder frei für einen neuen Zyklus und der Prozess wiederholt sich mit anderen Figuren bei anderen Interessen immer und immer wieder neu.

Dieser Zyklus ist der umfassende Prozess, der alle Bestandteile unseres Seins zu einem immer wiederkehrenden Ablauf vereinigt. Ohne Störung wird dieser Vorgang immer und immer wieder ablaufen und unser Leben bestimmen. In ihm werden lediglich die Figur und die Handlung ausgetauscht, ohne dass sich das generelle Prinzip verändert. Psychische Gesundheit und hohe persönliche Effektivität sind gegeben, wenn alle Stadien des eben beschriebenen Zyklus voll durchlebt werden und der Prozess nicht unterbrochen wird.

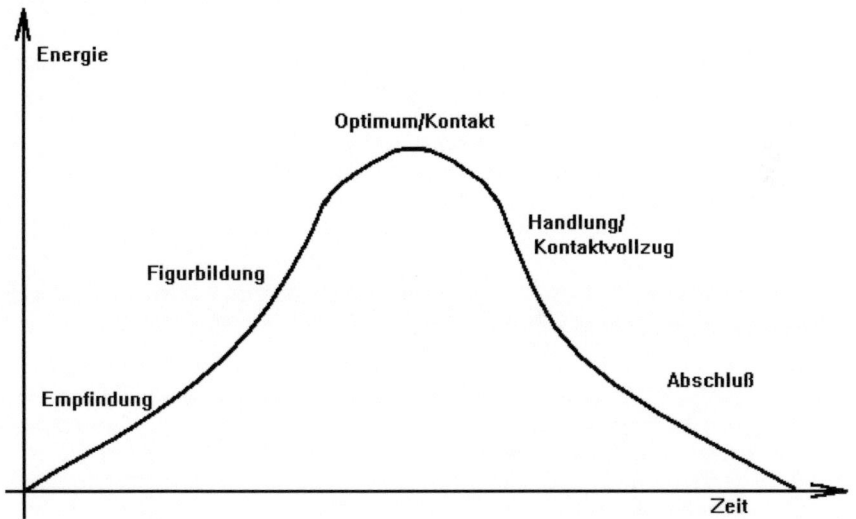

Diese zweite graphische Darstellung veranschaulicht den energetischen Verlauf des Erlebenszyklus. Mit seinem Ablauf ist eine Veränderung im Energiehaushalt des Menschen verbunden. Die Energie nimmt im Figurbildungsprozess stetig zu, richtet und konzentriert sich auf die Figur bis ein Niveau erreicht ist, das für die Handlung genügt und wird im Kontakt mit der Figur wieder abgebaut.

Dieses energetische Konzept kann nun beim pädagogischen und therapeutischen Arbeiten genutzt werden. Eine Aufgabe der Gestaltpädagogin und Gestalttherapeutin kann damit charakterisiert werden, dass sie nach dieser Energie und ihrer Bewegungsrichtung, beziehungsweise nach den Störungen im Energiefluss forscht, entweder bei sich selbst, oder bei den jungen Menschen, die sie betreut:

- Geht es um die eigene Orientierung des Helfers, so fragt er sich selbst, worauf seine Aufmerksamkeit gerade gerichtet ist, ob er Energie für irgendeine bestimmte Handlung hat, ob er gerade in Kontakt mit einer Sache oder einer Person ist, also eine Handlung vollzieht oder ob er gerade eine Handlung vollendet hat und sich in der Ablöse-, Ruhe- oder Verarbeitungsphase befindet.

- Wenn es um die Orientierung beim Prozess eines anderen Menschen geht, dem ich als Helferin beobachten und unterstützen will, dann kann ich die gleichen Fragen verwenden und muss sie nur für diese andere Person formulieren. Ich kann entweder versuchen, sie aufgrund meiner Beobachtungen selbst zu beantworten oder ich stelle sie dem anderen Menschen. Über die Fragen hinaus kann der Pädagoge oder die Therapeutin auf der Basis des Orientierungsrahmens unterstützende Maßnahmen entwickeln, die diesen Menschen bewusster für die Vorgänge in den verschiedenen Abschnitten des Erlebenszyklus machen. Hierzu kann er oder sie eigene Beobachtungen an diesen Menschen zurückmelden, ihn zu Übungen und Experimenten einladen etc.

- Gestaltpädagogen können aber auch Hilfen geben, die Störungen im Erlebenszyklus hervorheben und bewusster machen. Solche Hilfen sollen dazu dienen, bewusster zu erleben, ob die Energie fließt oder ob der Fluss gestört, beziehungsweise unterbrochen ist und unter welchen Bedingungen diese Unterbrechung geschieht. Sie können die Wahrnehmung unterstützen, ob die Energie in eine Richtung abgelenkt wird und wie die eigentliche Richtung wohl sein sollte, wie die Störungen im Zyklus entstehen und welche Möglichkeiten es gibt, sie zu beheben.

- Die Gestaltpädagogin kann die gleichen Fragen natürlich auch an sich selbst richten, wenn sie bei ihrer Arbeit an irgendeinem Punkt nicht vorankommt.

Beispiele für Fragen sind: „Habe ich gerade genügend Energie, um auf den anderen einzugehen oder ist mein Interesse an ganz anderer Stelle?", „Was interessiert den jungen Menschen, den ich betreuen will, gerade und wie wird er gehindert, beziehungsweise hindert er sich selbst, sein Interesse auszuleben?", „In welchem Stadium des Zyklus befinde ich mich?" oder „Welchen Prozess im Zyklus durchlebt der andere gerade?".

Für diese Vorgänge kann jeder Helfer seine Wahrnehmung verbessern, und dann mit seinen Handlungen wiederum die einzelnen Prozesse im Zyklus des Erlebens anderer Menschen stärkend und verdeutlichend beeinflussen.

Die Bestandteile des Gestaltzyklus

Jedes Erleben verläuft also nach immer dem gleichen Prinzip des Gestaltzyklus des Erlebens. Dabei durchläuft es die Stationen, beziehungsweise die Prozesse der Empfindung, der Bewusstheit, der Aktivierung, des Kontaktes (der Handlung), des Abschlusses und Rückzugs:

Empfindung

Die Gesamtheit unserer Sinne ist so angelegt, dass eine völlige Unterbrechung des Kontaktes zur Außenwelt oder zu unseren internen Vorgängen nicht möglich ist. Reize aus unserer Umgebung oder Reize, die in uns selbst entstehen, treffen ständig bei unseren verschiedenen Sinnesorganen ein. Sinneseindrücke sind darum nicht vermeidbar. Auch wenn wir uns noch so bemühen. Wir sind gezwungen permanent entweder zu schmecken, sehen, riechen, hören oder zu fühlen.

Wie wir aus der Auseinandersetzung mit dem Vordergrund-Hintergrund-Prinzip wissen, entsteht dabei aber für uns kein Wahrnehmungsdurcheinander, sondern wir strukturieren die Informationen. Immer wieder tritt ein Reiz aus dem Hintergrund hervor, wird für uns bedeutsamer als andere und damit zu einer Figur. Unser Interesse wird also regelmäßig geweckt und an Figuren gebunden. Empfindungen sind dabei die Vorstufe zur Figurbildung. Sie sind Sinneswahrnehmungen, die noch nicht zu einer Figur verarbeitet und unspezifisch sind. Solange noch keine Figur vorhanden ist und lediglich Empfindungen bestehen, ist unser Interesse noch diffus.

Ein Selbstversuch:

Wenn sie jetzt das Buch beiseite legen, wird es einen kurzen Augenblick geben, in dem ihre Aufmerksamkeit noch nicht auf etwas Neues gerichtet ist. Sie werden noch in Gedanken beim Lesen sein. Nach einer Weile werden diese Gedanken vielleicht vergehen und sie werden sich ihrer Umgebung bewusster. Zunächst gibt es eventuell noch keine konkrete Empfindung, auf die sich ihr Bewusstsein richtet, aber schon nach kurzer Zeit zieht ein Gegenstand oder ein Gefühl ihre Aufmerksamkeit auf sich. Sie stellen ihre Wahrnehmung darauf ein, wenden unter Umständen den Kopf oder hören genauer hin, je nachdem, was sie gerade anspricht. Mit diesem Vorgang orientieren sie sich und ihr Eindruck wird zur Figur.

Die Empfindungsvorgänge, wie ich sie eben beschrieben habe, sind die gesunden Abläufe. In der Welt, wie sie uns heute umgibt, ist es aber schwierig, wenn nicht sogar fast unmöglich geworden, sich der Reizflut zu erwehren, die ständig auf uns einwirkt. Diese Reizflut stellt oft eine Überforderung dar, gegen die wir uns schützen müssen. Und wegen dieser Überreizung ist bei sehr vielen Menschen darum die Empfindungsfähigkeit gestört. Die Figuren, die wir auf der Basis dieser gestörten und verstümmelten Empfindungsfähigkeit bilden, sind wenig prägnant und die folgende Handlung ohne genügend Energie. Viel zu schnell wird unser Interesse auf irgendeinen neuen Reiz gezogen, ohne dass uns Zeit bliebe, unsere Aufmerksamkeit eine Weile schweifen zu lassen. So kommt der Empfindungsprozess und der Bewusstheitsprozess zu kurz und wir werden zu schnell auf eine Figur festgelegt und fremdbestimmt, bleiben am Ende zu oft unbefriedigt, weil wir uns nicht optimal entschieden haben und halbherzig agieren.

Sie kennen sicherlich die Erfahrung: Sie werden hungrig und bevor Sie sich genügend klar über die Richtung ihres Nahrungsbedürfnisses sind, sind Sie schon von einer aufdringlichen Reklame zu einer schnellen Entscheidung verführt worden. Statt das Bedürfnisses nach Vitaminen und frischem Obst bewusst zu erleben und zu befriedigen, haben Sie dann irgendein Fastfood-Produkt im Bauch und fühlen sich unter Umständen dennoch nicht gesättigt.

Gegen die Reizüberflutung schützen wir Menschen uns unter anderem durch Deflektion (siehe unten). Dass heißt, wir reduzieren unsere Empfindungsfähigkeit insgesamt oder in Bereichen, indem wir uns auf verschiedene Weise betäuben. So wird es uns möglich in einer viel zu lauten Mietwohnung zu leben und sogar die Arbeit am lauten und hektischen Montageband zu ertragen.

Glücklicherweise gibt es gegen die Zunahme an bedrängenden Reizen aber auch Gegenentwicklungen, wie zum Beispiel mit der aktuellen Aufmerksamkeit auf die Achtsamkeit. Vielen Menschen wird die Einschränkung ihrer Empfindungsfähigkeit immer mehr bewusst und sie wenden sich durch Meditation, Teilnahme an Selbsterfahrungsgruppen, verschiedenen Formen kreativer Selbstdarstellung der Wiederbelebung ihrer Sinne zu. Leider verlaufen diese Versuche immer nur dann ungestört erfolgreich, wenn nicht noch psychische Probleme hinzukommen, die den Menschen zur neurotischen Vermeidung veranlassen. Bei ängstlichen Menschen wirkt beispielsweise oft das Autogene Training nicht, weil sie in den entspannenden Übungen zu sehr an die Wahrnehmung ihrer Ängste gelangen. Im Fall einer neurotischen Störung der Wahrnehmung von Empfindungen muss zunächst das psychische Problem bearbeitet werden, zum Beispiel in einer Therapie.

Bewusstheit

Eine Empfindung ist noch relativ unspezifisch. Sie lenkt unsere Aufmerksamkeit zunächst nur in eine Richtung. Erst die Bewusstheit für unsere Wahrnehmung lässt die Konturen der Figur prägnanter hervortreten. Beispielsweise wird unser Unbehagen zum Hungergefühl und unser Hungergefühl bleibt nicht allgemein, wenn wir uns für unsere Sinne achtsam öffnen. Wir greifen dann nicht mehr zu einem x-beliebigen Nahrungsmittel, sondern zu einem schönen Apfel oder zu einer Pizza, weil dieser konkrete Wunsch noch genauer unserem Bedürfnis entspricht und eventuell dadurch der Bedarf unseres Körpers nach einem speziellen Mineral direkt gedeckt wird.

Bewusstheit muss noch unterschieden werden von Introspektion:

Introspektion ist ein suchender und bewertender Prozess, ein Vergleichsprozess, in dem Teile des Erlebens zur Prüfung festgehalten werden. Bei der Introspektion wissen wir bereits recht genau, wonach wir suchen und vergleichen unsere Wahrnehmungen mit einer Vorstellung aus unserer Fantasie, während das konkrete Ziel bei der Bewusstheit noch nicht festlegt. Beispielsweise ist es ein introspektiver

Vorgang, wenn ein Mensch in einer Menschenmenge eine bestimmte Person wiedererkennen möchte und sich Schritt für Schritt auf einzelne Gesichter konzentriert und sie auf bekannte Merkmale untersucht oder wenn wir in einem italienischen Restaurant die Pizza testen, die uns der Kellner gerade gebracht hat, ob sie auch unseren Wünschen entspricht.

Wenn wir uns für den Vorgang der Introspektion auf einen Teil unseres Erlebens konzentrieren und festlegen, sind wir nicht mehr frei für anderes. Introspektion engt den Bewusstheitsfluss ein und führt, extrem gebraucht, zu Fixierung und Zwang. Zum Beispiel kann dann beim Festhalten an der Beobachtung, ob ein junger Mensch auch tatsächlich seine häuslichen Aufgaben in der Wohngruppe erfüllt, seine seelische Not unbeachtet bleiben.

Bewusstheit ist spontan und schließt unmittelbares Erleben in der Gegenwart ein. Wir sind, wenn wir uns der Bewusstheit hingeben, offen für neue Eindrücke und noch nicht festgelegt. Erst wenn wir auf unsere Sinnesempfindungen achten, bis sie sich voll entwickelt haben, können wir den Vorteil der Introspektion nutzen. Beim Verzicht auf Bewusstheit werden wir uns immer wieder auf „Altbewährtes" zurückziehen und Veränderungen und Individuellem nicht gerecht werden.

Aktivierung

Die sich entwickelnde Bewusstheit führt zur Erregung oder Aktivierung von Energie. Das Hervortreten einer klaren Figur wird dadurch zusätzlich unterstützt. Das heißt zum Beispiel, ich bemerke zunächst ein unspezifisches Unwohlsein und werde hierauf aufmerksam. Durch meine erhöhte Aufmerksamkeit erkenne ich, dass es sich um meinen leeren Magen und ein Schwächegefühl handelt. Beides gemeinsam interpretiere ich als Hunger. Je mehr ich mich jetzt auf meine innere Wahrnehmung einlasse und Reize aus meiner Umgebung beachte, zum Beispiel Nahrungsmittel oder Hinweise darauf, desto deutlicher und konkreter wird mir die Zielrichtung meines Bedürfnisses und ich bin, wenn meine Energie ein ausreichendes Niveau erreicht hat, bereit aus meinem bequemen Sessel aufzustehen und abends noch ein chinesisches Lokal aufzusuchen, wenn ich mir bewusst geworden bin, dass ich auch tatsächlich ein „Huhn mit acht Kostbarkeiten" essen möchte und nicht den Käse, der noch in meinem Kühlschrank ist.

Das Maß an Energie, das für die Handlung bereitgestellt wird, ist eine Folge des Interesses und der Prägnanz der Figur. Anders ausgedrückt: Je wichtiger dem Menschen eine Sache ist und je deutlicher er die zugehörige Figur gestalten kann, desto mehr Energie hat er zur Verfügung, um sein Bedürfnis zu erfüllen. (Kristina, meine Frau, macht sich dieses Prinzip gerade zunutze, indem sie mir in leuchtenden Farben darstellt, wie mir das Essen im Chinarestaurant schmecken würde).

Ist die Energie erst einmal entstanden, muss sie auch verwendet werden. Nicht verbrauchte Energie macht sich als unangenehmer Spannungszustand bemerkbar. Und Energie, die nicht in eine adäquate Handlung münden kann, benötigt ein Ersatzziel. Insbesondere im Zusammenhang mit dem Mangel an sexueller Erfüllung ist aus der Psychoanalyse der Begriff „Ersatzbefriedigung" bekannt. Im pädagogischen

Alltag treffen wir zum Beispiel Aggressivität an, die eine Folge davon ist, dass wir bestimmte Handlungen junger Menschen nicht dulden. Wir verhindern die laute Musik bei geöffnetem Fenster und der Jugendliche schlägt eventuell die nächsten zwei Stunden jede Tür, durch die er geht, lautstark zu. Andere Beispiele ersatzweise genutzter Energie stelle ich im Kapitel über neurotische Störungen dar. (An diesem Punkt hat der Autor eine Pause eingelegt und mit seiner Frau ein chinesisches Lokal aufgesucht.)

Handlung / Kontakt

Die geweckte Energie wird mit den Fertigkeiten, dem Wissen und der Kompetenz des Menschen so verbunden, dass es zu einer Handlung kommt. Diese Verbindung von sensorischer Bewusstheit und motorischem Handeln wird Kontakt genannt. Kontakt geschieht an der Grenze zwischen uns und anderem. Wenn wir z.B. unser Hungergefühl erkannt und jetzt einen Apfel in der Hand haben, ihn zum Mund führen und hineinbeißen, dann sind wir im Kontakt. Kontakt ist der Punkt, an dem Bedürfnisbefriedigung erreicht wird.

Ein richtiger oder guter Kontakt kommt nur zustande, wenn in der Handlung das Wissen darüber, was möglich ist, wirklich genutzt wird und nicht der maximale Befriedigungswunsch das Maß ist. Es ist zum Beispiel absolut unnütz, sich bei der Durstbefriedigung auf den Saft einer Kokosnuß festzulegen, wenn keiner erhältlich ist.

Diese Orientierung am Optimum wird Realitätsprinzip genannt. Menschen, die die Realität nicht beachten, immer das Maximale anstreben und die Augen vor dem Möglichen verschließen, werden von den Ergebnissen ihrer Handlungen, eventuell von der ganzen Welt enttäuscht sein. Im sozialen Bereich äußert sich ihr Misserfolg zum Beispiel darin, dass sie zu hohe Erwartungen an andere Menschen haben und dann, wenn sie sie aussprechen oder im Verhalten zeigen, zurückgewiesen werden. So kann beispielsweise ein Mensch die Vorstellung entwickeln, dass seine Bedürfnisse von anderen befriedigt werden müssten, ohne dass hierzu erst eine Bitte oder überhaupt eine Information erforderlich wäre („Er soll mir meine Wünsche von den Augen ablesen", erhofft sich die Freundin und überfordert damit ihren Partner). Eine solche Einstellung ist absurd, nicht realistisch und zeigt deutlich die Tendenz zur konfluenten Vermeidung. Diese und andere Störungen im Kontakt werden von der Gestalttheorie als Neurosen aufgefaßt.

Kontaktvollzug

Ein Kontakt ist vollzogen, wenn der Mensch kurzfristig seine Grenzen geöffnet hatte, für das andere, für das Zielobjekt seiner Bedürfnisse - wenn er Teile davon in sich aufgenommen hat. Jeder Kontakt ist eine Bereicherung, ist ein wesentlicher Teil des Lernvorgangs. Ohne Kontakt ist eine Entwicklung der Persönlichkeit nicht möglich. Und ohne die Öffnung für das Zielobjekt kann kein Mensch Neues in sich aufnehmen.

Zum Lernen und zum Wachstum gehört aber auch, dass Neues nicht einfach geschluckt wird, sondern dass noch analytische und synthetische Prozesse stattfinden, die die (geistige) Nahrung an die bestehenden Strukturen anpassen. Fritz Perls hat hierfür wieder die Parallele der Nahrungsaufnahme herangezogen und dabei betont, dass ein Mensch nur solche Dinge gut verdaut und auf gesunde Weise zu einem Bestandteil seines Körpers werden lässt, die er nicht einfach schluckt, sondern zerkaut. Seine Parallele hat er sogar soweit fortgesetzt, dass er eine therapeutische Methode, mit der „unverdaute" Erlebnisse bearbeitet werden, als „Chewing" (im Deutschen gleich „Kauen") bezeichnete.

In der Erziehung bedeutet die Beachtung des Kontaktvorganges, dass wir uns für den jungen Menschen öffnen müssen, aufmerksam sein müssen, für das, was er uns sprachlich und durch sein sonstiges Verhalten und Sein mitzuteilen hat. Wir werden nichts von ihm in uns aufnehmen und ihn nicht verstehen, wenn wir dies nicht ermöglichen. Des weiteren müssen wir dem jungen Menschen dabei helfen, dass er Vertrauen zu uns gewinnt, damit er uns gestatten kann, dass wir näher kommen und er selbst Interesse an einem Kontakt zu uns gewinnt, denn sonst können wir ihm nicht helfen, seine Probleme zu verdauen. Ohne die gegenseitige Bereitschaft zum Kontakt hat eine pädagogische Betreuung keinen Erfolg.

Lösung und Abschluss

Aus dem Kontakt entstehen Lösung und Abschluss. Der Mensch kommt zu einem Verständnis und Wissen von dem, was er gelernt hat, zur Assimilation des Erlebten. Es tritt eine Sättigung in Bezug auf die Figur ein. Die Aufmerksamkeit wird zurückgezogen und die Figur zerstört.

Letzteres bedeutet nicht, dass das Zielobjekt unseres Bedürfnisses materiell sein muss oder dass es sich durch den Kontakt mit uns bemerkbar verändert, sondern zerstört wird lediglich dessen Abbildung in uns. Nehmen wir beispielsweise ein Gemälde in einer Bildergalerie, dass unsere Aufmerksamkeit auf sich zog und dass wir eine Weile betrachteten, um dann weiterzugehen. Wenn wir unsere Betrachtung aufgeben, wird das Bild immer noch so sein wie vorher. Unser Blick hat keine kleinen Partikel von der Oberfläche abgetragen und es hat sich auch nicht durch unsere Konzentration erhitzt. Keine physische Veränderung wird sich an ihm vollzogen haben. Die Figur, die wir gebildet haben, ist in uns gewesen - unsere subjektive Abbildung der Realität in Abhängigkeit von unserem Interesse. Und diese Abbildung verändert sich erheblich und verschwindet schließlich ganz, bis unser Interesse neu entsteht.

Orangenmeditation (Ü)

Mit dieser Meditationsübung möchte ich exemplarisch den Gestaltzyklus für Sie erlebbar machen. Als Voraussetzung benötigen Sie einen möglichst leeren Magen, eine Orange und eine ruhige Umgebung. Wenn Sie zu den Menschen gehören, die keine Orange mögen, wandeln Sie die folgende Übung auf ein Obst Ihrer Wahl ab. Die folgenden Anweisungen können Sie sich wiederum auf ein Tonband sprechen und dann abhören. Besser ist aber, Sie lassen Sie sich von einem lieben Menschen vorlesen. Nehmen Sie sich für jeden einzelnen Schritt genügend Zeit. Jede Eile macht eine Meditation wertlos.

Legen Sie die Orange vor sich hin und schließen Sie die Augen. Entspannen Sie sich eine Weile ... Stellen Sie sich dann in ihrer Fantasie die Orange vor. Sehen Sie ihre Form und ihre Farbe. Sehen Sie ihre Oberflächenbeschaffenheit, die Struktur ihrer Schale. Sehen Sie die Überreste des Stils an ihrem einen Ende ... Ist ihnen die Fantasie angenehm...?

Stellen Sie sich nun vor, wie Sie die Orange berühren würden. Wie fühlt sie sich an? Ist Sie kühl? Wie erleben Sie die Berührung mit der Schale? Nehmen Sie mit ihrer Hand die Struktur der Oberfläche wahr. Kommt ihnen die Empfindung vertraut vor...?

Und nun stellen Sie sich vor, Sie könnten die Orange riechen. Was nehmen Sie wahr? Mögen Sie den Geruch...?

Und nun stellen Sie sich vor, Sie würden die Orange schälen. An einer Stelle ist Sie leicht eingeritzt, so dass das Schälen leicht geht ... Stück für Stück ziehen Sie die Schale ab und der Geruch der Orange verstärkt sich noch ... Wenn Sie genau hinsehen, werden Sie bemerken, dass bei jedem Stück Schale, das Sie abziehen, immer etwas Saft spritzt. Vielleicht sprüht ein wenig davon auf ihre Hand ... Fühlen Sie, wenn die Orange in ihrer Fantasie geschält ist, wie sich jetzt ihre Oberfläche anfühlt...

Teilen Sie im Geiste die Frucht in kleinere Teile auf und legen Sie vor sich hin... Betrachten Sie die Teile und wählen eines aus, dass Sie jetzt gleich in ihrer Fantasie essen werden...

Beobachten Sie, was inzwischen mit ihnen geschehen ist... Spüren Sie in ihren Mund. Hat sich dort Speichel gesammelt...? Spüren Sie Appetit auf Orange...? Wenn ja, dann hat sich bei ihnen das Interesse für die Orange gebildet, die Figur beginnt immer prägnanter zu werden und die Energie für das Verspeisen der Orange nimmt bei ihnen zu...

Stellen Sie sich nun vor, Sie hätten ein Stück Orange gewählt und legen es sich auf ihre Zunge in den Mund ... Schließen Sie in ihrer Fantasie den Mund und warten Sie, das sich die Frucht erwärmt ... Schmecken Sie ihr Aroma, fühlen Sie ihre Form ... Und dann, wenn sich der Impuls einstellt, kauen Sie in ihrer Vorstellung genußvoll das Fruchtfleisch... Erleben Sie den Geschmack und spüren Sie den Saft der Frucht ... Und endlich schlucken Sie in ihrer Vorstellung den Bissen...

Beenden Sie die Fantasie und nehmen Sie noch einmal wahr, was Sie jetzt empfinden. Wenn Ihnen Orangen schmecken und wenn Sie nicht gerade sehr gesättigt waren, werden Sie jetzt vermutlich Appetit auf die Orange bekommen haben. Wenn dem so ist, dann ist ihre Figurbildung abgeschlossen und ihrem Kontakt mit dem Obst steht nichts mehr im Wege.

Öffnen Sie wieder ihre Augen und betrachten Sie die Orange vor sich. Sehen Sie ihre Farbe, ihre Struktur und Form... Sie haben jetzt visuellen Kontakt zur Orange....

Nehmen Sie die Orange in die Hände und spüren Sie ihre Form und Oberfläche... Sie haben nun Hautkontakt mit dem Obst...

Riechen Sie an der Schale und ziehen Sie die Schale langsam ab. Die Frucht wird einen noch stärken Geruch verströmen uns Sie haben derweil Geruchskontakt...

Zerteilen Sie die Frucht in einzelne Spalten und legen Sie diese vor sich hin... Wählen Sie dann aus, welche Spalte Sie als erste in den Mund nehmen möchten...

Tun Sie dies nach einer Weile. Spüren Sie die Frucht in ihrem Mund und beginnen Sie dann langsam die Spalte zu kauen... Sie haben nun Geschmackskontakt mit der Orange aufgenommen...

Essen Sie nun die Frucht Stück für Stück... Sie sind dabei im Kontaktvollzug...

Spüren Sie, wie sich ihr Appetit auf die Orange langsam verringert und essen Sie nur soviel Sie tatsächlich mögen... Beenden Sie ihre Mahlzeit, wenn Sie genug gegessen haben... Versuchen Sie diesen Punkt möglichst genau zu treffen...

Wenn er erreicht ist, beginnt der Rückzug von ihrer Figur, der Orange... Nehmen Sie sich auch hierfür genügend Zeit und vollziehen Sie ihn bewusst... Betrachten Sie noch einmal die Reste ihrer Mahlzeit: Die eventuell verbliebenen Spalten, die Schale, eventuell Kerne... Machen Sie sich bewusst, dass Sie jetzt ihren Appetit gestillt haben und dass Sie den Kontakt zu der Orange abbrechen...

Spüren Sie ihren Magen, wie er sich gefüllt hat. Nehmen Sie die Reste des Aromas im Mund wahr...

Tragen Sie die Schale in den Abfall und legen Sie noch verbliebene eßbare Reste beiseite...

Setzen Sie sich noch einmal und spüren Sie, ob ihr Kontakt zu ihrer Figur schon abgeschlossen ist. Wenn nicht, fragen Sie sich: Was will ich noch tun? Was ist noch offen? Ist mein Appetit restlos gestillt...?

Wenn jetzt ein neues Interesse bei Ihnen entsteht, haben Sie den Rückzug abgeschlossen und stehen am Beginn eines neuen Zyklus.

Der Zyklus am Beispiel aus der Jugendhilfe

Das Fußballspiel

Von Roland, der in einer Wohngruppe lebt, weiß ich, dass er ein begeisterter Fußballspieler ist. Sein Fußballerisches Können hinkt zwar hinter seiner Selbsteinschätzung als Flügelstürmer her, aber dies tut seiner Begeisterung keinen Abbruch. Wann immer er kann, rennt er mit seinen Freunden hinter dem Ball her. Ist er nicht in der Wohngruppe anzutreffen, dann betätigt er sich mit großer Wahrscheinlichkeit auf dem Sportplatz. Die Situation, die ich als Beispiel für den Gestaltzyklus ausgewählt habe, ist folgende:

Roland sitzt nachmittags über seiner Hausarbeit für die Berufsschule. Er hat schon fast eine Stunde damit verbracht und wird zunehmend unruhiger. Am Anfang war er noch motiviert und konzentriert, denn er hat die Aussichten ein gutes Abschlusszeugnis zu bekommen. Aber jetzt lässt seine Konzentration immer mehr nach und er blickt sich häufiger in seinem Zimmer um, statt in sein Buch zu schauen, beziehungsweise pendelt verstärkt mit den Beinen oder schaltet die Musik laut und leise. Offensichtlich nimmt seine Energie für die Arbeit ab.

Ohne eine Störung im Zyklus des Erlebens sollte eine Handlung bis zu einem Abschluss fortgeführt werden. In diesem Falle wäre dies, wenn Roland die Aufgaben erledigt hätte. Wenn dann er aber vorher das Interesse verliert und etwas anderes wichtiger wird, dann können wir davon ausgehen, dass die Figur nicht prägnant genug gewesen ist, oder dass die Handlungen nicht effektiv waren. Bei Roland war die Handlung „Hausarbeiten machen" aus dem Interesse an positiver Rückmeldung entstanden, die er vermutlich von seinen Lehrern und Betreuern bekommen möchte, aber er war nicht an der Aufgabenlösung selbst interessiert, sie war nur Mittel zum Zweck. Seine Figur war nicht die Aufgabe bzw. die Aufgabenlösung, sondern die Akzeptanz und die Zuwendung wichtiger Bezugspersonen. An dieser Motivation für das Anfertigen von Hausaufgaben ist nichts auszusetzen, aber sie ist selten ausreichend. Roland war sich dieser Motivation nicht unbedingt bewusst, aber sie wirkte dennoch. Er erlebte einen unspezifischen Antrieb und bildete darum auch keine prägnante Figur, also erlahmt seine Energie.

Doch verfolgen wir die Geschichte weiter.

Für Roland werden jetzt Dinge aus dem Hintergrund wichtiger, er orientiert sich neu. Anfangs ist sein Interesse noch ungerichtet, er weiß noch nicht, was er will, nur Hausarbeiten sollen es nicht sein. So geht etwa eine Viertelstunde dahin, in der er immer wieder unterschiedliche Reize aus der Umgebung aufnimmt, ohne dass sie für ihn größere Wichtigkeit bekommen. Er hört kurz auf das Radio, wirft etwas Papier auf den Boden, kratzt sich abwesend in den Haaren, bis er durch das leicht geöffnete Fenster vom nahen Sportplatz Geräusche dringen hört, die darauf hindeuten, dass man sich dort um einen Fußball versammelt. Die Arbeit ist für Roland jetzt völlig Teil des Hintergrundes geworden und als Figur zerstört. Sein Interesse ist hierfür nicht mehr vorhanden. Einen Augenblick benötigt er noch zur Orientierung, welche Bedeutung die Geräusche haben. In diesem Augenblick nimmt seine Bewusstheit für die Reize und seine Bedürfnisse rasant zu und die Figurbildung geschieht. Sehr schnell entsteht bei ihm ein Wunsch nach Bewegung und mit zunehmender Prägnanz der Figur der Wunsch zum Fußballspielen. Die Energien nehmen während dieses Prozesses stetig zu, bis ein Maß an Aktivierung erreicht ist, dass ihn zu den Sportschuhen greifen und aus dem Zimmer hetzen lässt.

Roland spielt stundenlang Fußball, bis die anderen schließlich keine Lust mehr haben. Sein eigenes Interesse verlöscht oft zuletzt. Roland hat den Gestaltzyklus, der mit einem noch vagen Empfinden begonnen hat, erst abgeschlossen, als er beim Fußballspielen ermüdet und wieder in seine Wohngruppe zurückkehrt. Eventuell erinnert er sich jetzt an seine noch nicht völlig beendeten Hausaufgaben. Unter Umständen weckt auch sein Interesse an Anerkennung durch seine Lehrer wieder ein wenig Bereitschaft, die Aufgaben zu vollenden.

Auffällig ist, dass bei der Arbeit für die Schule die Energie drastisch abnimmt, obwohl noch kein Erfolg beziehungsweise Abschluss in Aussicht ist, dass nur eine kurze, aber heftige Aktivierungsphase für das Fußballspiel stattfindet, in der sehr viel Energie entsteht, dass diese Energie über einen langen Zeitraum nur wenig abnimmt und das die Handlung nicht endet, weil die Energie aufgebraucht und das Bedürfnis befriedigt ist, sondern weil Rolands Mitspieler aufgeben.

Der Pädagoge in der Konfliktsituation

Auch Sonja wohnt in einer Gruppe zusammen mit anderen Jugendlichen. Sie ist 16 Jahre alt und hat seit 6 Wochen einen „festen" Freund. Wenn er zu Besuch ist, zieht sie sich gern mit ihm in ihr Zimmer zurück. Ihre Betreuerinnen haben mit ihr über ihr Verhalten gesprochen, auch über Sexualität und über Möglichkeiten zur Schwangerschaftsverhütung, so dass sie sich relativ sicher fühlen. Die Gruppenregel ist allerdings, dass Besuche abends gegen 22 Uhr das Haus verlassen müssen.

In der Situation, die ich beschreibe, ist es aber später geworden und Sonja und ihr Freund halten sich offensichtlich nicht an die Absprache. Beate, eine Betreuerin der Wohngruppe klopft schließlich gegen 23 Uhr an die Tür. Sonja öffnet nicht und antwortet auch erst nach einer Weile auf die Fragen von draußen. Sie hat durch das Beisammensein mit ihrem Freund die Uhr völlig aus dem Auge gelassen. Der Kontakt mit ihrem Freund ist für sie im Vordergrund und ihr Interesse an ihm ist für heute noch nicht abgeklungen. Das Klopfen empfindet sie jetzt als Störung und reagiert entsprechend ärgerlich. Der Konflikt ist da. Die Energie, die sie eigentlich für den Kontakt zu ihrem Freund aufbrachte, kann nicht mehr in diese Richtung fließen und sie wendet sie jetzt als Aggression gegen die „Störerin".

Beate reagiert auf Sonjas ärgerliche Reaktion ihrerseits. Doch was ist ihr zugrundeliegendes Interesse und was wird für sie zur Figur? Ist es, dass sie vorrangig die Störung der Gruppenregeln bemerkt, sieht sie sich vielleicht in ihrer Autorität verletzt („Das macht die Sonja doch nur bei mir") oder nimmt sie die Situation als willkommenen Anlaß, an Sonjas Problemen im Umgang mit Frustrationen zu arbeiten? Beate hat die Wahl und kann sich gemäß ihrer Interessen entscheiden. Wenn für sie die Störung der Gruppenregel im Vordergrund steht, dann wird sie den „Normalzustand" wieder herstellen wollen und hierzu eventuell mit Druck auf Sonja einzuwirken versuchen. Vielleicht wird sie einen ärgerlichen Tonfall anschlagen, sie ultimativ auffordern, sofort die Tür zu öffnen und bei einer Weigerung Konsequenzen androhen. Allerdings geht sie damit das Risiko ein, die gute Beziehung zu Sonja einzubüßen und bei einem Misserfolg an Autorität zu verlieren. Gelangt für sie ihre persönliche Verletzung in den Vordergrund ihres Erlebens, weil sie glaubt, dass Sonja dieses Verhalten nur in ihrer Dienstzeit zeigt und sie persönlich treffen will, dann wird sie sich mit großer Wahrscheinlichkeit schützen und wehren wollen und ärgerlich werden. Sie wird sicherlich heftig auf die Beseitigung des Problems drängen. Vielleicht hat sie sogar Angst, dass Sonja sie als Pädagogin mit wenig Autorität bloßstellt und dass ihre Kollegen oder Kolleginnen ihr dann ein Versagen vorwerfen könnten. Und dann kann Beate noch davon ausgehen, dass die Situation eine pädagogische Chance enthält. Sie kann pädagogisches Interesse entwickeln, mit dem Wunsch dass sie Sonja zu bewegen vermag, in der problematischen Situation einen Lernschritt zu tun.

Ich erinnere mich an verschiedene Reaktionen, die mir Pädagogen aus unterschiedlichen Situationen berichtet haben. Diese Reaktionen hatten alle gemeinsam, dass ich sie als sehr sensibel und einfühlsam bezeichnen möchte und dass sie aus meiner Sicht förderlich für den betroffenen jungen Menschen waren. Ich habe sie einmal von ihrem Prinzip her auf die Geschichte von Beate und Sonja übertragen. Die Grundeinschätzung bei allen Konflikten war, dass diese ebenso zum Alltag gehören, wie fröhliche Erlebnisse und sonstige, unauffällige Ereignisse und ebenso, wie jede andere Situation, die Möglichkeit zur Entwicklung der jungen Menschen beinhalten.

Es kann also nicht darum gehen, für den konstruktiven pädagogischen Einfluss auf eine Ausnahmesituation zu warten, in der ein besonders inniger Kontakt zwischen dem Jugendlichen und dem Betreuer entsteht und darum einen vertraulicher Austausch möglich ist. Sicher ist es für den Betreuer und für den jungen Menschen ein wunderbares Gefühl, wenn ein solcher Kontakt zustande kommt, aber wir dürfen auf ihn nicht alle unsere Hoffnungen setzen. Vielmehr sind es doch gerade die Krise und die kritische Situation, die ein Mensch auch bewältigen muss. Und wann soll der junge Mensch denn diese Bewältigung lernen, wenn nicht in dieser Situation selbst?

Die jungen Menschen in unserer Betreuung machen regelmäßig „ihre Fehler". Auch Sonjas Verhalten ist so einzuschätzen. Sie hat sich aus Unachtsamkeit nicht an bestehende Absprachen gehalten. Es ist aber auch offensichtlich, dass sich keine Absicht dahinter verbirgt und eigentlich ist der Vorfall keine Aufregung wert. Wenn Beate, die Pädagogin, aber mit der Klärung der Situation nicht bis zum nächsten Tag warten will und Sonja jetzt auf den Fehler aufmerksam macht, dann bewirkt sie damit natürlich bei dem Mädchen eine Störung in deren Bedürfnisbefriedigung und ruft eine ärgerliche Reaktion hervor.

Sonja, ist wegen ihres Problems, Frustrationen nur schlecht ertragen zu können, nur schwer in der Lage, anders zu handeln. Vielleicht gibt Beate ihr dann eine kleine Hilfe, indem sie ihr sagt: „Ich gehe jetzt erst einmal wieder nach unten. Verabschiede dich bitte von deinem Freund und schicke ihn in bald nach Hause". Wenn zwischen Beate und Sonja eine gute Beziehung besteht, dann kann sie auf diesen Vorschlag eingehen und vielleicht auch noch zu einem Gespräch bereit sein. Sollte dieser Vorschlag kein Gehör finden, dann kann Beate immer noch die Auffassung vertreten, dass sie heute abend die Gruppenregeln nur mit pädagogischem Schaden wieder herstellen kann und die Auseinandersetzung auf den nächsten Tag verlegen.

Beate orientiert ihre Reaktion am Realitätsprinzip. Sie verliert ihre Figur, ihr pädagogisches Ziel, nicht aus dem Auge und schreckt vor der Auseinandersetzung mit Sonja nicht zurück. Auseinandersetzung bedeutet bei ihr aber nicht kompromißlose Konfrontation und Durchsetzen von Normen um jeden Preis, sondern Berücksichtigung dessen, was überhaupt möglich. Zu ihrer Wahrnehmung der Realität gehört, dass Sonja bei Konflikten schnell überfordert ist, Situationen dann nicht mehr richtig einschätzt und im Beisein ihres Freundes schon gar nicht klein beigeben will. Ihr psychisches Opfer, ihre Position aufzugeben, wäre für sie einfach viel zu hoch. Jetzt auf die Forderung der Gruppenregel einzugehen, wäre für sie kein Lernschritt, sondern eine Kapitulation vor der Macht der Erzieherin.

Das AIKIDO-Prinzip (Ü)

Konfrontation oder Kooperation: Wie löse ich meine Probleme?

Eine eindrucksvolle Übung, die bei der Lösung dieser Frage hilft, indem sie die Macht der Kooperation verdeutlicht, habe ich aus dem Prinzip des AIKIDO gewonnen. Entgegen vielen anderen fernöstlichen Selbstverteidigungsmethoden, wählt das AIKIDO den Weg der Kooperation zwischen den „Gegnern". Es geht nicht darum die

Energie anderer Menschen abzublocken oder den anderen mit der eigenen Energie zu vernichten, sondern darum, fremde Energie aufzunehmen, zur eigenen zu machen und in eine mit mir gemeinsame Bewegung umzuwandeln. Das „Aufeinanderprallen" wird aufgegeben, es entsteht ein Miteinander.

Die folgende Übung soll als Lernspiel aufgefaßt werden und nicht als Leistungskampf. Alle Beteiligten müssen dies vor dem Üben mitgeteilt bekommen und annehmen. Um sie auszuführen, ist eine Gruppe, zumindest aber eine zweite Person erforderlich.

Die Gruppe wird in zwei gleichgroße Untergruppen aufgeteilt. Jeweils zwei Personen aus den beiden Gruppen stehen sich gegenüber. Eine der Gruppen steht mit dem Rücken zu einer Wand. Die Aufgabe dieser Gruppe ist es, zu verhindern, dass die anderen an die Wand gelangen. Die Aufgabe der anderen Gruppe ist es, die Wand zu erreichen. In einem ersten Durchgang ist es freigestellt, wie beide Gruppen ihre Aufgabe umsetzen, wobei der spielerische Rahmen einzuhalten ist.

Was wird geschehen...?

Es werden sicherlich unterschiedliche Methoden gewählt. Der eine versucht mit Kraft durchzubrechen und der andere wird ihm eine gleiche Kraft entgegenzusetzen versuchen. Die eine wird es mit Überreden und Bitten probieren und die andere wird sich taub stellen. Hier bahnt sich ein Rangeln an und dort ein Streit. Und eventuell geben auch zwei „Gegner" ihre Aufgaben auf und tun etwas Gemeinsames.

Im zweiten Durchgang soll dann das AIKIDO-Prinzip erfahren werden:

Die Übenden sollen instruiert werden sanft vorzugehen und auf ihren Spaß zu achten. Genügender Seitenabstand zwischen den Paaren ist nötig. Während die Angehörigen der ersten Gruppe auf die Wand und ihre „Gegner" zugehen, stellen sich ihnen die anderen nicht in den Weg, sondern weichen mit einem seitlichen Schritt aus und haken sich mit dem Arm bei ihrem jeweiligen Gegenüber ein. Ist der Andere erst einmal eingehakt, dann lässt er sich durch die Vorwärtsenergie in eine Drehung versetzen. Dabei versucht der Einhakende mit seiner Drehachse an der gleichen Stelle zu bleiben. Die gemeinsam aufgewandte Energie lässt die Bewegung der Paare in eine gemeinsame Kreisbewegung münden. Mit einem genügenden Schwung ist es möglich, dass sich beide um 180 Grad drehen. So erfüllt der „Verteidiger" seine Aufgabe und bewirkt gleichzeitig, dass etwas Neues, Gemeinsames entsteht.

Allen Teilnehmer, denen ich diese Übung angeboten hatte, blieb sie lange in Erinnerung. Sie war für sie ein gutes und erlebbares Beispiel für eine Alternative in zwischenmenschlicher Umgehensweise und auch in der Pädagogik geworden. Die Gespräche im Anschluss an die Übung haben mir zudem gezeigt, dass die körperliche Erfahrung gut umsetzbar ist, in eine Form gewaltfreier sprachlicher Interaktion und in Verständnis für das Umgehen miteinander.

5 Die Arbeit mit Gruppen

Ich hatte es mir bei meiner ersten Anstellung als „Heimpsychologe" zur Gewohnheit gemacht, die Wohngruppen zu besuchen, für die ich zuständig war. So entstanden für mich wichtige informelle Kontakte zu den Pädagogen und Pädagoginnen sowie den Jugendlichen. Einmal geriet ich dabei in einen fürchterlichen Konflikt. Ich war von einem Pädagogen telefonisch zu einem Besuch in seiner Wohngruppe eingeladen worden, mit dem Hinweis, dass er mir etwas zeigen wolle. Ich beeilte mich und betrat neugierig das Haus.

Das Erste, was ich wahrnahm war ein zorniges Geschrei. In der Diele stand Holger, ein großer, kräftig gebauter Junge von 17 Jahren vor Bernd, den er wohl um 20 Zentimeter überragte und der sich in den äußersten Winkel des Raumes zurückgezogen hatte und dessen Rückzug jetzt durch die Wand hinter ihm gestoppt worden war. Holger schrie und hatte dabei einen hochroten Kopf, so dass ich den Eindruck hatte, dass er jeden Augenblick auf den Kleineren losgehen würde. Auf verschiedenen Stühlen im Raum saßen Mitglieder der Wohngruppe und schienen interessiert zu beobachten, was wohl weiter geschehen würde. Hier und da feuerten sie Holger an.

Ich gab mir Mühe, möglichst ruhig zu klingen, obwohl dies nicht meinen inneren Vorgängen entsprach und fragte: „Was ist denn hier los?" - einfach um erst einmal wahrgenommen zu werden. Die Reaktionen waren unterschiedlich. Holger schien mich gar nicht zu bemerken, Bernd sandte mir einen Blick zu, den ich als Bitte um Hilfe auffaßte und der Rest der Gruppe grölte: „Halt dich da raus Psycho", „Laß die man machen" und ähnlich.

Der Pädagoge war nirgends zu entdecken und ich kannte Holger noch nicht genug, als dass ich mich traute, zu warten, dass sein Zorn abklingen würde. Ich hatte den Eindruck, dass Bernd tatsächlich in Gefahr war, also ignorierte ich die Aufforderungen der restlichen Gruppe und entschloss mich, aktiv einzugreifen. Ich trat näher an die beiden Kontrahenten heran und sprach sie an: „Was ist los mit euch beiden?".

Die restliche Gruppe nahm meine Aktion nicht hin und es wurde plötzlich sehr laut im Raum als alle durcheinander krakelten: „Los Psycho, Schlag dich", „eh, jetzt macht er mit", „Psycho raus". Die aggressive Reaktion der Gruppe war für mich in dieser Intensität überraschend. Ich hatte die Vorstellung gehabt, dass für die Jugendlichen die Auseinandersetzung lediglich so etwas wie eine willkommene Abwechslung, eine interessante Unterhaltung sei und dass dieses Interesse nicht stark genug sei, um mich bei meiner Aktion wesentlich zu stören. Jetzt war ich aber in der Klemme, zumal sich Holger auch noch gegen mich wendete. Er schrie nun mich an und drohte jetzt mir mit Prügel, wenn ich mich nicht heraus hielte.

Holger war durch diese Aktion allerdings völlig von Bernd abgelenkt, der darin seine Rettung sah und sich schnell aus dem Raum flüchtete. Ich lies Holger einfach schimpfen und achtete nur darauf, dass ich ihn nicht mit meinem Verhalten weiter provozierte. Immer wieder wurde er durch Zurufe von der Gruppe angestachelt, aber insgesamt schien langsam seine aggressive Energie abzunehmen. Irgendwann schaffte Holger einen „guten Abgang", trat wütend gegen einen Stuhl, so dass dieser scheppernd durch den Raum schlitterte, schrie mich noch einmal an: „Wir sprechen uns noch, Psycho", und stampfte dann aus dem Raum.

Tage später hatte ich dann die Möglichkeit mit allen Beteiligten über die Situation zu sprechen und dabei habe ich erfahren, was der Hintergrund von allem war. Bernd hatte Holger bestohlen und auch schon öfter anderen Gruppenmitgliedern Geld, Zigaretten oder Schallplatten weggenommen (CD´s gab es damals noch nicht). Er war bislang lediglich deshalb von Prügel verschont geblieben, weil er noch sehr jung und sehr klein war und sich die Pädagogen für ihn einsetzten, ihn schützten. Holger war ebenfalls unbeliebt, weil er einerseits als Hitzkopf gefürchtet war und andererseits als permanenter Streithahn die Ruhe in der Gruppe störte. Gegen ihn traute sich aber niemand direkt vorzugehen, weil er sehr kräftig war und jede kritische Äußerung mit Drohungen beantwortete. Die restliche Gruppe war sich durchweg einig, dass beide möglichst schnell „rausgeworfen" werden sollten.

Als Holger sich aggressiv gegen Bernd wandte, war die Gruppe darum mit ihrer eigenen Aggression gegen Bernd dabei und feuerte Holger an. Und es bestand eine unausgesprochene Übereinstimmung darin, dass, wenn Holger den Bernd ordentlich verletzen würde, dies zu seiner Entlassung aus dem Heim führen würde. So sah die Gruppe die Chance, „2 Fliegen mit einer Klappe zu schlagen" und erlebte mich als Störung in diesem Kalkül.

Für mich ist dieses Erlebnis eines von vielen geworden, welches mir deutlich macht, wie notwendig die Beachtung des Gruppenprozesses in der pädagogischen und therapeutischen Arbeit - nicht nur in Konfliktsituationen - ist und dass sich jeder, der Gruppen betreut, auf einen Lernprozess einlassen muss, um seine Wahrnehmung für die Vorgänge in Gruppen und seine Interventionsmöglichkeiten hierfür zu verbessern. Ich stelle mir die Frage, ob Pädagogen und Pädagoginnen durch ihre Ausbildung besser auf den Umgang mit Gruppen vorbereitet werden, als ich dies in meinem Studium worden bin. Nach meinen Erfahrungen muss ich diese Frage verneinen. Ich glaube, dass in den Standardausbildungen viel zu sehr das Schwergewicht auf die Vermittlung von Theorie gelegt wird und die praktische Anleitung für den Umgang mit Gruppenprozessen zu kurz kommt beziehungsweise auf die Praktika verschoben wird. Diese Berufspraktika sind zwar vom zeitlichen Umfang her ausreichend, aber inhaltlich dominiert allzu häufig der Einsatz des Praktikanten als voll verantwortlicher und allein arbeitender Betreuer - die fundierte Anleitung kommt darum viel zu kurz. Und ich glaube auch, dass mich der Pädagoge in der geschilderten Situation in sehr verkappter Weise „um Hilfe bat", weil er bezüglich des Verhaltens der Gruppe überfordert war und sich darum aus dem Konflikt flüchten musste.

5.1 Gestaltansatz und Gruppentheorien

Die einzelfördernden Maßnahmen haben in der Jugendhilfe enorm zugenommen. Und dennoch hat die Auseinandersetzung mit der Gruppe bei der pädagogischen Arbeit nach wie vor einen besonderen Stellenwert. Eine wesentliche pädagogische Zielsetzung in der Jugendhilfe muss ja auch der Erwerb von Fähigkeiten sein, in Gruppen leben zu können. Menschliches Leben ist nun einmal Leben in sozialen Gemeinschaften und in sozialer Abhängigkeit. Ich meine, dass die sozialen Anforderungen in unserer Kultur sogar noch gestiegen sind, aufgrund der Zuwanderung von

Menschen aus anderen Kulturkreisen und wegen der zunehmenden Komplexität der sozialen Gebilde, in denen wir leben.

Jugendliche müssen lernen, die Anwesenheit anderer, mit ihren einschränkenden Bedingungen und erweiternden Möglichkeiten zu verkraften und zu bewältigen. Sie müssen lernen, ihre eigenen Bedürfnisse in Beziehungen erfolgreich zu vertreten und sich mit den Bedürfnissen anderer konstruktiv auseinanderzusetzen. Sie müssen Wege finden, in Gemeinschaften Konflikte auszutragen und Kompromisse einzugehen, wenn sie nicht ausgesondert und kriminalisiert werden wollen.

Mit unserer Berufswahl haben wir gesellschaftlich integrative Verantwortung übernommen, der wir nur mit dem Blick auf die Förderung dieser sozialen Fertigkeiten gerecht werden können. Auch weil der größere Anteil der Jugendhilfe noch immer aus pädagogischer Arbeit in Gruppen besteht, müssen Pädagogen den Umgang mit sozialen Gemeinschaften erlernen, wozu einerseits natürlich das theoretische Verständnis von Gruppenprozessen gehört, aber andererseits muss dieses Verständnis praktizierbar werden durch die Verbesserung des bewussten Erlebens von Gruppen und durch die praktische Vermittlung von Handlungsfähigkeit in Gruppen.

Bewusstes Erleben und Handlungsfähigkeit sind nicht theoretisch erlernbar. Sie sind nur entwickelbar über Erfahrung, Selbsterfahrung und Persönlichkeitswachstum. Auf dem Hintergrund dieses Wissens beschreibe ich im Folgenden Theorien lediglich als Ergänzung zu Fortbildung und Reflexion der eigenen Berufspraxis.

Für den Umgang mit Gruppen muss in der Gestalttherapie und -pädagogik erst noch ein umfassendes Konzept beschrieben werden. Die klassische Therapie in Gestaltgruppen ist nur bedingt geeignet, den theoretischen Hintergrund für das Arbeiten mit Gruppen zu liefern. Zwar wurden Gestalttherapeuten und –thera-peutinnen schon immer in Gruppen ausgebildet und Gestaltselbsterfahrung wird in Gruppen angeboten, aber es wurde und wird oft nach dem Prinzip gearbeitet, dass ein einzelnes Gruppenmitglied jeweils zum Klienten wird, während der Rest der Gruppe eine im wesentlichen beobachtende Rolle einnimmt, oder dass das Angebot, das sich auf alle Gruppenmitglieder bezieht, zum Beispiel ein Experiment ist, dass die Teilnehmer mit sich selbst in Kontakt bringt, woraus wieder die Grundlage für weitere Einzeltherapie in der Gruppe geschaffen wird.

Fritz Perls als Begründer der Gestalttherapie hat die Gruppe in seiner Arbeit nicht im Vordergrund seiner Aufmerksamkeit gehabt. Sie war für ihn der wichtige Hintergrund, auf dem die Einzelarbeit mit einem Gruppenmitglied geschah. Seine Schüler und Schülerinnen haben ihn in dieser Arbeitsweise als Vorbild genommen und sie ihrerseits weitergegeben, so dass sie sich in vielen Gestaltgruppen bis heute hat erhalten können.

Mit dem auf die einzelne Person zentrierten Vorgehen installiert die Gestalttherapeutin eine kaum veränderbare Gruppenstruktur, verlangt von der Gruppe die Akzeptanz der vorherrschenden Therapeutenrolle und des dualen Prozesses zwischen der Therapeutin und jeweils einem Gruppenmitglied, sowie die Bereitschaft, mit einer - wenn auch oft wichtigen - Statistenrolle einverstanden zu sein. Die Therapeutin dominiert bei diesem Vorgehen mit ihrer Rolle das Gruppengeschehen so sehr, dass ein eigenständiger Prozess der Gruppe nicht zustande kommen kann. Der Erfolg ihrer Arbeit hängt darum auch ganz wesentlich davon ab, ob sie das Interesse der

Gruppe für die Arbeit mit dem jeweiligen Gruppenmitglied gewinnen kann, ob sie die Energien in der Gruppe erkennt und richtig einsetzt.

Ohne Zweifel ist diese Form der Gestaltarbeit in Gruppen nicht auf die Situation der Jugendhilfe zu übertragen. Es ist einerseits jungen Menschen nicht zuzumuten, dass sie das Maß an erforderlicher Geduld für den dualen Prozess aufbringen und ihre eigenen Interessen ruhen lassen und andererseits bekommt bei einer solchen Arbeit die wichtige pädagogische Aufgabe des sozialen Lernens keinen hinreichenden Raum. Hierfür muss eben mit der Gruppe und ihren Prozessen direkt gearbeitet werden.

Jede Gruppe hat so wesentlichen Einfluss auf das Erleben, dass man sich fragen muss: Warum haben Gestalttherapeuten und -pädagogen sie eigentlich erst so spät als bedeutsamen Gegenstand ihrer Arbeit entdeckt und ihr den gleichen Rang, wie der Arbeit mit einer einzelnen Person eingeräumt?

Ich denke, dass ein wesentlicher Grund in den faszinierenden Prozessen zu finden ist, die die Gestaltarbeit in der Einzeltherapie hervorbringt. Fritz Perls zum Beispiel hat die Teilnehmer an seinen Ausbildungsgruppen, in denen er immer wieder exemplarisch therapeutisch arbeitete, mit seiner Sensibilität für menschliche Vorgänge und mit seiner Treffsicherheit bei seinen therapeutischen Interventionen geradezu in den Bann geschlagen. Natürlich wollte jeder, der ihn erlebte, auch diese Fähigkeiten erwerben. Seine Schüler waren außerdem interessiert die Einzeltherapie kennenzulernen, weil viele von ihnen selbst in ihrer Praxis einzeltherapeutisch tätig werden wollten.

Ein weiterer Grund für die Einzelarbeit in der Gruppe wird sein, dass diese Arbeitsweise dem Therapeuten eine verführerisch interessante Position und Rolle anbietet, aus der er den Blick nur ungern auf die Förderung des Gruppenprozesses lenken wird. Mit der Hinwendung zur Gruppe müsste er zwangsläufig seine Vormacht und seine hohe Attraktivität aufgeben, damit sich die Strukturen entsprechend den eigenen Bedürfnissen der Gruppe entwickeln können.

Ungeachtet des Mangels an Anwendung in einer Form von Gruppentherapie haben Gestalttheoretiker in der Vergangenheit schon Konzepte für die Arbeit mit menschlichen Gemeinschaften entwickelt. Zum Beispiel hat sich Kurt Lewin[24], ein Urvater der Gestaltpsychologie, intensiv mit den Vorgängen in Gruppen beschäftigt. In der Pädagogik und der Therapie sind seine Überlegungen aber wohl deshalb nicht ihren Möglichkeiten entsprechend umgesetzt worden, weil er sie unter dem Hauptaugenmerk der Forschung darstellte.

Lewin hat die Feldtheorie entwickelt und die Aktionsforschung begründet. Andererseits war er aber auch ein Mensch mit hohem sozialem Engagement und wandte sich mit seiner Forschung sozialen Problemfeldern zu. Auf dem Hintergrund der Erkenntnis, dass Forschung ohne Einfluss des Forschers auf den Forschungsgegenstand nicht möglich ist, gab er das Paradigma der rein beobachtenden oder experimentellen Forschung auf und setzte hierfür die bewusste Interaktion mit den Grup-

---

[24] LEWIN, Kurt: *Feldtheorie in den Sozialwissenschaften.* (1963).

pen ein. Er begab sich in die Gruppe hinein, mit der Zielsetzung, zusammen mit ihr den Forschungsprozess zu gestalten, das Forschungsthema und das Vorgehen gemeinsam zu entwickeln. Er half dabei der Gruppe, ihres Interesses bewusst zu werden und war somit nicht ausschließlich Forscher, sondern auch Einflussnehmender und Förderer.

Den Forschungsprozess selbst beschreibt Lewin als einen sich wiederholenden zyklischen Vorgang einer Gruppe, in dem der Forscher nicht außerhalb steht, sondern Gruppenmitglied ist und seinen Einfluss auf den Gruppenprozess deutlich macht. Ausdrücklich akzeptierte er die Veränderung der Gruppe während des Prozesses.

Lewin´s Arbeit geht weit über einen reinen Forschungsansatz hinaus. Zwangsläufig hatte er bei seinem Ansatz Einfluss auf die Entwicklung der Gruppe, indem er ihr zumindest zu einem besseren Bewusstheitsniveau für ihre Interessen verhalf. Dieser Einfluss ist nicht allein als Vorgang der Forschung verstehbar, er ist vielmehr therapeutisch oder pädagogisch. Des weiteren gehe ich aufgrund seines sozialen Engagements davon aus, dass ihm an einer Einengung auf die Forschung auch gar nicht lag. Ohne ihm eine Manipulation unterstellen zu wollen, bemerke ich, dass die Apostrophierung als Forschung auf zweifache Weise ein nützliches Vorgehen war: Einerseits wurde so der Erkenntnisprozess der Gruppe theoretisch verwertbar und andererseits entstand der Effekt einer zusätzlichen Motivierung der teilnehmenden Gruppe und des sie umgebenden sozialen Systems.

Im Wesentlichen wird Lewin´s Ansatz auch heute noch unter dem Aspekt der Forschung betrachtet, obwohl er viele Möglichkeiten der Umsetzung in der Gruppenarbeit ermöglicht, bei der nicht das Forschungsinteresse, sondern das Wachstum der Gruppe im Vordergrund steht. Weiter unten werde ich darum versuchen, diese Begrenzung zu überwinden und Ansätze der Aktionsforschung als Konzepte für das Verständnis von Gruppenprozessen auf den pädagogischen und therapeutischen Umgang mit Gruppen zu übertragen.

Es gab auch in der Vergangenheit Gestalttherapeuten die mit und in Familien oder speziellen Problemgruppen gearbeitet haben. Zum Beispiel wäre der Aufbau von therapeutischen Wohngruppen für Drogenabhängige meines Erachtens ohne die Arbeit eines Hilarion Petzold[25], einem der bekanntesten Gestalttherapeuten in Deutschland, nicht denkbar gewesen und Walter Kempler[26] hat wichtige Prinzipien der Gestalt-Familientherapie beschrieben. Dennoch wurde aber die Bedeutung der Gestalttheorie für die Gruppenarbeit noch nicht im vollen Umfang wahrgenommen oder besser, noch nicht literarisch beschrieben.

Wenn sich Gestalttherapeuten bisher theoretisch mit den Vorgängen in Gruppen auseinandersetzten, formulierten sie einzelne Phänomene und Prinzipien oder wanden sich in Ermangelung der Entwicklung gestaltspezifischer Konzepte anderen

---

[25] Siehe unter anderem: PETOLD, H. (Hrsg.): *Kreativität und Konflikte. Psychologische Gruppenarbeit mit Erwachsenen* (1973).
[26] KEMPLER, W.: *Grundzüge der Gestaltfamilientherapie*. München (1988)

Gruppenmodellen der humanistischen Psychologie und der Gruppendynamik zu, um diese in ihre Arbeit zu integrieren. Für die Gestalttheorie und -praxis ist diese Integration nicht nur völlig unproblematisch, sondern sogar nützlich und entspricht ihrem an Wachstum orientierten Grundkonzept. Bei den Verfahren der humanistischen Psychologie fand insbesondere die Themenzentrierte Interaktion von Ruth Cohen Beachtung, wurde gar schon fälschlicherweise als Bestandteil der Gestaltpädagogik subsummiert, obwohl es sich hierbei um einen eigenständigen Ansatz handelt. Es ist kein „Schulenpatriotismus", wenn ich trotz dieser integrativen Möglichkeiten einen eigenen gruppentheoretischen Ansatz für die Gestaltpädagogik (und Gestalttherapie) formulieren möchte. Die Integration anderer Konzepte soll damit nicht eingeschränkt werden. Vielmehr nehme ich in den Gestaltprinzipien ein zusätzliches Potential wahr, dass für die Gruppenarbeit nicht ungenutzt bleiben sollte.

5.2 Das TAO menschlicher Beziehungen

Fundamental für die Gestalttheorie ist die Erfahrung zirkulärer, immer wiederkehrender Prozesse, wie sie zum Beispiel im Gestaltzyklus des Erlebens beschrieben werden. Hierbei besteht eine deutliche Affinität zum Taoismus, einer fernöstlichen Philosophie. Der Taoismus ist ein wichtiges und erfahrbares Modell für menschliches Sein. Und mit dem „TAO der Beziehungen" wird der grundlegende zwischenmenschliche Prozess formuliert:

Tao der Beziehungen

Menschliches Leben vollzieht sich permanent zwischen den Bestrebungen zur Trennung und Vereinigung. Menschen bewegen sich aufeinander zu und lösen sich voneinander ab. In jeder Annäherung wächst auch schon die Wurzel für den nächsten Lösungsprozess und in jeder Ablösung entsteht bereits eine neue Annäherung.

Ein Vermeiden der Ablösung und des Rückzugs ist ein unterbrochener und nicht abgeschlossener Prozess im Sinne einer neurotischen Störung. Bei dieser Störung bleibt der Mensch entgegen seinen Bedürfnissen in einer Beziehung hängen, stellt zwar die Energien für die Ablösung bereit, kanalisiert sie aber in andere Verhalten um. Ein Beispiel sind die gegeneinander aggressiven Eheleute, die an ihrer belastenden und unbefriedigenden Ehe festhalten. Und als ein anderes Beispiel für die Unfähigkeit sich zu lösen, kann der junge Mensch angesehen werden, der sich bewusst ist, dass er nach Abschluss seiner Berufsausbildung die Wohngruppe einer Jugendhilfeeinrichtung verlassen muss, in der er seit mehreren Jahren lebt. Für den diese Ablösung mit starken Ängsten verbunden ist und der sich darum bemüht, die Prüfungen nicht zu bestehen.

Prinzipiell auf die Annäherung an Menschen zu verzichten, bedeutet, dass grundlegende Bedürfnisse nicht erfüllt werden, weil eine Barriere aus Ängsten besteht. Menschen verzichten darauf anderen nahe zu sein, weil sie die gleichen emotionalen Verletzungen befürchten, wie sie sie schon in der Vergangenheit erfahren haben.

Der interpersonelle Prozess von Trennung und Vereinigung beherrscht die Vorgänge in Gruppen. Er ist bestimmend für deren Konstituierung und Auflösung, sowie für all die kleineren und größeren Vorgänge im GruppenProzess, wie der Bildung von Meinungen und der Vollzug von Handlungen. Das TAO von Trennung und Vereinigung ist das grundlegende Prinzip, das die folgenden Theorien vereinigt. Es findet seine weitere und umfassendere Ausformulierung in der Übertragung des Gestaltzyklus des Erlebens auf die Prozesse von Gruppen. Für diese Gruppentheorie gibt es Vorläufer in verschiedenen gruppendynamischen Modellen.

Schutz[27] beschrieb in seinem Phasenmodell von Gruppen deren Entwicklungsstadien, auf der Basis seiner Kenntnisse aus Selbsterfahrungsgruppen. Dabei betrachtet er den Entwicklungsprozess der Gruppe von ihrer Entstehung bis zum Erreichen ihrer höchsten Funktionsfähigkeit. Unberücksichtigt lässt er die Abschluss- und Trennungsphase, die sich einstellt, wenn die Gruppe ihren Zweck erfüllt hat, der Grundlage ihrer Konstitutierung war, und sich keine neuen Bedürfnisse für das Fortbestehen ergeben. Somit schließt er in seiner theoretischen Betrachtung den zyklischen Prozess nicht ab. Erweitert man sein Modell um die Phase des Abschlusses, ergibt sich der existentielle Gestaltzyklus einer Selbsterfahrungsgruppe, bestehend aus dem Erkennen des gemeinsamen Interesses (nämlich dem Interesse an der Selbsterfahrung), ihrer Figurbildung (nämlich der Bildung der Selbsterfahrungsgruppe), der gemeinsamen Handlung (nämlich der Selbsterfahrung) bis hin zum Rückzug von der Figur (nämlich der Auflösung der Gruppe, nachdem sie ihren Zweck erfüllt hat).

Schutz Modell ist wertvoll, weil er nachvollziehbar die grundlegenden aufeinanderfolgenden Bedürfnisse in einer Gruppe und die daraus resultierenden Prozesse darstellt. Sein Modell ist ein Wachstumsmodell, dass eine Entwicklung der sozialen Gemeinschaft beschreibt, von einem Stadium, in dem das Bedürfnis nach Anschluss und Zugehörigkeit vorherrscht (das Bedürfnis, dass auch die Ursache für den Zusammenschluss als Gruppe ist), über ein Stadium in dem das Bedürfnis nach Autonomie in der Gruppe wesentlich ist, bis hin zu dem Stadium in dem das Bedürfnisses nach Zuneigung im Vordergrund steht. Nach Schutz verlaufen die Stadien hierarchisch. Der Eintritt der Gruppe in das nächste Stadium ist erst möglich, wenn das vorhergehende Bedürfnis erfüllt ist.

Das Phasenmodell von Schutz ist eine gute Orientierung bei der Beantwortung der Frage, in welchem Entwicklungsstadium eine Gruppe sich gerade befindet. Beantwortet man diese Frage mittels der Indikatoren, die dieses Modell bereithält, kann man gleichfalls die Antworten dafür finden, welche Unterstützung die Gruppe zurzeit global benötigt. Die Grenze des Modells ist erreicht, wenn sich der Gruppenleiter mit seiner Wahrnehmung und seinen Eingriffen nicht auf das globale Stadium der Gruppe konzentrieren will, sondern auf die einzelnen Entscheidungsprozesse, auf den konkreten Konflikt im Augenblick. Hierzu bedarf es der Ergänzung durch verschiedene gruppendynamische und gruppentherapeutische Methoden. Des weiteren wird recht deutlich, dass es sich um ein Modell handelt, dass sich auf dem Hinter-

---

[27] SCHUTZ, W.C.: *Freude. Abschied von der Angst durch Psycho-Training* (1971).

grund der Arbeit mit Selbsterfahrungs- beziehungsweise therapeutischen Gruppen ergeben hat.

Auch wenn eine Gruppe ihren Mitglieder im höchsten Stadium ihrer Entwicklung die stärkste soziale Befriedigung und Zufriedenheit verschafft, streben die Gruppen, mit denen wir alltäglich zu tun haben, in der Regel nicht die Erfüllung aller der im Modell beschriebenen Bedürfnisse an. Sie sind vielmehr Zweckgemeinschaften, die ihr konstituierendes Ziel schon vorher erreicht haben und auf einem niederen Stadium ihrer möglichen Entwicklung verharren oder sich wieder auflösen. Für die Gruppe von jungen Menschen in einer pädagogischen Wohngemeinschaft und für das Betreuerteam in einer Jugendhilfeeinrichtung halte ich die Zielsetzung, ein hohes Stadium der Entwicklung anzustreben, aber für wichtig. Die Betreuer erreichen in einer gut entwickelten und funktionsfähigen Gruppe die besten zwischenmenschlichen Kontakte und pädagogischen Erfolge, und für die jungen Menschen ergibt sich in diesem Stadium die größte Chance, Vertrauen für andere Personen und für ihre eigene soziale Wirksamkeit zu erwerben.

Auch Miles (in Antons[28]) beschreibt den Entwicklungsprozess von Gruppen als einen Vorgang, der in Phasen abläuft. Er betont aber, dass bei grafischer Darstellung der Entwicklung kein Kreis, sondern eine Spirale entsteht, mit jeweils gleichverlaufendem Zyklus. Für mich sind in diesem Modell nicht die Inhalte der Phasen entscheidend, denn sie hinterlassen bei mir den Eindruck, als habe Miles den Gruppenprozess nur unvollständig beschrieben, indem er als letzte Phase ein Stadium des Euphorischen annimmt und dabei, ebenso wie Schutz, dem Gruppenprozess keinen Abschluss zugesteht. Realitätsnaher erlebe ich seine Beschreibung des zyklischen Verlaufs in jeder Phase der Gruppenentwicklung. Hierbei entsteht eine Übereinstimmung mit dem Gestaltzyklus des Erlebens. Ich habe im Folgenden die Überlegungen von Miles aufgeführt und zum Vergleich in Klammern jeweils den entsprechende Teil des Gestaltzyklus beigefügt.

Der zyklische Vorgang nach Miles besteht aus der Wahrnehmung von Unzufriedenheit mit alten Verhaltensweisen (ein homöostatischer Vorgang, der zur Interessensbildung führt), dem Suchen und Finden einer Alternative (der Figurbildung) und dessen Erprobung und Anwendung (dem Kontakt mit der Figur), mit der Wahrnehmung dieses Verhaltens auch durch andere, mit der Generalisierung - der Anwendung auch in anderen Bereichen - (dem Kontaktvollzug und der Internalisierung) und dem anschließenden Beginn eines neuen Zyklus (wobei der Rückzugsvorgang von Miles unterschlagen wird).

Kurt Lewin habe ich als einen der theoretischen Väter des Gestaltansatzes vorgestellt. Er formulierte die Grundlagen der Aktionsforschung und stellte dabei den Forschungsprozess als zyklischen Verlauf dar, mit den Phasen der Diagnostik, Handlung (Aktion) und der Evaluation (der Rückmeldung über die Aktion). Bei näherer Betrachtung erkenne ich in dieser Darstellung den Gestaltzyklus des Erlebens wieder. Hierfür setze ich die diagnostische Phase gleich mit der Interessensbildung, bei der der Forscher und die Gruppe herausfinden, was ihr gemeinsames Thema ist, und die Diagnostik selbst betrachte ich als eine Form der Figurbildung,

---

[28] ANTONS, K.: *Praxis der Gruppendynamik.* Göttingen Toronto Zürich (2000).

mit dem Ergebnis, dass der Forschungsgegenstand mit einer Figur gleichzusetzen ist. Mit diesem Forschungsgegenstand (Figur) kommt die Gruppe im Forschungsprozess in Kontakt, auf sie bezieht sich dann die Handlung (das Forschungsexperiment). Und die Evaluation (die Bewertung dieser Handlung) sehe ich als den Kontaktvollzug an, sowie als den Teil des Zyklus, in dem der Rückzug von der Figur angetreten wird.

5.3 Ab wann ist eine Gruppe eine Gruppe?

Wenn zwei Menschen die Bezeichnung Gruppe verwenden, dann haben sie dabei sicherlich unterschiedliche Vorstellungen. Für den einen ist jede Ansammlung von Personen schon eine Gruppe und für den anderen gehört zum Beispiel noch der wahrnehmbare Kontakt dieser Personen untereinander dazu. Ich ertappe mich selbst dabei, dass ich den Begriff nicht immer eindeutig verwende und zwischen zwei Definitionen von Gruppe pendele:

Definition 1 Eine Gruppe ist eine Ansammlung von Menschen, die ein gemeinsames Interesse entwickelt haben und dieses gemeinsam in eine Handlung umsetzen. So werden zum Beispiel die Jugendlichen einer Wohngruppe, die spontan entschieden haben, Fußball zu spielen werden zur Gruppe der Fußballspielenden Jugendlichen.

Definition 2 Eine Gruppe ist eine Anzahl von Personen, die füreinander bestimmte Reaktionserwartungen haben und sich auf irgendeine Weise als Gemeinschaft definieren oder entsprechend definiert werden, sich aber gegenwärtig nicht in einem irgendwie erlebbaren gemeinsamen Prozess befinden müssen. Dies können zum Beispiel die Mitglieder eines Automobilclubs sein oder es kann eine Vereinsmannschaft sein, die gerade nicht Fußball spielt.

Der ersten Definition stehe ich näher, weil sie die aktive Dynamik zwischen den Menschen betont und der Gruppe ganz im Sinne von Gestaltpädagogik und Gestalttherapie Lebendigkeit und Entwicklungsmöglichkeit zugesteht. Mit dieser Definition ist weniger an fremdbestimmter oder festgelegter Struktur vorgegeben. Es wird sogar ausgedrückt, dass die sogenannte Struktur einer Gruppe keine unveränderliche Realität, sondern eine Augenblicksaufnahme und Folge der sich verändernden sozialen Definition ist. Um keine Missverständnisse aufkommen zu lassen halte ich mich, wenn ich im Folgenden von der „Gruppe" spreche, an diese erste Definition.

Gemäß dieser Definition sind Menschen, die sich in der gleichen Umgebung, im gleichen Feld aufhalten, noch nicht zwangsläufig eine Gruppe. Ihre Handlungen berücksichtigen sich zwar gegenseitig auf irgendeine Weise, aber es besteht zwischen ihnen noch kein engerer oder erlebbarer Zusammenhalt, wenn nicht der Prozess einer Willensbildung zwischen ihnen stattfindet. Erst der Beginn des Suchprozesses nach einem gemeinsamen Interesse lässt aus den Individuen eine Gruppe werden. Mit diesem Prozess beginnt die eigentliche Konstituierung der Gruppe. Die Menschen mögen sich vorher schon gekannt haben und eventuell gemeinsam einem Verein, einer Clique oder einer Wohngemeinschaft angehört haben, dass sie aber eine Gruppe werden und somit deren Prozesse durchlaufen, besitzt allein wegen einer solchen Angehörigkeit keine Zwangsläufigkeit.

Als Beispiel nehme ich einmal einen Sportverein. Wenn eine Vereinsversammlung einberufen wurde und die Mitglieder im Raum zusammensitzen, beginnt in der Regel die Auseinandersetzung über verschiedene Punkte der Tagesordnung. Diese Regel ist aber eine reine Vereinbarung, ein Usus, der nur dann auch zu einer Handlung führt, wenn die Vereinsmitglieder hierzu bereit sind. Es erscheint zwar abwegig, aber es ist dennoch möglich, dass alle im Raum versammelten Personen einer anderen, als der üblichen Beschäftigung nachgehen. Sie könnten sich etwas zu lesen mitgebracht haben, stricken oder meditieren. Erst der gemeinsame Wille macht aus den Vereinsmitgliedern eine Mitgliederversammlung.

Auch wenn meine Bespiele bislang einen anderen Eindruck vermitteln müssen, setze ich nicht voraus, dass bei einer Gruppenbildung der gemeinsame Wille der Gruppe einem jeden Gruppenmitglied bewusst sein muss. Ich gehe sogar noch weiter und postuliere, dass der eigentliche Wille der gesamten Gruppe nicht immer bewusst werden muss und dass der Gruppenbildungsprozess dennoch funktioniert. So bin ich mir zum Beispiel sicher, dass die jungen Menschen aus meiner oben geschilderten Erfahrung zwar gleichermaßen für Holger und Bernd eine Entlassung aus der Einrichtung anstrebten und sich darum zu einer Gruppe formierten, dass sich dieser gemeinsame Wille aber nicht als bewusster gemeinsamer Willensbildungsprozess ergab.

Die Gewohnheit und die Erfahrungen, die man mit bestimmten Personen gemacht hat, sowie Regeln und Gebräuche sind Einflussgrößen, die bei Menschen eine bestimmte Reaktionsbereitschaft erzeugen. Sie sind keine Realität an sich, sondern sie schaffen erst eine spezielle Realität, wenn die Menschen sich an sie halten. Gezwungen sind die daran beteiligten Menschen aus sich heraus nicht, sie tun es letztlich aus freien Stücken und aus dem Gefühl, sich hieran halten zu müssen. Dieses Gefühl freilich vermag nicht selten den freien Entschluss zu vernebeln. Zu einer philosophischen Frage wird darum der „äußere Zwang". Natürlich kann ein Mensch einen anderen durch die Gefährdung von Seele, Leib und Leben bedrängen und aus Angst um die eigene Existenz kann dieser sich dann dem fremden Willen unterwerfen. In letzter Konsequenz ist dies aber seine eigene Entscheidung, mit der Möglichkeit auch diesen Zwang abzulehnen. Ein eindrucksvolles Beispiel für einen Menschen, der sich auch solchen existenzbedrohenden Zwängen nicht unterworfen hat, ist Janusz Korczak[29], dem ich mein Buch in dieser überarbeiteten Fassung widmen möchte.

---

[29] *Ab 1911 leitete Janusz Korczak das Warschauer Waisenhaus Dom Sierot. Er entwickelte seine Vorstellungen von Erziehung als Utopie einer friedfertigen, klassenlosen Gesellschaft. Als in der Nazizeit das Ghetto errichtet wurde, wurde das jüdische Waisenhaus nach dort verlegt. Am 22. Juli 1942 begann die Massentötung der Bevölkerung des Warschauer Ghettos im KZ Treblinka. Korczak hatte wiederholt die Möglichkeit, sein Leben zu retten. Er lehnte dies aber ab, weil er dies als Verrat an den Kindern betrachtete.*

Eine Gruppe vollzieht in der Handlung ihren Existenzzweck. Für diese Handlung und für das Ergebnis dieser Handlung hat sich die Gruppe konstituiert. Wenn die Handlung vollzogen wurde, beginnt der Auflösungsprozess der Gruppe und mit einem neuen Zyklus konstituiert sie sich wieder neu, in der gleichen oder einer neuen Zusammensetzung. Das Erleben des gemeinsamen Zyklus schafft dabei Reaktionsbereitschaften der Gruppenmitglieder, die die Konstituierung der Gruppenstruktur erleichtern.

Unter sozialpsychologischen Gesichtspunkten kann man gegebene Reaktionsbereitschaften und die Struktur einer Gemeinschaft gleich setzen. Unter Gestaltgesichtspunkten erschafft sich die Gruppe aber jeweils neu, mit der Möglichkeit, eine immer wieder veränderte Erscheinung zu haben. Das klassische sozialpsychologische Denken ist demnach statischer und fixiert unter ungünstigen Bedingungen ebenso wie eine Persönlichkeitsdiagnostik die Gruppe in ihrer Erscheinungsform – insbesondere, wenn die Reaktionsbereitschaft noch in Rollenbegriffe gegossen wird. Deutlich lässt sich das am Beispiel unterschiedlicher Beschreibungen des gleichen Umstandes erkennen. Es wirkt sich eben sehr unterschiedlich aus, wenn ich einmal kommentiere: „Bernd hat sich seit 4 Tagen bei den meisten Entscheidungen der Wohngruppe durchgesetzt", beziehungsweise wenn ich sage: „Bernd führt seine Gruppe" oder „Bernd ist der Führer seiner Gruppe".

Mit jedem neuen Zyklus erschafft sich eine Gruppe neu. Mit jedem neuen Zyklus hat sie die Möglichkeit zu einer neuen Erscheinung und zu weiterer Entwicklung.

Wenn Menschen wiederholt Erlebenszyklen gemeinsam durchlaufen, dann lernen sie sich dabei kennen und verhalten sich zueinander entsprechend dieser erlangten Kenntnisse. Sie bilden Erwartungen bezüglich des Verhaltens der anderen heraus und handeln ihrerseits so, als ob diese Verhalten eine unabwendbare Realität seien. Mit dieser Haltung werden die Voraussetzungen geschaffen, dass sich Abläufe in Gruppen wiederholen und ähnliche Erscheinungsbilder haben. Menschliche Gemeinschaften sind nicht gezwungen so zu agieren. Sogenannte Gruppenstrukturen sind erst durch die Gruppe selbst geschaffen worden und durch sie auch wieder veränderbar.

Eine wesentliche pädagogische Aufgabe ist darum, die Veränderbarkeit einer Gruppe und die Relativität sogenannter Gruppenstrukturen für die jungen Menschen erfahrbar zu machen, sie zu ermutigen, zu dieser Veränderbarkeit konstruktiv beizutragen, destruktive oder unterordnende Reaktionsbereitschaften wieder aufzugeben und ihre Gemeinschaft zu ihrer Zufriedenheit zu entwickeln.

5.4 Der Gestaltzyklus des Erlebens in der Gruppe

Unterstützt durch die Systemtheorie, sowie durch verschiedene andere theoretische Ansätze, wie denen von Miles und Schutz, aber auch den psychoanalytischen Ansätzen von Kernberg[30], mit Bezug auf die Theorien von Lewin und mit dem sicheren Gefühl meiner eigenen Erfahrungen in Gruppen gehe ich davon aus, dass sowohl einzelne Menschen, als auch Gruppen und sogar große soziale Gemeinschaften Systeme oder Organismen sind, die nach den gleichen organismischen Prinzipien funktionieren. Gestalttheoretisch bedeutet dies, dass Gruppenprozesse, wenn sie nicht gestört werden, in der gleichen zyklischen Weise wie die Erlebensprozesse bei einer einzelnen Person verlaufen (siehe auch Zinker in Ronall und Feder[31] S. 84ff). Jede Gruppe durchläuft permanent und in ständiger Wiederholung die Stadien der Entwicklung von Interesse, der Figurbildung und Aktivierung, der Handlung, des Kontaktes und des Rückzugs, ebenso wie eine einzelne Person. Erst der gemeinsame Prozess im Zyklus des Erlebens vereinigt Individuen zu einer Gruppe. Ohne diese gemeinsamen Prozesse kann eine Anzahl von Menschen noch nicht als Gruppe bezeichnet werden.

Bei einem einzelnen Menschen ergeben sich die Vorgänge in jedem Stadium des Zyklus und auch der gesamte Erlebenszyklus aus den intrapsychischen Vorgängen in Interaktion mit der Umwelt, dem Feld. Die Vorgänge in der Gruppe ergeben sich aus dem interpersonellen Austausch, aus den Beiträgen aller Gruppenmitglieder. Sie sind ein Produkt aus deren intrapsychischen Prozessen, aus den interpersonellen Vorgängen der Kommunikation zwischen den Menschen und den daraus wiederum entstehenden gegenseitigen Beeinflussungen. In jedem Bestandteil des Erlebenszyklus einer Gruppe vereinigen sich die Beiträge der einzelnen Gruppenmitglieder zu einer neuen Gestalt.

Der Gestaltansatz setzt für den Erlebenszyklus einer Gruppe ebenso wie für den eines einzelnen Menschen voraus, dass ihm positive, selbstregulierende und selbstheilende Kräfte innewohnen. Wie eine Einzelperson hat auch eine Gruppe das Bestreben, den Gestaltzyklus zu vollenden, Gestalten zu schließen. Und ebenso wie bei einem einzelnen Menschen kann der Zyklus auch in Gruppen gestört sein und diese Störung pädagogisch und therapeutisch bearbeitet werden.

Theoretisch sind also die Prozesse des einzelnen Menschen und die der Gruppe vergleichbar. Aber wie kann die Theorie in die Praxis umgesetzt werden? Woran sind die verschiedenen Bestandteile des Erlebenszyklus in einer Gruppe zu erkennen? Wie lässt sich beim Betreuer Bewusstheit für die Vorgänge in Gruppen entwickeln?

Aus den Beiträgen der einzelnen Gruppenmitglieder lässt sich nicht einfach eine Summe bilden, die dann rein rechnerisch den Gruppenprozess darstellt. Eine solche vereinfachende Denkweise gilt noch nicht einmal, wenn eine Gruppe im Tauziehen am gleichen Strang zieht. Die Zugkräfte der einzelnen Personen ergeben nicht einfach addiert die

---

[30] KERNBERG, Otto F.: *Sanktionierte gesellschaftliche Gewalt: eine psychoanalytische Sichtweise.* Persönlichkeitsstörungen – Theorie und Therapie, Persönlichkeitsstörung und Gesellschaft Teil 2, (2000), S. 4 – 25.
[31] RONALL, R. und FEDER, B. (Hg.) et al.: *Gestaltgruppen* (1983).

Gesamtkraft, sondern es besteht eine gegenseitige Beeinflussung durch die Einschränkung der Bewegungsfreiheit untereinander, durch die Motivierung in der Gruppe, etc. Auch in den Funktionen und Prozessen einer Gruppe gilt darum:

Das Ganze ist mehr als die Summe seiner Teile.

Auf dem Hintergrund dieser Leithypothese müssen für die Wahrnehmung der Gruppenprozesse Kriterien herangezogen werden, die sich aus der direkten Beobachtung im Hier-und-Jetzt ergeben.

Hypothesen für intrapsychische Vorgänge sind aus dem zu gewinnen, was ein Mensch mittels seiner verbalen und nonverbalen Äußerungen über seine intrapsychische Prozesse vermuten lässt. Bei der Aufmerksamkeit auf interpersonelle Prozesse öffnet der Beobachter seine Bewusstheit für das, was Menschen austauschen und wie sie das tun - für ihre Form des Kontaktes. Für die Wahrnehmung von Prozessen einer ganzen Gruppe ist die Beachtung einerseits der eben genannten interpersonellen Prozesse (Was tun die Menschen wie miteinander?) und andererseits der erkennbaren Strömungen (Wer tut etwas mit wem?), sowie die Beachtung von Gewohnheiten (Wer tut etwas häufig und in ähnlicher Weise?) in der Gruppe nötig.

Ein Beobachter kann zum Beispiel die Aufmerksamkeit auf die Form der Kommunikation richten (ist sie verbindlich oder aggressiv) oder auf die Bereitschaft, jemandem Macht zuzugestehen oder zu unterdrücken. Der Gruppenbetreuer kann hierzu zum Beispiel folgende Fragen nutzen:

Wie gehen die Menschen in der Gruppe miteinander um?

Wie verständigen sie sich?

Wer geht mit wem Kontakt in der Gruppe ein?

Welche Subgruppen bestehen?

Welche Bedürfnisse setzen sich zurzeit in der Gruppe durch?

Wessen Bedürfnisse dies sind?

Wer kommt womit nicht zum Zuge, und und und...?

Ansprüche des Pädagogen - Ansprüche an den Pädagogen

Richard Kitzler schreibt (in Ronall und Feder 1983, S. 47[32]): *„Das Kernproblem besteht darin, dass es im Wesen einer Gruppe liegt, scheinbar eine Unmenge an Interaktionen hervorzubringen ...".*

Die situativen Anforderung an jemanden, der mit Gruppen arbeitet, sind sicherlich komplexer, als an einen Helfer im Kontakt mit einem einzelnen Menschen. Die Auseinandersetzung mit Vorgängen in den sozialen Gemeinschaften ist in der Jugendhilfe aber als unerlässlich zu betrachten. Neben den Gründen, die ich weiter oben schon angeführt habe, erlebe ich auch noch, dass die jungen Menschen in

---

[32] RONALL, R. und FEDER, B. (Hg.) et al.: *Gestaltgruppen* (1983) S. 47

unserer Betreuung zusätzliche soziale Probleme zu überwinden haben, weil sie in ihrer Vergangenheit durch andere Menschen verletzt und enttäuscht wurden und weil ihnen zumeist akzeptable Vorbilder für soziales Verhalten fehlten.

Insbesondere die Arbeit mit Gruppen bietet in der Jugendhilfe die pädagogische Chance, die sozialen Probleme der jungen Menschen zu bearbeiten, denn ihre Auswirkungen werden hier deutlich und aktuell. Des Weiteren bietet die gute Gestaltung einer Gruppe alternative, positive soziale Erfahrung zu gewinnen. Diese pädagogische Chance zu nutzen, ist andererseits eine schwierige Aufgabe, denn was in Gruppen passiert, erscheint dem Beobachter nicht selten als undurchschaubar. Vordergründig lassen sich die Vorgänge noch beschreiben, aber was eigentlich in der Tiefe der Beziehungen und Strömungen der Gruppe vorgeht, welche Motivation gerade vorherrscht, warum eine Meinung zustande kommt, warum jemand ausgeschlossen wird, warum plötzlich eine aggressive oder ausgelassene Stimmung vorhanden ist, wie eine Entscheidung zwischen Menschen herbeigeführt wird und wer eigentlich auf welche Weise Einfluss hat und noch vieles mehr - bleibt oft der Spekulation oder besser Intuition überlassen.

Für die Vorgänge in Gruppen ist, wie ich schon für die intrapsychischen Vorgänge eines einzelnen Menschen festgestellt habe, lediglich eine Hypothese möglich. Und weil schon die intrapsychischen Vorgänge einzelner Menschen allein nicht wirklich diagnostizierbar sind, gilt diese Feststellung natürlich noch mehr für die Gruppe. Das Abbild, das wir in unserem Denken von einer Gruppe haben, ist zwangsläufig immer unvollständig und es kann für pädagogisches Handeln auch keine annehmbare Forderung sein, dass eine Betreuerin die Vorgänge in einer Gruppe vollständig erfasst oder versteht. Für die Pädagogin ist darum vielmehr wichtig, eine Idee zu entwickeln, welcher Prozess in der Gruppe aktuell im Vordergrund ist und in welcher Phase des Prozesses sich die Gruppe gerade befindet. Es ist für sie weiterhin wichtig, in der Lage zu sein, aufgrund ihrer Offenheit und Sensibilität für die realen Vorgänge, diese Ideen jeweils zu modifizieren, beziehungsweise auch wieder aufzugeben, wenn sie nicht mehr der wahrgenommenen Realität entsprechen. Hierfür benötigt sie natürlich auch einen theoretischen Hintergrund, aber wesentlich wichtiger ist, dass sie in der Wahrnehmung offen für die gegenwärtigen Vorgänge in der Gruppe bleibt. Erst mit Bewusstheit, Offenheit und Sensibilität kann sie ihre Theorien nutzen, wirklichkeitsnahe Hypothesen entwickeln und auf dieser Basis erfolgreich handeln.

Gemäß den Erkenntnissen der Aktionsforschung und der Feldtheorie ist der Pädagoge auch in der Situation in der er lediglich versucht, sich „ohne Einzugreifen" ein Bild über die Vorgänge in der Gruppe zu machen, nicht in einer neutralen Position. Man kann eben nicht nicht kommunizieren, wie Paul Watzlawick sagt[33]. Allein die Anwesenheit einer Pädagogin beeinflusst, ebenso wie jedes aktive Verhalten, die Vorgänge in der Gruppe, macht sie zum Bestandteil des Feldes. Der Ansatz der Aktionsforschung trägt dem Umstand des Einflusses auch eines beobachtenden Forschers auf das Forschungsobjekt Rechnung und schlägt darum die Vorgehens-

---

[33] WATZLAWICK, Paul (Hg.) et al.: *Menschliche Kommunikation. Formen, Störungen, Paradoxien.* Bern (1969).

weise vor, dass er sich aktiv auf den Prozess in der Gruppe einlassen, sie an der Hypothesenbildung und auch am sonstigen Forschungsvorgang, also auch der Auswertung, beteiligen müsse (siehe Haag[34]). Dieses Konzept hat eine hohe Affinität zum Prinzip in der Gestalttherapie, demgemäß der Klient als die einzig kompetente Person für sein eigenes Erleben und Sein angesehen wird. Übertragen auf die pädagogische oder therapeutische Arbeit mit der Gruppe bedeutet dies, dass der Pädagoge oder Therapeut mit seinen Interessen ebenso offen umgehen muss, wie er dies von den Mitgliedern der Gruppe wünscht und dass er seine eigenen und seine pädagogischen oder therapeutischen Interessen als Teil der in der Gruppe vertretenen Interessen begreift, mit einem Stellenwert, der wesentlich daraus resultiert, wie sehr er in der Gruppe akzeptiert und anerkannt wird. Somit muss er sich für einen Einfluss erst einmal um diese Akzeptanz[35] bemühen.

Eine Pädagogin muss Interesse am Verhalten der einzelnen Menschen und an den Gruppenprozessen haben. Versteht sie sich als Kontaktperson für einzelne junge Menschen, obwohl sie in einer Gruppe arbeitet, dann wird sie wesentliche pädagogische Möglichkeiten nicht nutzen und eventuell sogar pädagogisch unwirksam bleiben, wenn die Gruppe einen gegensteuernden Einfluss wahrnimmt. Eine Pädagogin muss ihre Aufmerksamkeit schweifen lassen, von der Wahrnehmung ihrer eigenen inneren Vorgänge zu den Verhalten eines einzelnen Jugendlichen bis hin zu den Vorgängen in der Gruppe. Sie muss in einem Augenblick auf den einzelnen Menschen achten, sich dann auf den Austausch zwischen zwei Menschen und auf ihren gemeinsamen Prozess einlassen, auf ihre Interaktion konzentrieren und schließlich die Aufmerksamkeit auf den Prozess der Gruppe, auf ihre Dynamik richten. Die Pädagogin muss von Situation zu Situation immer wieder neu entscheiden, was ihre Aufmerksamkeit am meisten erfordert und für welchen Vorgang sie Energien zur Verfügung hat. Ihr pädagogischer Erfolg hängt davon ab, wie gut es ihr gelingt, jeweils das Wesentliche in ihrer Umgebung in den Vordergrund ihrer Aufmerksamkeit zu holen.

Die Möglichkeiten, jeweils mit der Aufmerksamkeit an der „richtigen Stelle" zu sein, haben aber auch bei einem Höchstmaß an Interesse, Sensibilität und theoretischer Sicherheit ihre Grenzen. Einen grenzenlosen Anspruch zu vertreten, stellt somit eine (Selbst-) Überforderung dar. Die Bedingungen der Gruppe sind eben zu komplex und wir Pädagogen und Therapeuten sind eben auch „nur" Menschen. Wir haben Grenzen in unserer Aufnahmefähigkeit, in unserer Handlungskompetenz und wir haben unsere „blinden Flecke" bei der Wahrnehmung. Einige meiner eigenen Schwächen habe ich inzwischen kennengelernt und möchte hier eine als Beispiel nennen.

Bei meiner Arbeit als Supervisor und Seminarleiter habe ich die Erfahrung gemacht, dass mir der Wechsel meiner Aufmerksamkeit von einem einzelnen Gruppenmitglied zu der ganzen Gruppe sehr schwer fällt. Den Grund für meinen „blinden Fleck" sehe ich darin, dass ich mir in solchen Augenblicken meines Interesses nicht bewusst und

---

[34] HAAG, F.; KRÜGER, H.; SCHWÄRZEL, W.; WILDT, J. (Hg.): *Aktionsforschung. Forschungsstrategien, Forschungsfelder und Forschungspläne* (1975).
[35] Das Thema „Akzeptanz" bedarf der besonderen Aufmerksamkeit, denn der Therapeut oder Pädagoge muss sich diese nämlich erst erwerben, ehe er von den Mitgliedern der Gruppe ein Interventionsrecht zugestanden bekommt. Der Therapeut bekommt allerdings wegen seines Status in einer Selbsterfahrungs- oder Therapiegruppe zumeist einen gehörigen Vorschuss.

sicher genug bin. Leider entdecke ich manchmal erst im Nachhinein, dass ich aus einer theoretischen Anspruchshaltung heraus, nämlich aus dem Wunsch eine harmonische Gruppe zu gestalten, der Meinung bin, für die Gruppe als Ganzes die Verantwortung übernehmen zu müssen und dadurch mein anderes, oftmals im Grunde stärkeres Interesse übergehe, bezüglich der Wahrnehmung des Prozesses eines einzelnen Menschen. Ich werde mir dann zu spät bewusst, dass ich versucht habe, zu erfassen was in der Gruppe geschieht, obwohl ich hierfür viel zu wenig Energie hatte. Meine dann folgenden Interventionen waren dann natürlich nicht so effektiv wie sie hätten sein können.

Wenn ich in der beschriebenen Situation einen kleinen Zipfel Bewusstheit meines „blinden Flecks" zu fassen bekomme, helfe ich mir, indem ich mich frage, was für mich im Augenblick eigentlich im Vordergrund meines Interesses ist. Mit dieser Frage, die eine Art kleiner Achtsamkeitsübung für mich ist, gelingt es mir in der Regel einen Augenblick Abstand zu bekommen, von dem Anspruch, die Gruppe in den Vordergrund meiner Aufmerksamkeit zu zwingen. Ich werde zum Beobachter meiner inneren Vorgänge und meines Verhaltens.

Als ich meine Erfahrungen mit diesen Situationen in der Supervision zusammenfaßte und betrachtete, wurde mir deutlich, dass ich mich eigentlich gar nicht zur Aufmerksamkeit auf die Gruppenvorgänge zwingen muss, denn wichtige Prozesse wecken mein Interesse sowieso, unabhängig davon, ob es sich um einen Vorgang in der Gruppe oder um einen Vorgang bei einem einzelnen Menschen handelt. Ich bin ein neugieriger Mensch und werde darum aufmerksam, ohne dass ich mich hierfür anstrengen müsste. Und solange dieses Interesse für wesentliche menschliche Prozesse bei mir entsteht, habe ich die Grundlage, mit einzelnen Menschen und mit Gruppen arbeiten zu können. Ohne ein solches Interesse wird die Aufmerksamkeit auf einen Vorgang zur Mühe oder gar unmöglich.

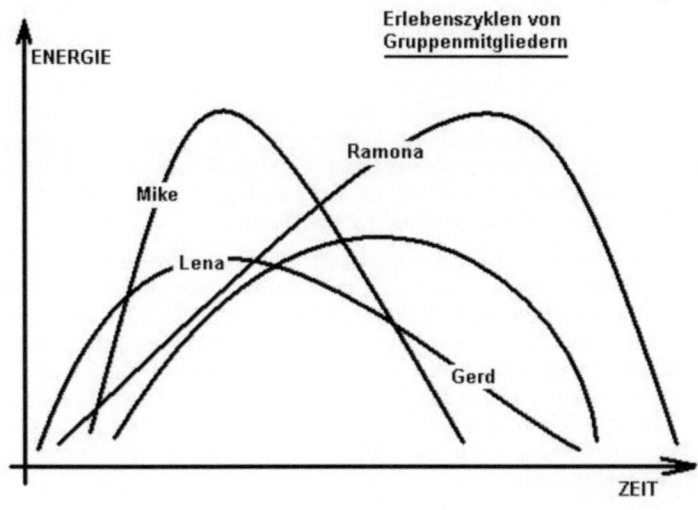

Die einzelnen Menschen in einer Gruppe wirken mit ihren individuellen Erlebenszyklen auf den Erlebenszyklus der gesamten Gruppe ein. Es liegt nun nahe, sich die Frage zu stellen, wie sie das tun, ob nicht eine möglichst exakte Theorie erklären kann, auf welche Weise sich die Erlebenszyklen ergänzen und wie daraus der Gruppenprozess entsteht. In der Darstellung „Erlebenszyklen von Gruppenmitgliedern" stelle ich verschiedene Erlebenszyklen von Personen dar, die an einem Gruppenprozess teilnehmen. In diesem Beispiel sind die Erlebenszyklen der einzelnen beteiligten Personen zeitlich zueinander verschoben, weil ihre Interessen nicht gleichzeitig entstehen und ein Mensch noch mit seiner Interessensbildung beschäftigt ist, während ein anderer schon handelt. Des Weiteren haben die Aktivierungspotentiale keine gleiche Ausprägung, so dass der Beitrag zur Gruppenleistung bei allen unterschiedlich ist. Die Energie zum Handeln ist bei allen zu unterschiedlichen Zeitpunkten aufgebraucht, so dass die eine Person schon nicht mehr aktiv ist und sich mit etwas Neuem beschäftigt, während andere noch nicht zu einem Abschluss ihres Zyklus gekommen sind und ihre Wahrnehmung noch nicht für neue Dinge frei haben.

In diesem Beispiel gehe ich davon aus, dass die Interessen der einzelnen Personen auf die gleiche Sache gerichtet sind und keine gegenseitige Störung der Zyklen des Erlebens stattfindet. Das Schaubild vereinfacht also stark und macht dennoch schon bei der Darstellung von nur 4 Personen deutlich, dass eine enorme Menge an unterschiedlichsten Einflüssen wirkt und darum eine Schlussfolgerung für einen gemeinsamen Prozess schwer und allenfalls hypothetisch ist. Eine mathematische Verrechnung der Zyklen in irgendeiner Form, als Theorie für den Gruppenprozess, scheidet somit aus. Vielmehr kann man festhalten, dass eine gegenseitige, interaktive und komplexe Beeinflussung zwischen den am Prozess beteiligten Personen stattfindet.

Ich möchte hier noch einmal die Feldtheorie in Erinnerung rufen. Sie geht davon aus, dass sich ein Mensch zu jeder Zeit zusammen mit anderen Menschen, anderen Organismen und materiellen Objekten in einem Feld befindet. Zwischen allen Bestandteilen dieses Feldes herrschen Beziehungen, so dass eine gegenseitige Beeinflussung vorhanden ist. Eine Gruppe muss also auch als ein solches Feld betrachtet werden in dem lediglich zur Vereinfachung nur die Mitglieder der Gruppe berücksichtigt werden und alle anderen Einflussgrößen einmal unbeachtet bleiben. Unter dieser Betrachtungsweise gilt dann auch wieder die Aussage der Feldtheorie, dass wir es mit einem komplexen Beziehungsgeflecht zu tun haben, in dem die Geschehnisse nicht berechenbar sind. Meine Schlussfolgerung aus meiner graphischen Darstellung wird bestätigt: Wir können nur Hypothesen über die Ursachen von Gruppenprozessen entwickeln und es ist nicht möglich, den Anteil jeder einzelnen Person am Gruppengeschehen eindeutig zu definieren.

Wegen der Unmöglichkeit die Ursachen von Gruppenprozessen bis ins Detail zu erkennen, ist es sinnvoller in der Arbeit mit Gruppen die Aufmerksamkeit auf die Gruppenprozesse selbst zu verlegen und mit Interventionen auch nicht auf einzelne Personen, sondern auf die Entwicklung der Gruppe insgesamt zu zielen. Natürlich hat jeder Einfluss auf eine einzelne Person auch Veränderungen in der Gruppe zur Folge und manchmal macht es Sinn zum Beispiel einen „Störenfried" zu isolieren oder ein „schwaches Gruppenmitglied zu stärken, aber eine konkrete Gruppenentwicklung über einen Einfluss auf die intrapsychischen Prozesse einer Einzelperson zu bewirken, ist in der Regel ein Versuch der vergleichbar ist, mit der Suche nach der berühmten Stecknadel im Heuhaufen. Ein Pädagoge kann zum Beispiel nicht kalkulieren, ob sein restriktives Einwirken auf einen Jugendlichen, der als Anführer seiner

Wohngemeinschaft alle anderen Mitglieder tyrannisiert, dazu führt, dass das Verhalten tatsächlich unterbleibt oder ob sich nicht alle Jugendlichen plötzlich gegen ihn solidarisieren, weil sie ihren Führer nicht verlieren wollen oder sie den Pädagogen für zu schwach erleben, als dass er sie tatsächlich beschützen kann.

Im Einzelfall vermag der Pädagoge durchaus einmal Glück haben oder intuitiv richtig wählen und eine Person in der richtigen Weise beeinflussen, die zurzeit maßgeblich für den Gruppenprozess ist. Aber solche Einflüsse sind riskant und außerdem macht sich ein solchermaßen agierender Gruppenleiter natürlich zum Manipulator der Gruppenprozesse, macht die Jugendlichen von seinen Einflüssen abhängig und nimmt ihnen die Selbständigkeit und Selbstbestimmung, sowie die Chance zur Entwicklung selbststeuernder Fähigkeiten. Für die Entwicklung der Gruppe ist es nötig, dass in ihr Konflikte möglichst selbständig ausgetragen und eigene Lösungen gesucht werden. Hierzu sollte sie ermuntert werden und Hilfestellung erhalten. Wo immer der Pädagoge die Möglichkeit sieht, auf übermäßig regulierende Einflüsse in der Gruppe zu verzichten, sollte er dies tun und da, wo er davon ausgeht, dass es nicht ohne Regulation und Eingriffe geht, sollte er versuchen, seine Interventionen auf ein Mindestmaß zu beschränken und für die Gruppe nachvollziehbar zu gestalten.

Das grafische Beispiel hat noch einen weiteren Mangel. Es kann den Eindruck erwecken, dass die Interessen und Handlungen von Menschen einfach additiv oder subtraktiv aufeinander wirken. Dies ist aber falsch. Fußalltrainer im bezahlten Profifußball machen zum Beispiel die leidvolle Erfahrung, dass selbst ein Kader hervorragender Einzelspieler als Mannschaft versagen kann, den FC Bayern München einmal ausgenommen. Menschliches Erleben wirkt in zirkulären Wechselprozessen und interaktiv aufeinander. Für eine gute Mannschaftsleistung muss eben etwas stimmen, was aus Mangel an eindeutiger Erfassungsmöglichkeit als die „Chemie" oder der „Teamgeist" der Mannschaft bezeichnet wird. Interessen und Handlungen können sich gegenseitig potenzieren, ergänzen, stören oder aufheben. In einer interaktiv funktionierenden Gruppe wird aber immer wieder ein Gruppeninteresse in den Vordergrund gelangen, getragen von der stärksten Position in der Gruppe. Und andere Interessen werden in den Hintergrund treten, mit der Möglichkeit später einmal wieder in den Vordergrund zu gelangen, wenn die Gruppe für sie bereit ist.

Natürlich wäre es für die Leistung einer Gruppe am besten, wenn sich das Erleben aller Personen zu einem Maximum ergänzte. Aber einerseits bestehen Gruppen nicht nur unter der Maßgabe von Leistung und andererseits liegt es in der Natur der Sache, dass ein solches Ergebnis ein Ausnahmefall ist. Die Zielsetzung, diese Ausnahme zur Regel zu machen, muss zu dauerhafter Unzufriedenheit führen, denn die Bedürfnisse verschiedener Menschen stimmen eben nicht völlig oder selten überein.

Pessimisten werden jetzt eventuell sagen: „Es ist wohl sinnvoller, ich mach meine Sachen alleine, wenn die Chancen, eine Gruppe zu finden, die mein Interesse teilt und genauso denkt oder fühlt wie ich, so gering sind". Ich bezeichne jemanden mit solchen Äußerungen als Pessimisten, weil trotz der geringen Chance zu völliger Übereinstimmung, bestimmte Bedürfnis nur mittels einer Gruppe befriedigt werden können, z.B. immer dann, wenn eine Leistung nicht ein Mensch alleine vollbringen kann. Beziehungen und Gruppen sind nötig, weil alle Menschen Wünsche haben, die sie von anderen Menschen erfüllt bekommen möchten, z.B. den Wunsch nach Zärtlichkeit, und weil sich auch unterschiedliche Interessen sinnvoll ergänzen lassen. Manche Bedürfnisse sind sogar nur in Ergänzung von Interessen zu erfüllen. Z.B. kann ein großes Segelschiff nur dann genutzt werden wenn es eine Mannschaft hat, in der die Interessen zum Steuern, Kochen, Navigieren, Segel reparieren, Kapitän zu sein etc. vertreten sind. Die Fahrt mit einem Segelschiff hat aus diesem Grunde auch eine ganz besondere pädagogische Chance, den Vorteil einer sozialen Gemeinschaft zu erfahren. Mit dem schon bekannten Gestaltprinzip ausgedrückt, heißt dies:

Das Ganze ist mehr als die Summe seiner Teile.

Die funktionierende Gruppe

Abgesehen von den gerade beschriebenen Vorteilen hat jede soziale Gemeinschaft zu jedem Zeitpunkt die Möglichkeit, einen Erlebenszyklus zu entwickeln, der zu einer optimalen Bedürfnisbefriedigung führt. Es steht einer Gruppe grundsätzlich nichts im Wege, wenn sie herausfinden möchte, was sie verbindet, womit sich ihre Mitglieder gegenseitig ihre Bedürfnisse befriedigen wollen, wie dies geschehen kann und in welcher Reihenfolge. Wenn die Gruppe die Realität ihrer Umwelt im Auge behält, sind diesem Vorgang nur die Grenzen gesetzt, die sich ihre Mitglieder gegenseitig selbst stecken.

Wenn eine Gemeinschaft ernsthaft anstrebt, den gemeinsamen Erlebenszyklus zu optimieren, dann handelt es sich um eine funktionierende Gruppe. Natürlich ist nicht die Propagierung dieser Zielsetzung entscheidend, sondern nur der tatsächliche Prozess. Die Funktionsfähigkeit einer Gruppe ist dabei erst in zweiter Linie an ihren Leistungen zu messen. Nicht das hohe Bruttosozialprodukt ist die Grundlage für ein glückliches Leben, ausschlaggebend sind vielmehr konstruktive, integrative, gemeinschaftliche Prozesse. So kann zum Beispiel das Gruppenbedürfnis auch dann optimal erfüllt werden, gerade weil in einem Augenblick das Streben nach Leistung unterbleibt.

Und je erfolgreicher eine Gruppe in ihrem Bestreben ist, eine funktionierende Gruppe zu werden, desto besser gelingt ihr die Interessenfindung und Figurbildung, desto effektiver ist die daraus resultierende Handlung der Gruppe und desto größer ist auch die Befriedigung der Bedürfnisse ihrer Mitglieder.

Eine Gruppe wird zu einer funktionierenden Gruppe, indem sie allen ihren Mitgliedern die Teilnahme an der Interessenfindung und Figurbildung grundsätzlich erlaubt und diese Teilnahme fördert. Die optimale Figur dieser Gruppe ist dann das Ergebnis eines gelungenen Interessenklärungsprozesses, in dem die Interessen aller zu einem Kompromiss verarbeitet werden. Dieser Klärungsprozess führt dazu, dass die Energie für die folgende Handlung im optimalen Umfang und optimaler Qualität bereitgestellt wird. Die Handlung wird abgestimmt und wer an ihr beteiligt ist, ist dies angemessen an seinen individuellen Möglichkeiten und Interessen. Die funktionierende Gruppe ist bereit und in der Lage, die Realität bei ihrer Handlung zu beachten.

Sie wird sich nicht in unerreichbaren Utopien verlieren und an ihre einzelnen Mitglieder keine übertriebenen Forderungen stellen. Die Handlung der Gruppe ist abgeschlossen, wenn kein Gruppenmitglied mehr in Kontakt mit der gemeinsamen Figur ist und wenn das zugrunde liegende gemeinsame Bedürfnis befriedigt ist. Zusammenfassend bedeutet dies, dass in der funktionierenden Gruppe eine Balance zwischen Individualität und Gruppenbelangen angestrebt wird und das Störungen in dieser Balance thematisiert und bearbeitet werden, um sie zu überwinden.

Die gerade dargestellten Bedingungen für die funktionierende Gruppe stimmen im hohen Maße überein mit den Gruppenregeln der Themenzentrierten Interaktion (TZI) nach Ruth Cohen[36]. Bei diesem Ansatz wird allerdings noch das Thema der Gruppe als gleichwertiger Anteil an der anzustrebenden Balance eingeführt.

Das Thema einer Gruppe kann dabei solange mit dem Gruppeninteresse gleichgesetzt werden, wie die Gruppe sich nicht einem Auftrag von dritter Seite unterwerfen und fremdbestimmte Ansprüche erfüllen muss. In solch einer Situation entsteht nämlich eine Diskrepanz zwischen Thema und Gruppeninteressen, die an die Balance andere Anforderungen stellt. Es entsteht eine besondere Brisanz, wenn die Gruppe ein Ziel gesetzt bekommt hinter dem die eigentlichen Gruppeninteressen zurückstehen sollen. Solche Interessen nicht zu beachten, also nicht zum Thema oder zu einem Bestandteil des Themas zu machen, könnte dabei zu erheblichen Störungen in der Gruppe führen. Andererseits würde natürlich ein Festhalten an der Suche und Erfüllung der jeweils aktuellen Gruppeninteressen ein zielgerichtetes Arbeiten an einem dauerhaften Thema unmöglich machen.

Dieses Balanceproblem tritt öfter für die gemeinsame Gruppe eines pädagogischen Teams und der von ihnen betreuten jungen Menschen in der Jugendhilfe ein. Für das Betreuerteam ist zum Beispiel der pädagogische Auftrag das ständige Thema, dass beachtet und an die jungen Menschen heran getragen werden soll und muss. Ein solcher Auftrag könnte zum Beispiel lauten, die jungen Menschen zur Aufgabe krimineller Neigungen zu bewegen. Aber die jungen Menschen müssen auch Aufgaben in der Haushaltsführung erfüllen und vorgegebene Regeln im Zusammenleben beachten, damit die Gruppe funktioniert. Die Forderungen haben sie zumeist auch untereinander. Stellt man als Pädagogin die „lästigen Pflichterfüllungen" hinter das Thema „Sozialisierung" zurück, dann kann dadurch eine Störung entstehen, die sich vielleicht im wechselseitigen Gefühl von Missachtung ausdrückt, den Gruppenzusammenhalt nachhaltig stört und die dann letztlich dem Sozialisationsauftrag schadet.

Optimal für die Funktionsfähigkeit einer Gruppen ist natürlich, wenn Aufträge und Ansprüche von außen zu den eigenen gemacht werden können oder vielleicht sogar mit den eigenen übereinstimmen. Ein Pädagoge, der mit dem konkreten Auftrag seines Arbeitgebers nicht übereinstimmt und hierauf auch keinen verändernden Einfluss nehmen kann, wird in der Arbeit keine Befriedigung finden und sein Team nicht als funktionierende Gruppe erleben können, es sei denn in der gemeinsamen Opposition gegenüber Vorgesetzten. Eventuell entsteht für ihn sogar ein psychischer

---

[36] COHEN, R.: *Von der Psychoanalyse zur Themenzentrierten Interaktion.* Stuttgart (2009).

Druck, diesen oppositionellen Konsens herbeizuführen, um ein Gefühl der Zufriedenheit in einer ansonsten ungeliebten Umgebung zu erleben. Und ein Jugendlicher, der die Ansprüche der Einrichtung in der er lebt grundsätzlich nicht akzeptiert, zieht sich wahrscheinlich aus einer vergleichbaren psychischen Lage auf eine Subgruppe zurück und lehnt den pädagogischen Einfluss ab.

Selbsterfahrungsgruppen bilden eine besondere Ausnahme. Sie konstituieren sich bereits unter dem Interesse der besseren Selbstwahrnehmung und Selbsterkenntnis und benötigen hierfür die Eigenschaften der funktionierenden Gruppe, streben diese sogar an. Die Bereitschaft der Teilnehmer, die hierfür erforderliche Offenheit und Austauschbereitschaft zu realisieren, ist darum sehr hoch – um Einiges höher als bei den Gruppen, zu denen wir in unserem Alltag gehören. Gestaltpädagogische Fortbildungen haben ähnliche Voraussetzungen, wenn die potentiellen Teilnehmer über den Selbsterfahrungsanteil informiert sind und sich freiwillig darauf einlassen. Somit hat der Fortbilder gute Voraussetzungen darauf hinzuarbeiten, dass sich die Teilnehmer zu einer funktionierenden Gruppe entwickeln.

Wenn sich die funktionierende Fortbildungsgruppe entwickelt hat, kann jeder Teilnehmer ihre Vorzöge studieren, seine eigenen sozialen Fertigkeiten und Schwächen optimal erleben und für sich selbst die wichtigen Erfahrungen machen, was eine Gruppenzugehörigkeit für ihn bedeutet, ob er die Möglichkeiten der Gruppe ausbeutet oder ob er andere respektiert und vieles mehr. Das Erreichen einer funktionierende Gruppe ist ein wichtiger Meilenstein in der gestaltpädagogischen Fortbildung, denn erst wenn der Pädagoge selbst eine funktionierende Gruppe erlebt hat und in der Lage ist, als Mitglied unterstützend zu sein, kann er Jugendlichen die gleiche Entwicklung nahelegen und deren positive Haltung zur Gruppe fördern.

Die Einstellung zur Gruppe (Ü)

Mit dieser Übung können Sie ihre Wahrnehmung für ihre eigene Haltung und ihren Beitrag zu Gruppen verbessern. Ich schlage Ihnen vor, sie mehrfach und in verschiedenen Gruppen auszuprobieren, denn sie werden verschiedene Gruppen sicherlich unterschiedlich erleben. Die Fragen, die ich hier formuliere, sind selbstverständlich nur Beispiele für all die Fragen, die Sie sich zu diesem Thema selbst stellen können. Ich schlage Ihnen vor, sie darum nach Belieben zu ergänzen.

Erinnern Sie sich zunächst noch einmal, worauf Sie ihre Aufmerksamkeit bei Gruppenprozessen richten können:

- Sie können sich auf ihre eigenen Interessen besinnen und sich hierfür einsetzen.

- Sie können versuchen herauszufinden, welches Interesse in der Gruppe im Vordergrund ist und dieses unterstützen oder zu verändern versuchen.

- Sie können beobachten, ob die Gruppe sich in ihren Aktionen auf das Thema richtet, das als gemeinsames Thema definiert worden war ...

Beachten Sie als erste Gruppe zunächst einmal das Team in dem Sie arbeiten.

Lenken Sie ihre Aufmerksamkeit zunächst auf den Anteil, den Sie am Geschehen in diesem Team haben. Bitte versuchen Sie folgende Fragen für sich zu beantworten:

- Finden Sie in ihrem Team Gehör?
- Werden ihre Bedürfnisse hier respektiert?
- Entsprechen die Haltungen des Teams den ihren?
- Fühlen Sie sich in ihren Möglichkeiten eingeschränkt?
- Möchten Sie gerne einmal einen Kollegen bremsen, der zu viel Einfluss auf das Team nimmt...?

Jetzt versuchen Sie einmal ein Beobachter ihres Teams zu sein, sozusagen von außen auf diese Gruppe zu schauen und die folgenden Fragen zu beantworten:

- Welche Interessen erleben Sie in ihrem Team?
- Würden Sie die Interessen in ihrem Team häufiger als gemeinsame Interessen bezeichnen?
- Wie entsteht in ihrem Team ein gemeinsames Interesse? Wer hat dabei welchen Einfluss?
- Ist das resultierende Interesse ein echter Kompromiß? Ist jemand nicht gehört worden?
- Ist jemand ermutigt worden, sich zu äußern?
- Haben Sie den Eindruck, dass ihr Team eine funktionierende Gruppe ist?
- Was fehlt ihrem Team zu einer funktionierenden Gruppe? Was können Sie zu einer Entwicklung beitragen...?

Wenden Sie nun ihre Betrachtung den äußeren Einflüssen auf ihr Team zu:

- Wer definiert ihren pädagogischen Auftrag? Tun Sie das in ihrem Team selbst oder macht das ein Vorgesetzter?
- Wie erleben Sie den pädagogischen Auftrag durch ihren Arbeitgeber/ durch ihren Vorgesetzten? Wird die Funktionsfähigkeit ihres Teams durch den Arbeitgeber/Vorgesetzten eingeschränkt? Können Sie ihre Arbeitsbedingungen verändern?
- Welchen Einfluss haben die jungen Menschen auf ihr Team? Können Sie sich vorstellen, dass ihr Team von den jungen Menschen lernt? Was könnte dies sein? Besteht irgendeine Kooperation zwischen dieser Gruppe und dem Team? Kann man eventuell sogar von einer gemeinsamen Gruppe sprechen?
- Bestehen zwischen dem Team und der Gruppe der jungen Menschen Grenzen und haben diese verschiedenen Gruppen klare Konturen?

Und nun beachten Sie auch noch die Gruppe der jungen Menschen:

- Akzeptieren diese die Ansprüche, die durch die Hausordnung, durch die Ausbildung etc. an sie heran getragen werden?
- Wie weisen die jungen Menschen Ansprüche zurück?
- Prüfen Sie einmal für jeden einzelnen, ob er die Ansprüche nicht so weit zurückweist, so dass seine pädagogische Förderung in ihrer Einrichtung fraglich ist. Welche Kriterien legen Sie hierfür an?
- Haben die jungen Menschen gegenüber ihrem Team einen festen Gruppenzusammenhalt? Sind sie in Opposition?
- Wie finden die Jugendlichen gemeinsame Interessen in ihrer Gruppe? Setzt sich ein einzelner durch oder wird nach Kompromissen gesucht? Gibt es einen Klärungs- oder nur einen EntscheidungsProzess?
- Haben Sie als Pädagogin oder Pädagoge Einfluss auf die Interessenfindung der jungen Menschen?
- Welche Möglichkeiten sehen Sie, einen positiven Prozess bei den jungen Menschen einzuleiten beziehungsweise zu unterstützen?
- Wie können Sie die jungen Menschen unterstützen, eine funktionierende Gruppe zu werden?

5.5 Die Gruppe im Gestaltzyklus des Erlebens

Wie bildet sich bei Menschen ein gemeinsames Interesse heraus? Wie bildet eine Gruppe ihre Figur? Wann ist ein angemessenes Aktivierungsniveau in einer Gruppe erreicht? Wie handelt eine Gruppe und wie kommt sie in Kontakt mit ihrer Figur? Wie gestaltet sich in einer Gruppe der Rückzug von der Figur?

Diese Fragen können nicht durch eine exakte Ableitung des Gruppenprozesses aus den verschiedenen Erlebenszyklen der beteiligten Gruppenmitglieder beantwortet werden. Darum ist die Aufmerksamkeit auf die Gruppenprozesse selbst nötig.

5.5.1 Interessen und Figurbildung

Ich nehme als Beispiel eine Grundschulklasse in ihrem Klassenzimmer. Es ist Unterrichtszeit und der Lehrer ist eben gerade noch einmal hinausgegangen, weil er bemerkt hat, dass ihm Unterrichtsmaterial fehlt, welches er holen möchte. In der Klasse bleibt es noch eine Weile ruhig und dann fangen die ersten Schüler an, sich mit etwas anderem zu beschäftigen, als mit dem Lesestoff, der ihnen vom Lehrer noch aufgetragen wurde, um sie zu beschäftigen, bis er wiederkommt. Jedes Kind geht dann zunächst zunehmend seinen eigenen Interessen nach. Eines schaut aus dem Fenster, eines faltet einen Papierflieger und ein weiteres holt sich den neuesten Comic aus der Tasche. Mit der Zeit zieht dann ein einzelner Schüler mit Namen Marko durch seine Aktionen immer mehr Aufmerksamkeit auf sich. Er redet laut und verkündet schließlich, dass seine favorisierte Fußballmannschaft dieses Jahr Meister werden wird. Einige Schüler hören schon interessiert zu und machen ihrerseits Bemerkungen dazu. Aus den bisher einzeln beschäftigten Schülern entsteht so immer mehr eine kommunizierende Gruppe. Die Lautstärke der Gespräche steigert sich und dann beteiligen sich alle mehr oder weniger an der Diskussion.

An diesem Beispiel wird deutlich, wie sich aus einzelnen Schülern durch Kommunikation immer mehr eine Gruppe bildet und wie sich parallel dazu immer mehr ein gemeinsames Interesse und eine Figur entwickelt, als Folge eines Interessenfindungs- und Figurbildungsprozesses, in dessen Verlauf sich eine Position oder Thema durchsetzt und in den Vordergrund gelangt. Genau genommen kann man erst von einer Gruppe sprechen, wenn zwischen Menschen eine Interaktion stattfindet. Menschen, die zusammen eine Straßenbahn benutzen sind zum Beispiel in der Regel keine Gruppe und die Schulklasse bestand zunächst auch mehr aus Einzelpersonen, die ihren eigenen Interessen nachgingen. Für jeden Schüler waren die Klassenkameraden mit ihren Interessen zunächst noch der Hintergrund und ihr eigenes Interesse war im Vordergrund ihrer Aufmerksamkeit. In einem sich gegenseitig initiierenden Prozess von vermehrter Kontaktaufnahme und Bildung eines gemeinsamen Interesses gewann die Gemeinschaft aber immer mehr an Struktur und wurde zu einer Gruppe, es entstand eine gemeinsame Figur.

Das Interesse, das sich in einem solchen Prozess durchsetzt, ist nicht das Ergebnis der Durchsetzungskraft einer einzelnen Person, eines Anführers. Im beschrieben Beispiel auch nicht des lauten Schülers, selbst wenn es auf den ersten Eindruck so erscheint. Es ist auch nicht die Folge eines demokratischen Prozesses, sondern das Ergebnis einer augenblicklichen Gewichtung der ganzen Gruppe im Rahmen des kommunikativen Prozesses. Wenn in der Klasse kein weiterer am Fußball interessierter Schüler wäre, würde Marko vermutlich kein Gehör finden und eventuell verstummen, beziehungsweise nach einem anderen Thema suchen, wenn ihm an der Aufmerksamkeit durch die Klasse mehr liegt, als an seinem Fußballverein.

Die gleichen und auch die unterschiedlichen Interessen der Gruppenmitglieder fließen in diese Gewichtung ein und ergeben ein gemeinsames Interesse der Gruppe. Natürlich wirken dabei Macht- und Mehrheitsverhältnisse ebenso mit, wie die Kommunikationsfähigkeit der Gruppe, aber auch die Stärke der Interessen jedes einzelnen und die Kompatibilität der Interessen untereinander. Die verbale und nonverbale Kommunikation ist der Weg zur Bildung der Gruppe, zum Finden des Gruppeninteresses und der Anführer einer Gruppe ist dessen Repräsentant[37]. Wenn die Gruppe ein Interesse bevorzugt, treten andere in den Hintergrund und werden zurzeit nicht befriedigt. Sie sind dabei nicht verloren, sondern beeinflussen den gesamten weiteren Prozess mit und können zu einem späteren Zeitpunkt in den Vordergrund gelangen.

Ich gehe davon aus, dass in Gruppen häufig das eigentliche gemeinschaftliche Interesse und die Figur, auf die es sich richtet, nicht oder nicht völlig bewusst sind.

---

[37] *Diese Hypothese impliziert für destruktive Massenbewegungen, dass es nicht genügt einen Anführer zu verurteilen, wenn man das Phänomen bewältigen will, sondern dass es erforderlich ist das unterlegte Gruppeninteresse zu begreifen und für eine alternative Befriedigung zu sorgen.*

Es scheint dann zum Beispiel so, als würde man sachlich über ein Problem diskutieren. Nur in der Art und Weise, wie die Argumente vorgetragen werden, kann ein aufmerksamer Beobachter erkennen, dass es um etwas anderes, eventuell um die Vormacht oder um Anerkennung geht. So kann zum Beispiel eine Konferenz in einem Heim lange über die Probleme eines jungen Menschen scheinbar fachlich diskutieren, ohne das jemand den Eindruck hat, dass eine Klärung zustande kommt, bis dann in einer Phase von Offenheit deutlich wird, dass eigentlich besprochen werden müsste, warum dieser junge Mensch gegen den Willen der Pädagogen in der Einrichtung aufgenommen wurde.

Verantwortlich für die Schwierigkeit in einer Gruppe das Interesse und die Figur zu erkennen, ist unter anderem die Kommunikation auf verschiedenen Ebenen und mit verschiedenen Ausdrucksmitteln. Menschen sind eben nicht nur sachlich in ihren Mitteilungen, sondern informieren oft gleichzeitig über ihre Beziehung zum anderen, teilen etwas über sich selbst mit und wollen auch noch etwas mit ihrer Mitteilung erreichen. Sie äußern sich dabei nicht nur verbal, sondern auch mittels Tonfall, Gestik und Mimik.

Die daraus resultierende Wirkung von Kommunikation ist von so grundlegender Bedeutung, dass sie der sorgfältigen theoretischen und praktischen Betrachtung bedarf. In der gestaltpädagogischen Fortbildung nimmt sie einen breiten Raum ein.

Einfluss von Macht und Kommunikation

In jeder Gruppe entstehen Erwartungen an andere Menschen und damit die Bereitschaft, ihnen gegenüber gemäß diesen Erwartungen zu reagieren und von ihnen Reaktionen entsprechend den Erwartungen abzufordern. Diese Erwartungen und Reaktionsbereitschaften haben Einfluss auf die Verteilung von Macht, sowie auf die Wege und die Form der Kommunikation. Machtverteilung, Kommunikationswege und -formen werden oft als Strukturen bezeichnet und ihnen wird so etwas Statisches unterstellt. Diese „Strukturen" sind aber keine unveränderbaren Größen, sondern sie sind per offener oder verborgener Definition entstanden und zeitlich begrenzt. Sie unterliegen der ständig sich wandelnden Willensbildung der beteiligten Menschen, auch wenn dies oft anders erscheint. Da sie durch Menschen geschaffen sind, können sie durch Menschen auch wieder verändert werden, selbst wenn es manchmal erheblicher Kraftanstrengung und Opfer bedarf.

Sind Machtverhältnisse aber erst einmal akzeptiert oder besser: Besteht innerhalb einer Gruppe ein Konsens in den Erwartungen, dann beeinflussen diese im weiteren Gruppenprozess die Möglichkeit eines jeden Gruppenmitgliedes, seine eigenen Interessen anzumelden und durchzusetzen. In einer hierarchisch strukturierten, repressiven Gemeinschaft wird der Einzelne nur wenig von seinem individuellen Interesse gegen die herrschenden Regeln und Normen befriedigen können. In einer solchen Gemeinschaft werden viele Bedürfnisse unbefriedigt bleiben, so dass in der Folge ein Potential an Energie entsteht, das sich gegen die unterdrückenden Bedingungen wendet.

Kommunikationswege und/oder Kommunikationsformen spiegeln Herrschaften wieder und können helfen, sie zu stabilisieren oder zu destabilisieren. Unterdrückende Mechanismen verlieren mit der Zunahme an Offenheit der Kommunikation an Wirkung[38]. Je offener die Diskussion, desto schwerer ist es, eine von der Gemeinschaft nicht getragene Führerschaft beizubehalten. Dies ist der Grund, warum Despoten versuchen eine offene Kommunikation zu unterbinden und insbesondere Kritik an den bestehenden Machtverhältnissen zu sanktionieren. Sie glauben, auf diese Weise die individuelle Interessenbildung der Gruppenmitglieder verhindern und dauerhaft herrschen zu können, um ihre eigenen Interessen zu verfolgen. Und sie erkennen dabei nicht, was für die dauerhafte Führung einer Gruppe wesentlich ist, nämlich dass sie durch die Gruppe akzeptiert werden müssen. Akzeptiert werden sie aber nur, wenn sie nicht den Interessen der Gruppe zuwiderhandeln, sondern wenn ihre Führerschaft von vielen Mitgliedern der Gruppe als vorteilhaft angesehen und akzeptiert, wenn nicht sogar gewünscht wird. Durch die Geschichte wird bewiesen, dass Diktaturen nicht von Dauer sind. Auch das „Tausendjährige Reich" währte nur wenige Jahre. Diktaturen halten den Gegenkräften niemals stand, selbst wenn sie während ihrer Existenz übermächtig erscheinen und riesigen Schaden anrichten.

Auch wenn ich hier geschichtliche Ereignisse zitiere, besteht die Wirkung von Macht und Kommunikation nicht nur bei großen Gruppen oder bei Völkern, sondern auch bei den relativ kleinen Gruppen in der Jugendhilfe. Auch der jugendliche Anführer einer Clique oder Wohngruppe versucht Einfluss zu nehmen, der seine Position bewahrt und stärkt. Wenn er von einem Gruppenmitglied in Frage gestellt wird, wird er eventuell das Gespräch mit ihm verbieten und einschränken oder er wird ihn eine Weile aus den Aktivitäten der Gruppe ausschließen, er wird ihm bestimmte Äußerungen untersagen oder seine Kritik lächerlich machen. Bei den Jugendlichen in unserer Betreuung finden wir auch die Androhung von körperlicher Gewalt als Sanktionsmittel. Dabei droht der Anführer nicht mit Worten die sinngemäß lauten: „Gehorche mir oder ich haue dich", sondern die eher eine auf aktuellem Jugenddeutsch verfasste Aussage haben, wie: „Unterlass deine Äußerungen oder du bekommst Prügel". Er versucht damit intuitiv die destabilisierende Tendenz der Kommunikation zu unterdrücken. Für ihn geht die Gefahr nicht von dem Einzelnen an sich aus, sondern von dessen verbaler Darstellung mit der er seine Autorität untergraben sieht.

Natürlich kann er auf diese Weise die Unzufriedenheit mit seiner Führung nicht abbauen, sondern sie lediglich unterdrücken. Wenn ihm dies nicht gelingt und sogar weitere Gruppenmitglieder an ihm zu zweifeln beginnen, dann wird er seine Position irgendwann aufgeben müssen.

Einerseits ist der Figurbildungsprozess der schwierigste Vorgang in einer Gruppe und andererseits ist die Handlung der Gruppe je effektiver und die Zufriedenheit ihrer Mitglieder umso höher, desto besser die Bildung einer gemeinsamen Figur gelingt. Leider verhindern oder erschweren aber restriktive Machtverhältnisse und Kommunikation die gemeinschaftlichen Interessen- und Figurbildungen, die der Gruppe optimale Befriedigung verschaffen würden. In aller Regel wird nur das Bedürfnis nach Sicherheit und Orientierung berücksichtigt, wenn einengende Normen und Regeln vorgegeben werden. Da die Jugendlichen in der Jugendhilfe oft repressive

---

[38] *Nicht umsonst zeigt sich die chinesische Regierung über die Zunahme an Internetanschlüssen im eigenen Lande besorgt.*

Verhältnisse kennengelernt haben und Alternativen nicht kennen oder ihnen nicht vertrauen, behalten sie entsprechende Verhaltensmuster bei und installieren in ihren Gemeinschaften immer wieder die bekannten Herrschaftsverhältnisse. Repressive Zustände sind aber nicht nur aus moralischen, sondern auch aus pädagogischen Gesichtspunkten abzulehnen, weil sie soziales Lernen und Persönlichkeitsentwicklung erschweren oder sogar verhindern, indem sie nicht nur die freie Interessentwicklung der Gesamtgruppe, sondern auch die jedes einzelnen Gruppenmitgliedes stören. Der Gestaltzyklus des Erlebens kann so bei den einzelnen Gruppenmitgliedern und auch bei der gesamten Gruppe nicht in angemessener Weise verlaufen.

Am Beispiel:

In einer Wohngruppe von jüngeren Jugendlichen in unserer Einrichtung war Rene „der Neue". Die Wohngemeinschaft bestand in der alten Zusammensetzung schon verhältnismäßig lange und es hatten sich feste Strukturen herausgebildet, in denen ein Junge, er hieß Roland, eine zentrale Position einnahm. Häufig war er es, der die Entscheidungen der Gruppe massiv beeinflusste. Oft bemerkten die anderen Jugendlichen nicht, dass er sie für seine Interessen ausnutzte. Rene war dagegen zurückhaltend und ängstlich. An einem heißen Sommertag beschloß Roland, dass die Gruppe schwimmen gehen sollte. „Seine" Gruppe war nicht ganz damit einverstanden, denn eigentlich wollte sie gern Renes Geburtstag feiern, nicht weil sie mit Rene sympatisierte, sondern weil es Schokoladenkuchen gab. Rene selbst hatte sich auf „seinen" Tag gefreut und darum sichtlich Angst, dass Roland ihm diesen wegnehmen könnte. Die Betreuer motivierten Rene, sein Interesse zu äußern. Zaghaft tat er dies auch, erntete von Roland aber eine Abfuhr, der sagte: „Für Kaffee und Kuchen ist es viel zu heiß. Wir wollen lieber schwimmen". Er wartete den weiteren Prozess gar nicht erst ab, sondern schwang sich auf sein Rad und fuhr los. Nach einer Weile wurde deutlich, dass er seine Machtprobe gewann. Ein Gruppenmitglied nach dem anderen fand einen Vorwand, hinter Roland her zu radeln. Letztendlich machte sich auch Rene auf den Weg und als letzte folgten die Betreuer, die ihre Aufsichtspflicht beim Baden nicht vernachlässigen wollten.

Es war offensichtlich, dass die Gruppe von Roland unterdrückt und für seine eigenen Interessen ausgenutzt wurde. Es entstand sogar der Eindruck, dass die Betreuer die Verhältnisse in der gemeinsamen Gruppe von Jugendlichen und Erwachsenen mittrugen. Es hatte den Anschein, dass lediglich Roland erreichte, was er wollte. Wenn dies so war, warum ließen sich die Gruppenmitglieder das bieten?

Zur Beantwortung dieser Frage möchte ich noch einen kleinen Umweg machen, der uns bei der Antwort helfen soll. Ich möchte dabei zwei Aspekte von Gruppendynamik näher beleuchten:

Die Dynamik bei der Auflösung und der Strukturveränderung einer Gruppe.
Normalerweise sind Gruppen wenig kohärent in denen die Interessen der Mitglieder (noch) nicht befriedigt sind. Sie verändern unter diesen Bedingungen ihre gegenseitigen Erwartungen, verändern damit ihre Machtverhältnisse und ihre Kommunikation und wenn dies noch nicht genügt einen kohärenteren Zustand zu erreichen, lösen sie sich unter Umständen sogar auf. In der stationären Jugendhilfe sind die Gruppen

aber Zwangsgemeinschaften und die Auflösung einer Gruppe liegt wesentlich weniger im Rahmen ihrer eigenen Möglichkeiten, als dies bei einem freiwilligen Zusammenschluss der Fall ist. Natürlich können auch diese jungen Menschen erreichen, dass ihre Gemeinschaft aufgelöst wird, aber hierfür benötigen sie schon einen außerordentlichen Aufwand. Dieser Aufwand beinhaltet dann in der Regel besonders problematisches Verhalten wie dauerndes Weglaufen, massive körperliche Aggressivität oder offene Auflehnung der Gruppe gegen die Betreuer.

Gruppen sorgen für ihre Bedürfnisbefriedigung. Sie können dabei Probleme lösen, die in ihrer Umgebung vorhanden sind und sie können die Ursachen des Mangels an Bedürfnisbefriedigung beheben, der in ihren internen Verhältnissen zu finden ist. Unbefriedigte Bedürfnisse sind sogar die motivationale Grundlage der Dynamik einer Gruppe. Wendet ein Gruppenführer beispielsweise Zwangsmittel gegen seine Gruppe an, um seine eigenen Bedürfnisse durchzusetzen, kann ihm die Gruppe seine vorteilhafte Position als Führer streitig machen und nehmen. In diesem Fall wirken sich die unterdrückten Bedürfnisse als Aggressionspotential aus, dass den Unterdrücker trifft und dass er nur, wenn überhaupt, mit Gegenaggression beherrschen kann.

Eine funktionierende Gruppe befindet sich permanent in einem Zustand, den Carl Rogers im psychischen Prozess einer einzelnen Person als ein fließendes Gleichgewicht umschrieben hat[39]. In diesem Zustand führt ein entstehendes Bedürfnis in der Gruppe zu einem Potential, dass auf eine Gruppenentwicklung drängt. Dieses Potential wird im weiteren Gruppenprozess berücksichtigt und führt zu einem Veränderungsprozess der verschiedenen Bedingungen in der Gruppe, bis das Bedürfnis befriedigt ist. Die Gruppe wird in ihrer Existenz dabei nicht in Frage gestellt.

Aber zurück zu unserer Frage, warum die Gruppe der jungen Menschen in unserer Einrichtung sich von Roland solch ein Verhalten bieten lässt. Ich habe, ausgehend von den eben beschriebenen Theorien, die Vermutung, dass er trotz seiner auf den ersten Blick negativen Erscheinung ein Bedürfnis der Gruppenmitglieder besser befriedigen kann, als jeder andere in der Gruppe und auch besser als die Betreuer. Meine Erklärung ist folgende: Handelt es sich bei den Mitliedern einer Gruppe um Menschen, die unsicher sind und nach Orientierung suchen, dann sind sie eher bereit, sich fremdbestimmen zu lassen, bringen wesentlich weniger Energie für die Veränderung der Machtverhältnisse auf und sind eher bereit, jemandem auch unangenehmen Einfluss zuzugestehen, um sich an seine starke Führerperson anlehnen zu können, die Sicherheit vermittelt. Nach meiner Vermutung war es genau dies, was Roland zu bieten hatte. Und stark und erfolgreich war sein Auftreten zweifellos. Er gab sich selbstsicher und unabhängig, mit dem Ergebnis, dass ihm letztlich die ganze Gruppe einschließlich des Betreuerteams folgte.

Gruppen haben die Tendenz, sich von einem Führer repräsentieren zu lassen. Mir fällt bei meiner Arbeit immer wieder auf, dass in den Betreuerteams, in den Gruppen

---

[39] ebenda

von Jugendlichen und auch in der Gesamtgruppe von Pädagogen und Jugendlichen einige Personen mehr Einfluss haben als andere und dass jemand wesentlich die Entscheidungen beeinflusst. Oftmals sind gerade in den stark geleiteten Gemeinschaften erstaunliche Leistungen möglich, die dort nicht entstehen, wo Pädagogen mit dem Ziel, demokratische Prinzipien zu vermitteln, Führerschaften zu verhindern suchen. Solche Erfolge sind natürlich verführerisch. Sie legen nahe zu glauben, dass ein demokratisches Prinzip in einer Gruppe schwieriger Menschen versagen müsse und eine autoritäre Führung eher zum Ziel führe. Aber sowohl in dem Versuch, Führerschaften grundsätzlich zu verhindern, als auch in der kategorischen Ablehnung des demokratischen Prinzips sehe ich Fehler.

Bei der autoritären Durchsetzung von Entscheidungen mögen Entschlüsse und Aktionen zwar schneller und scheinbar eindeutiger zustande kommen, sie repräsentieren aber mehr die Machtverhältnisse, als die Gruppenentscheidung. Eventuell herrscht „Ruhe im Laden" und vermutlich wird das Bedürfnis der Gruppe nach Orientierung und Sicherheit durch Stärke befriedigt, aber eben nicht die Schwäche der Gruppenmitglieder in der Auseinandersetzung subjektiver Bedürfnisse behoben. Es wird vielmehr die Bereitschaft zu unreflektierter Gefolgschaft geschaffen oder gestärkt. Auf diese Weise wird mit autoritären Verhältnissen immer wieder die Argumentationsgrundlage für deren Beibehaltung selbst gelegt. Es gilt dann das Credo aller Diktatoren, welches lautet: „Das Volk ist unmündig und nicht fähig zur Selbstbestimmung, darum darf es sich nicht selbst bestimmen". Ich füge hinzu: ...und wird es auch nie lernen.

Die autoritär orientierte Pädagogin verwechselt Weg und Ziel. Die oberflächliche Ruhe und Eindeutigkeit in der Gruppe für den Augenblick entsteht auf Kosten der Entwicklung freier Willensbildung und darf darum kein pädagogischer Weg sein. Ein Pädagoge muss in der Lage sein, an dieser Stelle auch aus der fatalen Geschichte unseres deutschen Volkes zu lernen. Er muss den jungen Menschen den Entwicklungsprozess zu Selbständigkeit und Eigenverantwortung zugestehen und ihn fördern, unter anderem auch damit sich die traurige Vergangenheit nicht wiederholt. Dabei muss er die Unsicherheit unklarer Interessenlage und die Möglichkeit von Misserfolgen aushalten können. Er muss die Fähigkeit jedes einzelnen Gruppenmitgliedes fördern, den eigenen Willen zu erforschen, in die Gruppe einzubringen, sich hierfür auch stark zu machen und andererseits bereit zu einem Kompromiss zu sein, der für die ganze Gruppe von Vorteil ist.

Das Ziel eines demokratischen Erziehungsstils ist andererseits aber auch verfehlt, wenn ein Pädagoge Führerschaften grundsätzlich verhindern möchte. Er muss vielmehr zwischen einer autoritären und einer autoritativen Leitung seiner Gruppe unterscheiden lernen. Autoritative Führer haben in ihren Gruppen wesentliche Funktionen, die ihnen die Gruppe aufgrund ihrer persönlichen Eigenschaften überlässt. Gruppen legen sich Führer zu und wählen sie auch wieder ab. Dies ist ein natürlicher Vorgang in jeder Gruppe in der die Dynamik nicht gestört ist. Von der Gruppe gewählte Führer repräsentieren deren Ideale und Interessen, helfen so bei der Orientierung und machen die Gemeinschaft effektiver. Sie bleiben so lange in ihrer Position wie sie ihre Aufgabe angemessen erfüllen. Verändern sich die Interessen der Gruppe, aber nicht gleichermaßen die Repräsentation des Führers, dann entsteht aus der Diskrepanz eine Energie, die auf den Wechsel in der Führung zielt.

Ein autoritativer Führer hat in seiner Haltung und Vorgehensweise deutliche Unterschiede zu einem Despoten, der mit Zwangsmitteln die Gruppe unter seinem Einfluss zu halten versucht oder mit einem Angebot an scheinbarer Sicherheit fremdbestimmt. Der Despot ist gerade deshalb despotisch, weil er wesentliche Belange der Gruppe übergeht, nicht die Interessen der Gruppe im Auge hat, sondern seine eigenen.

Die Unterstützung der Interessenfindung und Figurbildung
Für die Unterstützung der Interessenfindung und Figurbildung in der Gruppe gibt es erprobte Konzepte, die zum Beispiel auf die Verbesserung der Kommunikation oder die Vermittlung von konstruktivem Umgang miteinander zielen. Diese Konzepte sind keine „Backrezepte", sondern beschreiben Prinzipien und müssen darum durch den Pädagogen oder den Therapeuten noch an konkrete Situationen angepasst werden. Wie effektiv diese Hilfen dann sind, hängt wesentlich von der Sensibilität, der Erfahrung und der Kreativität des Gruppenbetreuers ab. Diese Fähigkeiten lassen sich natürlich nicht theoretisch erwerben, sondern erst die Teilnahme an Kommunikationstrainings und das Erproben in der Praxis vermitteln die Erfahrung, die Voraussetzung für eine einfühlsame und wirksame praktische Anwendung ist. Wiederum muss ich auch für die pädagogische Arbeit in Gruppen feststellen:

Erziehen ist eine Kunst.

Für einzelne Methoden der Kommunikationsverbesserung möchte ich auf die Autoren Watzlawick[40], Fittkau[41] oder Schwäbisch und Siems[42] verweisen. Ebenfalls wichtige Anregungen für grundsätzliche Vorgehensweisen in Gruppen habe ich aus dem Konzept der Themenzentrierten Interaktion von Ruth Cohen entnommen. Anregungen für spielerische Möglichkeiten, Gruppen an ein Lernen heran zu führen, entnehme ich gern verschiedenen Spielekarteien.

Kommunikationshilfen in Beziehungen und Gruppen sollen der Beseitigung von Kommunikationsmängeln und -störungen dienen. Sie bestehen zum Beispiel aus der Vermittlung von Kommunikationsregeln oder aus der Beschreibung von Auswirkungen der Kommunikationsstörungen. Der Helfer fördert beispielsweise die Kommunikationsfähigkeit in der Gruppe, indem er den Vorteil von Umgangsregeln im Gespräch darstellt, ihre Anwendung vorschlägt und auf Verstöße und ihre Folgen hinweist. Er richtet seine Interventionen auf problematische Kommunikation und macht sie bewusst, indem er sie hervorhebt und ihre Auswirkungen auf sich und

---

[40] WATZLAWICK, Paul (Hg.) et al.: *Menschliche Kommunikation. Formen, Störungen, Paradoxien* (1969).
[41] FITTKAU, B. (Hg.) et al.: *Kommunizieren lernen (und umlernen).* Aachen (1994).
[42] SCHWÄBISCH, L.; SIEMS, M. R.: *Anleitung zum sozialen Lernen für Paare, Gruppen und Erzieher: Kommunikationstraining und Verhaltenstraining.* (1992).

andere beschreibt. Konkret kann er beispielsweise vorschlagen, dass alle sich gegenseitig ausreden lassen, keine Behauptungen über andere aufzustellen, sondern eigene Wahrnehmung und Emotionen äußern, Wünsche direkt ansprechen etc. Darüber hinaus kann er den Entwicklungsprozess der Gruppe fördern, indem er einzelne Gruppenmitglieder zur Meinungsäußerung ermutigt, ihren Beitrag hervorhebt und vieles mehr. Die Eingriffe des Betreuers sind nicht zwangsläufig auf die Inhalte der Kommunikation selbst gerichtet - er muss nicht versuchen den Inhalt einer Diskussion oder eine spezielle Meinung zu beeinflussen und schon gar nicht Entscheidungen manipulativ erzeugen - sondern er leistet vielmehr die Moderation von eigenständigen Lösungsversuchen der Gruppe.

Kommunikationsverbesserung und Themenzentrierte Interaktion zielen grundsätzlich auf den offenen Austausch über die Bedürfnisse, den Verzicht auf die Unterdrückung von Meinungsäußerungen einzelner oder Minderheiten, auf ein hohes Maß an Selbstbestimmung jedes einzelnen Gruppenmitgliedes und auf die Bereitschaft, Standpunkte an eine sich verändernden Sachlage anzupassen. Es soll eine funktionierenden Gruppe angestrebt werden, in der verschiedene Gruppenmitglieder voneinander abweichende Interessen haben können, in der es Gruppenmitglieder geben kann, die in ihrem subjektiven Prozess schneller oder intensiver sind als andere, in der aber diese Unterschiede nicht zu einer Frage von Sieg und Unterdrückung führen, sondern zu wechselseitiger Rücksichtnahme und Akzeptanz.

Voraussetzung für eine situationsangemessene pädagogische oder therapeutische Unterstützung einer Gruppe bei ihrer Interessenfindung und Figurbildung ist eine gute Hypothese über das, was die Gruppe derzeit so sein lässt, wie sie ist. Häufig gelingt diese Hypothesenbildung der Helfern deshalb nicht, weil sie durch eigene Interessen oder eigene Betroffenheit abgelenkt ist, ohne sich dem bewusst zu sein. Sie vernachlässigt vielleicht in dieser Situation ihren eigenen Bewusstheitsprozess und lässt sich vorschnell und nahezu reflexartig auf eine Reaktion ein, die zum Beispiel einer ihrer unverarbeiteten Erfahrungen in Gruppen oder ihrer Angst gegenüber schwierigen Prozessen entspricht, beziehungsweise von der Identifikation mit irgendeinem oder irgendeiner betroffenen Jugendlichen motiviert ist. Wenn ich zum Beispiel mit meinem Interesse bei einem einzelnen Gruppenmitglied bin, dann bin ich neugierig auf seinen Prozess. Ich vernachlässige diese Neugier, wenn ich mich zur Aufmerksamkeit auf die Gruppe zwinge. In diesem Fall halte ich es für schlecht, mich nicht auf meine Neugier einzulassen. Einmal angenommen, ich würde aber regelmäßig und immer wieder Desinteresse für den Prozess in meinen Fortbildungsgruppen haben, dann müsste ich mir die Frage stellen, ob ich mir die richtige Aufgabe gewählt habe und ob ich nicht mit einer meiner eigenen unverarbeiteten persönlichen Geschichten der Entwicklung meiner Gruppen im Wege stehe.

Ein Beispiel für die Folgen einer problematischen Identifikation von Helfern mit ihrer Klientel ist in meinem obigen Beispiel von Rene gegeben. Meines Erachtens ist er das Opfer einer Identifikation, bei der die Pädagogen mit ihm litten und sich wünschten, dass er sich doch durchsetzen und dabei noch den Roland in die Schranken weisen möge. Die eigene übermäßige Betroffenheit, eventuell entstanden bei eigenen schlechten Erlebnissen als Jugendliche, behinderte bei den Pädagoginnen den klaren Blick auf die Vorgänge in der Gruppe. Sie waren offensichtlich, ohne sich dessen bewusst zu sein, mit ihren eigenen Emotionen, ihrer Betroffenheit beschäftigt und ließen sie zum Gegenstand ihrer Handlungen werden. Sie glaubten, als sie Rene zur Gegenwehr gegen Roland aufforderten, etwas für den Jugendlichen oder für die Gruppe zu tun, obwohl sie eigentlich etwas für sich selbst taten. So konnte Rene gar nicht erfolgreich agieren, denn er hatte ja nicht die Durchsetzungsfähigkeit eines Erwachsenen.

Ich will nicht missverstanden werden. Die Betroffenheit eines Helfers ist keine negative Reaktion, keine unverzeihliche Schwäche, sondern ein sehr natürlicher Vorgang, der von Vorteil sein kann. Auch im Umgang mit seinen eigenen Emotionen kann der Helfer ein gutes Modell sein und seine Emotionen können ihm viel über die Vorgänge in einem Jugendlichen und einer Gruppe verraten, wenn er sie als Reaktion darauf begreift[43]. Lediglich die Verleugnung der eigenen emotionalen Reaktionen oder das unbewusste Umgehen mit ihnen kann sie zum Problem werden lassen. Gruppentherapeuten oder Pädagogen sind gut beraten, sich für ihre Betroffenheit sensibel zu machen, sie zu akzeptieren und mit ihr, wann immer möglich, offen umzugehen. Die Methode der Psychoanalyse hat gezeigt, dass die eigene Betroffenheit (oder auch Gegenübertragung) ein wichtiges Maß zur Bildung von Hypothesen ist, wenn ich als Helfer ihre Herkunft aus mir selbst akzeptiere und nicht davon ausgehe, dass es anderen zwangsläufig ebenso wie mir gehen müsste.

Als Betreuerin und Betreuer kann man seine Betroffenheit durchaus der Gruppe mitteilen, ohne dabei einen Verlust an Akzeptanz hinnehmen zu müssen. Im obigen Beispiel kann ein Pädagoge der Gruppe sagen: „Ich bin sauer, weil ihr jetzt den Rene übergeht und euch von Roland so beeinflussen lasst". Oder: „Ich bin traurig, weil ich die Geburtstagsfeier vorbereitet habe und ihr mich jetzt mit dem Kuchen hier hängen lassen wollt". Mit diesen Äußerungen stellt sich der Pädagoge einerseits menschlich dar, übernimmt Verantwortung für sich selbst, gibt zudem ein positives Modell für die Jugendlichen und hat eventuell den Erfolg, dass andere Jugendliche sich umorientieren oder aber seine weiteren Entscheidungen, auch wenn sie sie ärgerlich machen, zumindest nachvollziehen können.

Will der Pädagoge die pädagogische Chance einer Situation nutzen, dann muss er eine Hypothese entwickeln, welche Ursachen für das Gruppenverhalten bestehen mögen. Im obigen Beispiel kann er versuchen, zu verstehen, warum die Gruppe weiter zu Roland hält. Er kann sich einer der folgenden Fragen stellen: Wie würde es mir in dieser Gruppe gehen? Was hätte ich von Rolands Verhalten? Was könnte er mir bieten, wenn ich in dieser Gruppe wäre? Wenn er eine Vorstellung für die Bedürfnisse entwickelt hat, kann er versuchen, der Gruppe Alternativen für deren Befriedigung anzubieten, die ihm akzeptabler erscheinen. Oder er kann Roland Alternativen anbieten, seine Bedürfnisse anders zu befriedigen. Vielleicht gelingt es ihm auch, der Gruppe verständlich zu machen, was sie an Roland bindet und mit ihr gemeinsam nach einem Ausweg für alle zu suchen. Der wohl schwierigste, wenn auch am Ende effektivste Weg ist aber, der Gruppe Unterstützung zukommen zu lassen, dass sie selbst ihre auf Roland gerichteten Bedürfnisse erkennt, hierzu auch

---

[43] *Die Psychoanalyse hat dieses Geschehen als Wechselspiel von Übertragungen verstanden und mit dem Verstehen des Übertragungs- /Gegenübertragungsspiels eine Grundlage für ihr Wirken geschaffen.*

die Ambivalenz im eigenen Erleben zu entdecken und eine gemeinsam getragene Lösung zu suchen. Im Beispiel hieße das, nicht ausschließlich Rene zu unterstützen, sich für seine Wünsche einzusetzen, sondern die gesamte Gruppe zu fragen, was sie jetzt lieber tun möchte: Mit Rene Schokoladenkuchen essen oder hinter Roland herfahren.

Wenn diese Frage gut an die Gruppe herangetragen wird, in einer Weise, die dem Kommunikationsstil der Gruppe Rechnung trägt, dann werden die verbalen und auch nonverbalen Reaktionen aus der Gruppe vermutlich unterschiedlich sein und somit die ambivalente Haltung ihrer Mitglieder deutlich machen. Wenn der Gruppenbetreuer seine Sensibilität für alle Bereiche der menschlichen Reaktionen entwickelt hat, dann kann er diese Ambivalenz im Gruppenverhalten erkennen und sie optimal im pädagogischen Entwicklungsprozess der Gruppe nutzen. Er kann die Haltung jedes einzelnen Gruppenmitgliedes fördern, auf die verschiedenen Ansichten und Interessen in der Gruppe aufmerksam machen, die Frage an die Gruppe richten, was für die eine und für die andere Entscheidung spricht. So verlegt er die Auseinandersetzung in die Gruppe selbst, ist nicht gezwungen sich mit einer Gegenmeinung in die Opposition zu stellen. Er kann sich dann um die Moderation des Prozesses bemühen.

Es ist, um im Beispiel zu bleiben, gut möglich, dass aus der Gruppe der Vorschlag kommt, doch einfach gleich den Kuchen zu essen und danach zum Baden zu fahren. Dieser Kompromißvorschlag beinhaltet anscheinend beide in der Gruppe konkurrierenden Interessen. Eventuell geht Roland auf diesen Vorschlag ein und eine Lösung ist erreicht. Geht er hierauf aber nicht ein, dann kann der Pädagoge weiter fragen, wie das einzelne Gruppenmitglied oder auch die Gruppe die Ablehnung erlebt, ob damit alle auch zufrieden sind. Egal wie letztendlich die Entscheidung der Gruppe verläuft, hat sie mit dieser Vorgehensweise die Chance bekommen, ihre individuellen Interessen deutlicher zu erfahren und anzusprechen. Sie wird in Zukunft den Entscheidungsprozess bewusster wahrnehmen und zu irgendeinem Zeitpunkt auch die Führerschaft von Roland in dieser Form nicht mehr akzeptieren.

Eigene Gruppenerfahrungen (Ü)

Wie jemand die Gruppe erlebt, die er betreut, hängt auch von seinen eigenen Gruppenerfahrungen ab, die Einfluss auf seine Erwartungen und Reaktionsbereitschaften haben. Die Vorgänge in der Gruppe bewusst zu erleben, sich der eigenen früheren Gruppenerlebnisse bewusst zu sein, negative soziale Erlebnisse zu verarbeiten und nicht zu verdrängen, hat darum ganz erheblichen Einfluss auf ein erfolgreiches pädagogisches und therapeutisches Agieren.

Nehmen Sie sich Zeit für die folgende Übung. Lesen Sie einen Satz nach dem anderen und lassen Sie ihn auf sich wirken. Zur Einleitung möchte ich ein Beispiel aus meinem eigenen Erleben beschreiben:

Als ich eben an das Wort „Gruppe" gedacht habe, erinnerte ich mich an meine Klassengemeinschaft in der Grundschule und danach an meine Fußballmannschaft in dem Dorf, in dem ich früher wohnte. Im Zusammenhang mit der Grundschulklasse fällt mir ein, dass ich nicht gern zur Schule ging, dass ich in einer großen Klasse mit mehr als 30 Schülern war, dass ein unangenehmer Junge, dessen Name ich bis heute erinnere, aus dieser Klasse mich verprügelt hat, dass ich von einem Lehrer zu Unrecht geohrfeigt wurde und sich ein Teil der Klasse darüber amüsierte. Und dann fällt mir ein, dass eine kleine Gruppe in dieser Klasse sehr fest zu mir hielt. Dies war eine kleine Gemeinschaft von 4 Jungen, an deren Namen ich mich ebenfalls noch immer erinnere. In dieser Gemeinschaft habe ich mich wohl und sicher gefühlt. Und ich bemerke, dass ich noch heute eher die kleine Gemeinschaft suche und mich in Gruppen mit bis zu 10 Menschen am wohlsten fühle. In Gruppen mit einer Mitgliederzahl von ca. 30 Personen und mehr fühle ich mich hingegen eher unsicher.

Und bei der Erinnerung an meine Fußballmannschaft denke ich daran, wie schwer es war, hier einen eigenen Weg zu gehen. Es gab zum Beispiel einen ziemlich starken Druck, ordentlich beim Biertrinken mitzuhalten oder noch nach den Spielen am Wochenende im Vereinslokal zu bleiben. Dieser Druck hat mir das Vereinsleben vergällt und ich habe lange Zeit eine Vereinsmitgliedschaft gemieden. Gruppenzwänge bemerke ich heute sehr schnell und lehne sie ärgerlich ab.

Nehmen Sie sich nun Zeit, sich damit auseinanderzusetzen, was bei Ihnen ausgelöst wird, wenn Sie an Gruppen denken. Das Wort „Gruppe" wird bei Ihnen, ebenso wie bei mir, mit bestimmten Erinnerungen, Gedanken und Empfindungen verknüpft sein.

Welche Gruppen aus ihrer Vergangenheit und Gegenwart fallen Ihnen ein...? Haben Sie zu diesen Gruppen gehört oder haben Sie sie von außen erlebt...?

Zu welchen Gruppen haben Sie gern gehört oder gehören Sie noch gern? Zu welchen nicht...? Welche Erinnerungen und Empfindungen werden bei Ihnen wach...?

Welche Unterstützung haben Sie von Gruppen erfahren und welche Belastungen...?

Welche Position hatten Sie in den Gruppen inne…? Sind Sie eher ein Mitglied oder eher ein Führer...? Haben Sie Einfluss in ihren Gruppen gehabt...? Haben Sie heute Einfluss in ihren Gruppen...?

Haben sich bestimmte Ereignisse in verschiedenen Gruppen wiederholt...?

Ergänzen Sie die Fragen, wenn Sie möchten...

Machen Sie sich bewusst, dass Sie von ihren Gruppenerfahrungen in ihrem Umgang mit Gruppen und ihren jetzigen Empfindungen und ihrem jetzigen Verhalten in Gruppen beeinflusst werden...

5.5.2 Aktivierung

Einmal angenommen, die jugendlichen Gäste bei einer Geburtstagsfeier suchen nach einer interessanten Aktivität. Ihnen sind die Spielideen ausgegangen und nun werden Vorschläge eingebracht und bewertet, aber es kommt keine Idee so recht zum Zuge. Während die Gäste mit dieser Suche beschäftigt sind, ist der Gastgeber zum Supermarkt geeilt, weil die Getränke auszugehen drohten. Hier entdeckt er eine Spielsammlung, die günstig angeboten wird, nimmt sie mit und legt sie, zur Feier zurückgekehrt, auf den Tisch. Er selbst kümmert sich danach darum, dass die Getränke in den Kühlschrank kommen und bereitet etwas zu essen vor, während die

Gäste die Spiele auspacken und sich dann für eines entscheiden, dass sie spielen wollen. Andere, bisher unbeteiligte Gäste nehmen dies wahr und schließen sich dem Spiel an.

An diesem Beispiel wird der komplexe Prozess der Aktivierung in einer Gruppe deutlich: Während des Interessenfindungs- und Figurbildungsprozesses in der Gruppe, wird Energie aktiviert, die sich auf die Figur richtet. Dabei nimmt die Energie nicht in jedem Gruppenmitglied gleichmäßig zu und ist auch nicht unter ihnen gleich verteilt. Dies entspricht dem Vorgang in einem Organismus während der Aktivierung. Auch bei einem einzelnen Menschen ist nicht jedes Organ gleichermaßen an der Aktivierung beteiligt, sondern je nach Interesse und Figur steigt das energetische Potential im Körper insgesamt an und ist in verschiedenen Bereichen des Körpers unterschiedlich verteilt.

Es ist sogar denkbar, dass bei einzelnen Gruppenmitgliedern das Energieniveau absinkt, wenn sie sich in ihrem individuellen Erlebenszyklus auf den Entscheidungsprozess der Gruppe konzentriert haben, wenn zum Beispiel ihr wesentliches Interesse auf die Förderung dieses Prozesses gerichtet war. In diesem Fall ist ihr individueller Erlebenszyklus abgeschlossen, wenn die Gruppe ein gemeinsames Interesse gefunden hat. Sie haben dann ihre Energie aufgebraucht und nehmen an der eigentlichen Handlung nicht mehr teil. Genau so kann es Pädagogen im Umgang mit den Gruppen junger Menschen ergehen, weil ihr grundlegendes Interesse natürlich die Förderung des Gruppenprozesses und die Aktivierung der Gruppe sein soll. Jeder Mensch in der Gruppe leistet also einen individuellen Beitrag zum Gruppenprozess und erhält auch einen individuellen Ertrag.

Daran, wieviel Energie eine Gruppe für eine Sache aufbringt, kann man ablesen, wie gut ihre Interessenfindung und Figurbildung gelungen ist. Sind wenige in der Gruppe an einer Sache interessiert oder ist das Interesse bei allen nicht sehr groß, wird die Gruppe insgesamt nicht sehr viel Energie aufbringen. Wenn die Handlung der Teilnahme der ganzen Gruppe oder großer Teile der Gruppe bedarf, wird sie dann wenig energiereich ausgeführt und wenig Ertrag bringen oder eventuell ganz unterbleiben.

Eine Gruppe hat am meisten Ertrag von ihrer Aktion, wenn diese optimal ihren Interessen angepasst ist und wenn sie dabei einen guten Kontakt mit ihrer Figur hat. Dies bedeutet, dass sie in einer Phase der Interessenfindung ein gemeinsames Interesse erkennen und darauf aufbauend eine gemeinsame Figur finden muss, auf die sich die entstandene Energie konzentriert. Wenn Sie sich als Pädagoge zum Ziel setzen, die Gruppe bei diesem Prozess zu unterstützen und ihre eigenen Interessen in den Dienst dieses Prozesses stellen, dann wird die Handlung einer Gruppe nicht unbedingt von Ihnen mit vollzogen werden, denn ihre Energie verbraucht sich unter Umständen schon in der Unterstützung des Gruppenprozesses.

Der pädagogische Anspruch, den Gruppenprozess zu fördern und andere Interessen in den Hintergrund zu stellen, erfordert sehr viel Bewusstheit einerseits der Wahrnehmung der Gruppe und andererseits der eigenen Bedürfnisse. Können Sie unterscheiden, ob Sie die selbstbestimmte Aktivierung der Gruppe unterstützen wollen und dies ihr wesentliches Interesse ist oder ob Sie eigene Vorstellungen für Vorgänge in der Gruppe haben und eventuell selbst an einer Aktion der Gruppe interessiert sind, an der Sie teilnehmen wollen? Sind Sie sich im Kontakt mit der Gruppe jeweils ihrer konkreten Absicht bewusst?

Aktivierung der Gruppe (Ü)

Mit dieser Übung möchte ich die Wahrnehmung von Aktivierungsprozessen in der Gruppe verbessern helfen. Hierfür möchte ich ein Beispiel als Ausgangspunkt darstellen.

Angenommen, Sie sind Pädagogin in einem Team, zusammen mit 3 weiteren Kollegen/Kolleginnen. Sie betreuen 9 Jugendliche und junge Erwachsene im Alter von 15 bis 19 Jahren. Es ist schon zur Regel geworden, dass diese Gruppe, deren Zusammensetzung sich freilich immer wieder ändert, jedes Jahr in der Ferienzeit eine Reise unternimmt, an der auch alle Pädagogen teilnehmen. Diese Reisen haben Ihnen und ihren Kollegen immer wieder viel Kraft gekostet und sie hatten in vielen Situationen den Eindruck, dass sie die jungen Menschen erst motivieren mussten und wenig an Eigeninitiative antrafen.

Dieses Jahr hat ihr Team beschlossen, dass die Gruppe nicht wie letztes Jahr zu einer Reise gedrängt werden soll. Sie soll selbst herausfinden, was sie in der Ferienzeit machen möchte. Dieser Entschluss ist ihrem Team dennoch schwer gefallen, denn trotz aller Mühen machten ihnen die Reisen auch Spaß und sie entsprachen auch ihren pädagogischen Ansprüchen an sinnvolle Gruppenaktivitäten.

Bitte versetzen Sie sich in diese Situation hinein und fragen Sie sich, ob Sie sich an den Beschluss wirklich zu halten vermögen. Wird Ihnen, wenn Sie sich mit der Gruppe auseinandersetzen wohl jeweils bewusst, ob Sie deren Interessenfindungs- und Figurbildungsprozess fördern wollen, auch wenn dies zum Beispiel auf eine langweilige Spielaktion auf dem Gelände hinaus laufen kann oder einfach auf die Entscheidung zu faulenzen und nichts zu unternehmen. Angenommen, Sie haben ein eigenes Interesse an einer Ferienreise und möchten diese gern wieder mit der Gruppe unternehmen. Meldet sich dann nicht dieser Wunsch sehr wahrscheinlich immer wieder und beeinflusst ihre Handlungen?

Wenn ihr Interesse mehr bei ihren eigenen Wünschen für die Aktion der Gruppe ist, dann werden Sie weniger Aufmerksamkeit für den Aktivierungsprozess der Gruppe haben. Sie versuchen dann vielmehr die Gruppe in ihren Dienst zu stellen, als der Gruppe dienlich zu sein. Ohne ihre Hilfe und eventuell sogar durch Ihr eigenes Interesse gestört, hat der Gruppenprozess aber weniger Chancen optimal zu verlaufen. Sie werden selbst viel Energie aufbringen müssen, damit die von ihnen beabsichtigte Aktion erfolgreich sein kann. Es kann dann passieren, dass Sie die Vorbereitungen für die Reise allein bewerkstelligen müssen, dass die jungen Menschen an den von Ihnen geplanten Aktionen am Ferienort nicht teilnehmen, dass Sie am Ende völlig erschöpft nach Hause fahren und erst einmal Urlaub benötigen.

Versuchen Sie darum bei ihrer Arbeit auf Folgendes zu achten, ...

- Schenken Sie dem Aktivierungsprozess der Gruppe genügend Aufmerksamkeit?
- Sind Sie bereit, der Gruppe wirklich ihre eigenen Interessenfindungs- und Figurbildungsprozess zuzugestehen?

- Unterstützen Sie die Interessenfindung und Figurbildung optimal.

Fragen Sie sich,...

- Schiebe ich nicht eine Menge an Befürchtungen vor, um dann doch eine eigene Vorstellung in der Gruppe durchzusetzen zu können?
- Traue ich der Gruppe einen konstruktiven Prozess zu?
- Traue ich mir zu, die Gruppe bei einem solchen Prozess zu unterstützen?
- Bin ich bereit, der Gruppe auch einmal einen Misserfolg zuzugestehen, an dem sie lernen kann.

Beobachten Sie, wieviel Energie Sie selbst für die Handlung der Gruppe aufbringen oder aufbringen wollen. Und fragen Sie sich, ob Sie selbst sehr viel tun müssen oder im Wesentlichen die Gruppe handelt? Wenn die Gruppe wenig beiträgt, dann ist der Aktivierungsvorgang schlecht verlaufen.

Der Einzelne in der Gruppe

Anders als eine einzelne Person kann die Gruppe bei einem geringen Energieniveau aber immer noch im Sinne eines Gruppeninteresses aktiv sein, indem sich nicht alle ihre Mitglieder an der Aktivität beteiligen, sondern indem einzelne Personen mit zum Beispiel unliebsamen oder speziellen Aufgaben betraut werden. Dies ist insbesondere wirkungsvoll, wenn die Aufgabe zwar allgemein in der Gruppe nicht beliebt ist, aber eine Vorliebe einzelner Gruppenmitglieder trifft.

Zum Beispiel ist die Arbeit im Haushalt einer pädagogischen Wohngemeinschaft nicht bei jedem Jugendlichen beliebt. Wenn ein Mitglied einer Gemeinschaft dennoch Spaß daran entwickelt, dann hat er gute Chancen, sich beliebt zu machen (leider aber auch manchmal verhöhnt zu werden). Reagiert die Gruppe mit Anerkennung, dann wird das Mitglied sicherlich motiviert, ein stabiles Interesse an der Hausarbeit zu entwickeln. Der Effekt wird noch verstärkt wenn die Aufgabe mit einer beachteten Begabung eines jungen Menschen zusammenfällt, die in der Gruppe zur Aufwertung führt. Auf diese Weise wird in Gruppen das Spezialistentum gefördert und die Zufriedenheit, Effektivität und Bedeutung der Gruppe wächst.

Pädagoginnen und Pädagogen werden meiner Erfahrung zustimmen, dass es für die jungen Menschen in der Jugendhilfe oft schwierig ist, eine gute Aktivierung in der Gruppe zu erreichen. Symptomatisch sind erhebliche Probleme schon bei der gemeinsamen Interessenfindung und Figurbildung. Sie haben fast ausnahmslos Beziehungsprobleme, die durch belastende Kindheitserlebnisse entstanden sind. Sie erlitten in früheren Beziehungen seelische und körperliche Verletzungen, und nun erleben sie menschliche Nähe und soziale Beziehungen als nicht oder wenig vorteilhaft, als belastend, ängstigend und gefährlich für ihre psychische Stabilität und eventuell sogar für ihre körperliche Unversehrtheit. Sie vertrauen nicht mehr darauf, gut behandelt oder berücksichtigt zu werden. Da sie aber dennoch Anerkennung benötigen, holen sie sich diese dadurch, dass sie die Gruppen zu denen sie gehören für egozentrische Selbstdarstellungen missbrauchen.

Je größer eine Wohngemeinschaft ist, desto stärker wird die Konkurrenz der Jugendlichen in diesem Verhalten, so dass die Befriedigung ihrer narzisstischen Bedürfnisse nur schlecht oder gar nicht gelingt. Die Befriedigung sozialer Bedürfnisse wird dabei fast unmöglich, gemeinsame Aktionen werden nur selten initiiert und sind durch die Pädagoginnen auch nur schwer anzuregen. Die Ängste können die jungen Menschen ohne Hilfe nicht äußern. Sie überdecken sie vielmehr mit Aggressionen und vorgespielter Stärke, provozieren dadurch wiederum Gegenaggressionen, so dass in den Wohngruppen viel Unzufriedenheit und Streit entsteht.

Die verschiedenen Bedürfnisse nach Gemeinschaft sind, wenn auch verborgen und verdrängt oder eben in egozentrische Selbstdarstellung umgeleitet, dennoch vorhanden. Ich glaube, dass die Jugendlichen sich Zuwendung und Wärme, Geborgenheit und Liebe wünschen, auch wenn sie sich dessen vielleicht nicht bewusst sind und es nicht direkt auszudrücken vermögen. Viele ihrer Verhaltensweisen sprechen dafür. Zum Beispiel suchen sie idealisierte Zweierbeziehungen zu Freund und Freundin, setzen sich Teddys auf ihr Bett oder halten sich lebende Schmusetiere. Ich mache in meiner therapeutischen Arbeit sehr gute Erfahrungen durch den Einsatz eines Therapiebegleithundes.

Auch das Maß an aggressiven Problemen ist ein Indikator für den Mangel an Befriedigung der zwischenmenschlichen Bedürfnisse. Für Pädagogen besteht darum die Aufgabe, den Jugendlichen zu helfen, ihre negativen Erfahrungen zu überwinden und wieder zu Gemeinsamkeiten zu finden, bei denen es um den Austausch von Zuwendung geht, in dem diese Zuwendung gegenseitig und freiwillig ist. Dabei benötigen die Jugendlichen erhebliche pädagogische Unterstützung, unter anderem weil sie bei Unsicherheit oder neuen Enttäuschungen leicht wieder in destruktive Verhaltensweisen zurückfallen und damit neue Verletzungen schaffen und erhalten.

Für andere Menschen etwas aufzubringen oder zu leisten, fällt oft den negativen Erinnerungen der Jugendlichen zum Opfer oder geschieht auf der Basis von unmittelbarer, meist materieller Gegenleistung. Ein Jugendlicher der etwas für die Gemeinschaft oder auch nur für einen einzelnen in der Wohngemeinschaft tut, ohne dieses Prinzip zu beachten, erhält keine Anerkennung, sondern muss damit rechnen, obendrein noch verspottet und abgelehnt zu werden. Er unterliegt zum Beispiel dem Verdacht, sich anbiedern zu wollen. Die Entwicklung von Spezialisten in der Gruppe kann so gebremst und eventuell sogar zur Ausnahme werden, die nur eintritt, weil ein Jugendlicher über eine besonders attraktive Fähigkeit verfügt (z.B. über besondere Körperkräfte). Eine Leistung für andere lässt sich unter diesen Bedingungen vom Pädagogen nur schlecht motivieren, weil sich für einen Jugendlichen, der auf die Motivierung eingeht, die Gefahr der Außenseiterrolle vergrößert.

Der gemeinsamen Aktivierung von Jugendlichen sind in der Jugendhilfe somit erst einmal sozialisationsbedingte Grenzen oder Hürden gesetzt, die es zu erweitern und zu überwinden gilt. Hierzu bedarf es neben der Sorge für positive Erfahrungen in der Gruppe auch der individuellen Behandlung und Auseinandersetzung mit den Verletzungen die die einzelnen Jugendlichen erlebt haben (siehe hierzu auch das Kapitel zu den neurotischen Störungen). In der Gruppe sind häufige Ermutigungen und Erleichterung von zwischenmenschlichen Kontakten nötig und andererseits müssen die Rechte des Einzelnen durch Grundregeln des Umgangs geschützt werden. Hierzu müssen auch schützende Eingriffe seitens der Betreuer erfolgen. Der Schutz des Einzelnen, zum Beispiel vor körperlichen Repressalien, steht somit dem Anspruch, der Gruppe das Selbstbestimmungsrecht einzuräumen, gegenüber und es ergibt sich eine Konkurrenz, die mit sorgfältiger Balance und zwischenmenschlichem Geschick ausgeglichen werden muss. Aber ohne den Schutz des Einzelnen ist die Grundlage für die Selbstbestimmung der Gruppe nicht gegeben: Wenn der Einzelne nicht geschützt ist, dann stellen sich nur allzu leicht restriktive Verhältnisse ein und die Funktionsfähigkeit der Gruppe ist nicht mehr gegeben[44].

Die Regeln des Zusammenlebens sollen dem Schutz der Mitglieder dienen und die Basisfunktionen der Gruppe sichern. In Jugendhilfe- und Freizeiteinrichtungen werden diese Regeln zumeist in Hausordnungen zusammengefaßt, die meines Erachtens oft missachtet werden. Um die Wirksamkeit von Regeln oder Hausordnungen zu gewährleisten, ist es von Vorteil, wenn nicht die Leitung einer Einrichtung oder die Betreuer einer Wohngruppe diese vorgeben, sondern die betroffene Gruppe selbst sie findet und formuliert. Ich habe die Erfahrung gemacht, dass sich auch eine schwierige Gruppe in einer schwierigen Situation mit pädagogischer Unterstützung solche Regeln selbst geben und sie dann sogar einfordern kann. Zwar entsteht aus solchen selbstformulierten Regeln noch nicht zwangsläufig eine Gewährleistung für ihre Einhaltung und für Frieden in der Gruppe, aber nach meinem Erleben können sie viel eher eine Grundlage für Konstruktivität bei Konflikten sein.

Am Beispiel:

In einer Wohngruppe der Einrichtung, in der ich früher tätig war, gab es ungewöhnlich viele Auseinandersetzungen, ohne das wir Pädagogen und Psychologen die konkrete Ursache hierfür kannten. Keiner der Jugendlichen schien mit dem anderen zufrieden zu sein und immer wieder wurden die Pädagogen und ich angesprochen, Hilfe zu leisten. Meistens dann, wenn jemand bei einer Auseinandersetzung blaue Flecke abbekommen hatte und nun „den Schuldigen" bestraft sehen wollte. Als es dann endlich einmal gelang, alle Jugendlichen zu einem Gespräch zusammen zu bekommen, machten sich alle zunächst untereinander Vorwürfe und keiner war bereit Verantwortung für eine Veränderung zu übernehmen.

Nach langem verbalen Kampf gelang es den Pädagogen und mir die Gruppe zu überzeugen, dass erst einmal so etwas wie eine Friedensvereinbarung geschlossen werden müsse, damit das Leben im Hause überhaupt wieder erträglich würde. Wir schlugen vor, dass die Jugendlichen für sich einmal feststellen sollten, was sie eigentlich benötigen, damit sie zufriedener sein könnten. Dabei ergab sich erstaunlich viel an Übereinstimmung in der Gruppe, so dass wir weiter vorschlugen, hieraus Regeln für den Umgang miteinander abzuleiten und diese zu verabreden. Die Gruppe war mit sehr viel Energie dabei und formulierte folgende Regeln:

1. Niemand darf einen anderen schlagen.

2. Nach 23 Uhr soll die Musik leise gedreht werden.

---

[44] siehe hierzu auch GRUEN, A.: *Der Kampf um die Demokratie.* Stuttgart (2002).

3. Die Erzieher dürfen die Zimmer nicht einfach betreten (Bisher nahmen die Pädagogen sich das Recht heraus, die Zimmer der Jugendlichen zu betreten, ohne anzuklopfen).

4. Jeder muss sein Amt machen (seine Pflichten bezüglich der Gruppe erledigen).

5. Es darf kein Geld verliehen werden.

6. Wer etwas kaputt macht, muss es bezahlen. Die Erzieher sollen dafür Taschengeld einbehalten.

Anfangs war die Liste noch sehr viel umfangreicher und es gab eine Reihe von unsinnigen oder albernen Vorschlägen, aber letztendlich blieben diese 6 Punkte übrig, die dann aufgeschrieben und ausgehängt wurden. Natürlich hielten sich nicht alle immer an die Regeln, aber sie waren in den nächsten Wochen eine gute Grundlage, um bei Konflikten konstruktive Gespräche zu führen und bei Auseinandersetzungen oft einen Rückhalt durch Mitglieder der Gruppe zu haben, die sich bemühten, entweder schlichtend zu wirken oder aber jemanden auf seine Regelverletzung hinzuweisen. Und letztendlich wurde in diesen Gesprächen deutlich, dass die Gruppe so viele Probleme hatte, weil in einer Wohngruppe Schüler und Auszubildende untergebracht waren. Es gab unterschiedliche finanzielle Möglichkeiten und darum Neid und Klauereien. Es gab unterschiedliche Aufsteh- und Schlafenszeiten und darum gegenseitige Störungen. Es gab mehr Rechte bei den Auszubildenden, zum Beispiel längere Ausgangszeiten, als bei den Schülern und darum wiederum neidvolle Reaktionen etc.

Hilfen für die Gruppe

Ängstliche junge Menschen benötigen Ermutigung und erleichternde Bedingungen bei der zwischenmenschlichen Kontaktaufnahme. Scheinbar selbstsichere Jugendliche, die sich laut und aggressiv äußern, müssen noch lange nicht genügend Fähigkeiten sozialer Kontaktaufnahme besitzen. Eventuell resultiert ihr auffälliges Verhalten sogar aus sozialer Enttäuschung und der Unfähigkeit diese zu verarbeiten. Dies sind Probleme, die sich mit pädagogischen Hilfen verringern lassen. Gerade bei der Arbeit mit Gruppen besteht eine gute Chance, Probleme bei der zwischenmenschlichen Kontaktaufnahme zu beheben und hierfür attraktive Aktionen, wie Feiern und Spiele, zu initiieren. Natürlich soll es dabei nicht darum gehen, dass Pädagoginnen diese Aktionen quasi als konsumierbares Angebot vorlegen und dabei die Prozesse der Interessenbildung, Figurfindung und Aktivierung der Gruppe übergehen. Vielmehr muss es wiederum ihre Aufgabe sein, genau diese Prozesse anzuregen und zu unterstützen. Die Gruppe muss Hilfen bekommen, um die gemeinsamen Interessen besser kennenzulernen oder die individuellen Interessen auf einen gemeinsamen Nenner zu bringen. Der Pädagoge kann bei der Figurbildung und bei der Aktion dann noch die Funktion eines beratenden Fachmannes haben, der sich mit verschiedenen Aktionen auskennt, der über einen „Wissenspool" von Aktivitäten und ihrer Umsetzung in die Realität verfügt.

Für die Aktivierung positiver Gruppenprozesse und zur Erleichterung und Förderung zwischenmenschlicher Kontakte, halte ich erlebnispädagogische Angebote für sehr geeignet, bei denen die Gruppe gemeinsam einer Aufgabe gegenübersteht und die gemeinsame Leistung zum Ziel führt. Die Erfahrung des Aufeinander-Angewiesen-Seins und des gemeinsamen Erfolgs aufgrund gegenseitiger Unterstützung kann den sozialen Lernprozess einleiten und einen erheblichen Vertrauensgewinn bewirken. Für den sozialen Lernprozess kommt es meines Erachtens dabei weniger auf die konkreten Inhalte des Angebotes an. Notwendig ist vielmehr die Erfahrung, sich auf den anderen in der Gruppe als Partner einzulassen und das Vertrauen nicht enttäuscht zu bekommen.

Das Symptom der Aktivierungsstörung einer Gruppe bedeutet, dass keine akzeptable Handlung zustande kommt. Es steht nicht genügend Energie zur Verfügung. Sie ist zum Beispiel in ineffektiven Nebenhandlungen verpufft, bevor sie ein angemessenes Niveau erreicht hat.

Ich erinnere mich an eine Situation, in der ich mit Freunden zusammensaß und wir über irgendwelche interessanten Aktionen sprachen. Einmal ging es um das spontane Fußballbolzen auf irgendeinem Stück Rasen in der Nachbarschaft. Wir schwelgten in unserer Vergangenheit und erzählten uns hiervon mit offensichtlicher Begeisterung und es fiel mehrfach der Satz: „Man müsste eigentlich einmal wieder ...". Dabei hatte ich den Eindruck, dass nur noch ein kleiner Funke nötig wäre, um uns aufspringen und aktiv werden zu lassen. Trotzdem haben wir es nicht getan.

Als ich später auf diese Situation zurückblickte, war meine erste Idee: „Offensichtlich haben wir uns mit unseren begeisterten Erzählungen schon verausgabt und eventuell hat uns auch unser Erwachsen-Sein mit den damit verbundenen, teils spontaneitätsfeindlichen Normen gehindert. Ein Erwachsener tobt ja schließlich nicht mit einem Fußball durch den Vorgarten". Bei näherer Betrachtung des Beispiels wurde mir dann aber deutlich, dass kein eigentliches Aktivierungsproblem vorlag. Wenn eine Gruppe von Erwachsenen in jugendlichen sportlichen Aktivitäten schwelgt, sie aber nicht ausführt und dennoch alle zufrieden sind, dann müssen sie genau das getan haben, was sie wollten, dann war die gemeinsame Figur nicht die sportliche Betätigung selbst und es fehlte nicht an Energie hierfür, sondern diesen Erwachsenen ging es dann vielmehr um den Austausch von schönen Erfahrungen, die eben nicht in der Gegenwart einfach zu replizieren sind. Wäre das eigentliche Ziel die sportliche Aktivität gewesen, hätte sich zumindest bei dem einen oder anderen Unzufriedenheit eingestellt.

Im Umkehrschluss ist es darum möglich zu fragen: Bin ich zufrieden mit dem was ich tue oder habe ich mein eigentliches Interesse, meine Figur noch nicht gefunden und setze meinen Energien für die falsche Sache ein? Was will ich tatsächlich? Wenn ich diese Fragen damit beantworten kann, dass ich zufrieden bin und nichts anderes möchte, dann habe ich mein Interesse optimal erkannt, dann ist mir die Figurbildung, Aktivierung und Handlung optimal gelungen.

Ich habe schon beschrieben, dass sich in einer Gruppe, in der nur wenig gemeinsames Interesse vorhanden ist, eine Tendenz zur Auflösung entwickelt. Genau genommen beinhaltet aber auch diese Tendenz zur Auflösung einen Aktivierungsprozess, der eine Handlung, nämlich die Auflösung selbst, zur Folge hat. Somit kann man auch in diesem Fall eigentlich nicht von einer Störung der Aktivierung sprechen.

Einander widersprechende Interessen müssen nicht zwangsläufig zur Auflösung einer Gruppe führen. In einem konstruktiven Prozess, in dem das Interesse zum Kompromiß vorhanden ist (zum Beispiel, weil die Hilfe der anderen benötigt wird) oder entsteht, können Widersprüchlichkeiten die Basis für eine intensive Auseinandersetzung in der Gruppe sein, in deren Verlauf sich Interessen angleichen und verändern. In gegenläufigen Interessen steckt darum ein energetisches Potential, dass pädagogisch und therapeutisch nutzbar ist. Der pädagogische und therapeutische Effekt muss allerdings letztendlich der Gruppe dazu dienen, die Fähigkeit zu Kompromissen weiter zu entwickeln. Dauerhaft kommt keine Gemeinschaft an dieser Fähigkeit vorbei, wenn sich nicht doch noch eine Auflösung ergeben soll.

5.5.3 Handlung und Kontakt

Wenn eine Gruppe von Menschen ein gemeinsames Interesse gefunden, eine prägnante Figur gebildet und genügend Energie aktiviert hat, dann wird sie als nächstes handeln. Die Handlungen einer Gruppe sind Aktionen, die sich auf Dinge und Personen richten, die nicht zur Gruppe selbst gehören. Hiervon abzugrenzen sind Aktivitäten innerhalb der Gruppe, die die Kontaktphase der Erlebenszyklen einzelner Gruppenmitglieder repräsentieren und die zum Beispiel Bestandteile der Figurbildung der gesamten Gruppe sind. Während des Handlungsverlaufs kommt die Gruppe demnach in Kontakt mit ihrer Umgebung. Der Kontakt der Gruppe mit ihrer Figur findet also an ihrer Peripherie, an ihrer Grenze statt.

Ebenso wie ein einzelner Mensch nicht seinen gesamten Körper in eine Handlung einbringen muss, muss auch nicht die ganze Gruppe an einer Aktion beteiligt sein, obwohl wir sie als Gruppenhandlung auffassen. Viel wahrscheinlicher und häufiger ist, dass Teile der Gruppe oder auch nur einzelne Gruppenmitglieder (zum Beispiel Spezialisten) für die ganze Gruppe aktiv werden. Jede Aktivität, die ein einzelner Mensch dabei zeigt, ist sowohl eine Handlung innerhalb seines individuellen Erlebenszyklus, als auch Bestandteil des Erlebenszyklus der Gruppe. Zum Bestandteil der Gruppenhandlung werden seine Aktivitäten per Definition, also ausschließlich durch den Blickwinkel des Beobachters, indem er sie als Beitrag zur Handlung der Gruppe betrachtet und nicht den Erlebenszyklus des Einzelnen in den Vordergrund seiner Wahrnehmung stellt. Wenn zum Beispiel ein Jugendlicher während einer Ferienfreizeit ein Zelt aufbaut, so kann man dies als seine Handlung ansehen, die Bestandteil seines Erlebenszyklus ist, der auf die Schaffung seines Schlafplatzes als Figur gerichtet ist. Genauso gut ist es aber auch möglich, dieses Verhalten als Bestandteil der Gruppenhandlung anzusehen, mit der die Jugendlichen gemeinsam ihren Lagerplatz für diese Übernachtung herrichten.

Durch den Kontakt mit der Umgebung erfahren die Gruppenmitglieder eine Bereicherung, eine neue Erfahrung, die zu ihrer Weiterentwicklung führt. Konstituiert sich die Gruppe in einem weiteren Zyklus neu, dann hat sie sich ebenfalls verändert, sie ist um die neue Erfahrung ihrer Mitglieder reicher geworden.

Eine Gruppe benötigt die Abgrenzung zu etwas, das als nicht-zur-Gruppe-gehörig definiert werden kann. Ohne das Fremde, wird sie keine klaren Konturen, keine eindeutiges Selbstbild haben, eventuell den Erlebenszyklus nicht überdauern und sich auch nicht neu konstituieren. Andererseits muss die Gruppe im Kontaktvollzug diese Abgrenzung vorübergehend aufgeben und sich für das Andere öffnen können, damit sie Neues in sich aufnehmen kann. Eine Gruppe, die das Bedürfnis hat, sich übermäßig abzugrenzen, zum Beispiel aus Angst, ansonsten ihre Existenz aufs Spiel zu setzen, lässt dadurch einen Austausch, Einflüsse von außen und neues Erleben nicht zu. Als Folge bleibt sie ohne bedeutende Entwicklung und in ihren Haltungen fixiert.

Extreme Beispiel für solche Gruppen sind religiöse Sekten, radikale Parteien und Bewegungen. Sie erlangen ihre Radikalität aus der Befürchtung, in ihrer Umgebung unterdrückt oder gar vernichtet zu werden. Unabhängig davon, ob diese Sichtweise realistisch ist oder nicht, sehen diese Gruppen ihre Existenz gefährdet, wenn sie innerhalb ihrer eigenen Reihen einen Pluralismus gestatten. Sie werden auf eine strenge Einhaltung der Gruppennormen und -regeln drängen und diese auch mit Zwangsmechanismen durchsetzen, wahrscheinlich sogar ihre Diskussion untersagen. Gleichzeitig werden sie jede Aktion eines ihrer Mitglieder zu unterbinden versuchen, die eine Öffnung nach außen bedeutet.

Gruppen, die die Tendenz haben, sich stärker abzugrenzen und darum in ihrer Entwicklung beeinträchtigt sind, sind oft Subgruppen innerhalb größerer Gemeinschaften. Sie bilden sich als Gruppe von Personen mit speziellen Eigenschaften und Interessen. Sie können sich als elitär begreifen oder aus der Not entstehen, weil sie von der Gesamtgruppe negativ oder minderwertig eingeschätzt werden. Beide Beweggründe führen dazu, dass sich die betroffenen Menschen enger zusammenschließen, andere nicht in ihrem Kreis akzeptieren, sich eventuell durch ihre äußere Erscheinung (durch spezielle Kleidung etc.) sichtbar abgrenzen und in ihrem Verhalten geschlossen auftreten, sich eventuell auch mit ihrer kleineren Gemeinschaft immer mehr aus der größeren Gruppe zurückziehen, ihre eigenen Freiräume schaffen. Beispiele von Handlungen solcher Gruppen sind der gegenseitige Schutz gegen äußere Bedrohung oder auch die Demonstration von Gemeinsamkeit bei den verschiedensten Aktivitäten.

Pädagogische Hilfen bei der Handlung

Vorrangige Aufgaben bei der pädagogischen und therapeutischen Arbeit in der Phase des Kontaktes sind Hilfen zur besseren Berücksichtigung der Realität, Förderung der intellektuellen, sensorischen und motorischen Fähigkeiten, die für die Handlung benötigt werden, sowie Angebote an die Gruppe, die helfen sollen den Erfolg oder Misserfolg der Handlung konstruktiv zu bewerten, damit ein Lernen möglich wird.

Die wesentliche Voraussetzung für eine erfolgreiche Handlung muss allerdings schon bei der Figurbildung erbracht werden. In der Handlung erweist sich dann, ob die Gruppe in der Lage war, eine effektive Figur zu bilden und diese angemessen an die Realität in einen Kontaktvollzug umzusetzen. Eine ineffektive Figurbildung führt dazu, dass wenig Energie entsteht, die Handlung kraftlos ausgeführt wird und erfolglos bleibt. In diesem Fall wird eine Handlung vollzogen, die nicht in optimaler Weise den Interessen der Gruppe entspricht.

Eine schlechte Berücksichtigung der Realität wird auf vielfältige Weise erkennbar, zum Beispiel durch einen hohen Kraftaufwand bei geringem Ertrag und im Extremfall sogar in völliger Erfolglosigkeit. Je nach Funktionsfähigkeit der Gruppe münden solche negativen oder schlechten Ergebnisse beim Versuch der Bewertung und Aufarbeitung entweder in destruktiven Schuldzuschreibungen an einzelne oder aber sie werden zum konstruktiven Gegenstand eines Lernprozesses. Unter normalem Verlauf des Zyklus ist die Aufarbeitung der Handlung ein Bestandteil der Rückzugs- und Abschlussphase. Nur wenn der Kontakt ohne Erfolg verläuft, sind pädagogische Hilfen angebracht, die schon im Verlaufe der erfolglosen Bemühungen selbst für eine Bewertung und eventuell auch Korrektur der Aktion sorgen können. In diesem Fall handelt es ich um Hilfen, die zu einer besseren Anpassung an die Realität und letztendlich noch zu einem erfolgreichen Abschluss führen sollen.

Einzelnen Jugendlichen in ihrer Gruppe Hilfe beim Handeln zukommen zu lassen, bedarf eines besonderen Fingerspitzengefühls, ebenso wie es auch besondere Sensibilität verlangt, bei einer Gruppenhandlung unterstützend oder gar sanktionierend einzugreifen. Der einzelne Jugendliche lehnt die Hilfe unter Umständen schnell ab, weil er sich selbst bei angemessenen und zutreffenden Hinweisen bevormundet fühlt und den Statusverlust in der Gruppe fürchtet. Die Gruppe reagiert schnell mit Ablehnung, weil sie sich hierdurch unter Umständen in ihrer Struktur gefährdet sieht. Insbesondere Jugendliche, die in ihrer Gruppe Führungspositionen einnehmen, sind empfindlich gegenüber irgendwelchen Eingriffen, die sie als der Hilfe bedürftig charakterisieren könnten. Und Gruppen, die einen besonderen Bedarf an Zusammenhalt haben, reagieren ebenso allergisch.

Will ein Pädagoge oder Therapeut einer Gruppe Hilfe anbieten, halte ich es darum für wichtig, zunächst einmal abzuwägen, ob die Gruppenhandlung zu einem vertretbaren emotionalen oder materiellen Schaden führen würde oder nicht. Ist nur ein geringer Schaden zu erwarten, halte ich es für vertretbar, diesen zu riskieren und daran ein Lernen zu ermöglichen. Erst wenn der Betreuer den Schaden nicht riskieren möchte oder eine gute Chance für einen Entwicklungsschritt der Gruppe sieht und von ihr ein Interventionsrecht zugestanden bekommt, ist ein Eingriff ratsam. Die beste Hilfe, die ein Betreuer seiner Gruppe dann geben kann, ist die Hilfe zur Selbsthilfe. Wenn es gelingt, die Gruppe so zu unterstützen, dass ihre Mitglieder untereinander Handlungsfehler korrigieren und sich gegenseitig unterstützen, dann wird die Struktur der Gruppe nicht gefährdet und wenn die gegenseitige Hilfe positiv und stärkend erlebt wird, entsteht sogar noch ein besserer Gruppenzusammenhalt.

Ein Beispiel:

Ich erinnere mich eines kleinen Tricks, den ich einmal angewandt habe, als ich Jugendliche auf einem Bauspielplatz betreute. Wir waren dabei, Bretter zu sägen für eine neue Hütte. Neben mir sägte Ingo, ein 14-jähriger Junge, der eine Führerrolle in der Gruppe hatte. Er stellte sich dabei eigentlich ganz geschickt an, war aber dennoch mürrisch und ärgerlich, aus einem Grund, der mit unserem Werken nichts zu tun hatte. Sein einziges handwerkliches Problem war, dass er sein Brett so auf zwei

Böcke gelegt hatte, dass er dazwischen am Sägen war und nach einer Weile die Säge natürlich klemmte. Da ich von Ingo wußte, dass er nur ungern Hilfe annahm und er zudem noch in einer schlechten emotionalen Verfassung war, probierte ich eine andere Idee aus. Ich legte mein Brett genauso über zwei Böcke und erlebte den gleichen Effekt wie er. Jetzt meldete ich mich zu Wort und sprach die anderen Jugendlichen im Kreis an: „Hat irgend jemand eine Idee, wie ich mit dem Sägen besser vorankomme? Meine Säge klemmt andauernd." Natürlich waren sofort alle hilfreich und zeigten mir, wie man das Brett richtig auflegt. So ging es wieder leichter. Etwas später gestattete ich mir einen Blick hinüber zu Ingo und ich konnte feststellen, dass er ebenso wie ich gelernt hatte.

Beobachtung der Gruppenhandlung (Ü)

Woran lässt sich erkennen, ob die Handlung einer Gruppe auf einem gemeinsamen Interesse und einer prägnanten Figurbildung aufbaut? Natürlich daran, ob die Handlung erfolgreich verläuft und die Gruppe zufrieden ist mit dem Ergebnis.

Beobachten Sie einmal die Gruppe, die sie betreuen! Wie verläuft hier normalerweise die Handlung? Sind die jungen Menschen bei der Sache, oder versuchen sie die Handlung zu umgehen? Ist ihr Kontakt mit der Umwelt von realistischer Einschätzung bestimmt oder gelingt ihnen eine Anpassung an die Realität nicht? Wenn die jungen Menschen keinen Erfolg haben, stellen Sie sich doch einmal folgende Fragen: Ist die Ursache, dass ihr Interesse gar nicht bestand, nicht genügend war oder dass dieses Interesse kein angemessenes Ziel hatte? Sind die Kinder oder Jugendlichen mit der Handlung überfordert gewesen?

Versuchen Sie alle Phasen des Erlebenszyklus der Gruppe pädagogisch zu unterstützen: Fördern Sie die Bildung gemeinsamen Interesses und die Bildung einer prägnanten Figur. Helfen Sie, dass die jungen Menschen bei ihren Handlungen realistisch vorgehen und die nötigen Kenntnisse erhalten. Beobachten Sie, ob sich bei einem weiteren Versuch der Gruppe ein Lernerfolg zeigt. Was hat sich verändert? Welche ihrer Hilfen war wirksam? Was können Sie noch anbieten?

5.5.4 Abschluss und Rückzug

Zum Zyklus des Erlebens einer Gruppe zählt auch, dass sie die Figur, die sie gebildet hat, nach dem Kontaktvollzug wieder auflöst, sich zurückzieht hinter ihre veränderten Grenzen, ihre Handlung verarbeitet und bewertet und sich dann selbst auflöst. Erst wenn mit allen diesen Prozessen der Rückzug komplett ist, ist ein Zyklus optimal abgeschlossen und es bestehen dann die gesündesten und besten Voraussetzungen, sich auf ein anderes Interesse zu besinnen, sich neu zu konstituieren und den Zyklus erneut zu durchlaufen.

Für eine Geburtstagsfeier in einer Wohngruppe unseres Jungenheimes war ein großes Programm geplant. Es war ein Grillen vorbereitet, Kuchen gebacken worden und es lag Material für die verschiedensten Spiele bereit, einige Jungen hatten CD´s herangeschafft, damit eine Disco stattfinden konnte. Jungen aus anderen Wohngemeinschaften waren eingeladen worden und auch ein paar Mädchen aus der Stadt hatten sich zum Mitfeiern angesagt. Andreas, das Geburtstagskind, gab den Startschuß.

Bei Kaffee und Kuchen saßen einige nur 15 Minuten zusammen und während die anderen noch nicht einmal ihren Kuchen ganz gegessen hatten, wurde schon der Grill angezündet. Kaum saßen die ersten bei ihrer Bratwurst, als andere bereits die Spiele aufbauten, beziehungsweise laute Musik machten. Insgesamt hatte also keine der Aktion einen erkennbaren Beginn oder Abschluss und am Ende waren alle unzufrieden und die Geburtstagsgesellschaft lief rasch auseinander.

Was war geschehen?

Eigentlich hatten alle das Bedürfnis etwas miteinander zu erleben, aber keine Aktion wurde gemeinschaftlich vollzogen und keine wurde richtig abgeschlossen. Viel zu rasch war die Aufmerksamkeit einzelner schon wieder bei einem neuen Anreiz und so kam kein Gruppenprozess zustande, in dessen Verlauf die Bedürfnisse hätten wirklich befriedigt werden können.

Eine Gruppe muss ihre Aktion aber erst richtig abschließen, bevor sie genügend gemeinschaftliches Interesse und Energie für einen neuen Erlebenszyklus aufbringen kann. Andernfalls bleibt das Geschehen ein Sammelsurium von Aktionen einzelner Gruppenmitglieder, ein gemeinsames Erleben kommt nicht zustande und die Tendenz, zur Auflösung der Gruppe nimmt zu.

Wir leben in einer achtsamkeitsfeindlichen Kultur, in der wir permanent zu Aktivität und zum Konsum aufgefordert werden. Es geht zumeist nicht um den gesunden Selbstausdruck und die Selbstdarstellung, nicht um Kreativität und um das bewusste Erleben in der Gegenwart, sondern um das bloße Einverleiben, das Fastfood ohne angemessene Phasen der Verdauung. Nicht umsonst nimmt das körperliche Übergewicht unter jungen Menschen zu. Diese Feststellung gilt aber nicht nur im direkten Sinne der Nahrungsaufnahme, sonder auch im übertragenen Sinne der Aufnahme und Verdauung seelischer „Nahrung". Jugendliche, die in unserer Kultur aufwachsen, werden an Konsum und „action" herangeführt. Sie sind es darum gewöhnt, dass dauernd etwas an sie heran getragen wird und zu neuer Sensation herausfordert. Zwangsläufig übernehmen sie diese dauernde Anregung in ihren Lebensstil und sind darum auf permanenter Reizsuche, berieseln sich zum Beispiel dauerhaft mit aufwühlender Musik oder mit Computerspielen. Das Nachklingen- oder NachwirkenLassen gehört eher selten zu den Verhaltensweisen, die an sie vermittelt werden, die ihnen erstrebenswert erscheinen. Sie leben, als stünden sie unter dem Einfluss der permanenten Furcht, etwas zu verpassen oder mit sich selbst konfrontiert zu sein. Die Unzufriedenheit, die dabei entsteht, wird mit immer neuer „action" oder auch mit Alkohol und Drogen betäubt, so dass kein hinreichender Reflexionsprozess mehr zustande kommt.

Wenn ein Mensch lediglich zu wenig Erfahrung mit Abschluss, Rückzug und Ruhephase nach der Handlung hat, sie sozusagen gewohnheitsmäßig überspringt und keine tiefere psychische Störung die Ursache für den Mangel ist, dann erleben Menschen diesen Teil des Gestaltzyklus als angenehm, haben sie ihn erst einmal intensiver kennengelernt. Es ist darum immer einen Versuch wert, eine Gruppe zu einer „Verdauungspause" zu motivieren, diese durch allerlei Hilfen zu erleichtern. Hilfreich kann zum Beispiel sein, wenn der Betreuer so auf die Bedingungen der Gruppe einwirkt, dass „natürliche" Pausen entstehen, indem zum Beispiel benötigtes Material für die nächste Aktion noch nicht sofort zur Verfügung steht, sondern erst heran geschafft werden muss oder indem er die Jugendlichen bis zur körperlichen Auslastung Fußballspielen lässt, wenn dies möglich ist. In Bezug auf die Geburtstagsfeier hätte dies bedeutet, dass bei Kaffee und Kuchen der Grill noch nicht aufgebaut gewesen wäre und auch Grillkohle und Grillgut noch im Vorratsraum eingeschlossen gewesen wären ...

Die pädagogische Unterstützung für die Verarbeitung von Erlebten kann schon damit beginnen, dass die Umgebung der jungen Menschen bewusst hierfür gestaltet wird. Baulich und gestalterisch können Materialien, Raumgestaltung und Ausstattung so gewählt werden, dass sie eher beruhigend als anregend wirken. Es können beispielsweise durch eine gute Planung der Raumaufteilung und durch eine überlegte Möblierung Ruhezonen entstehen und Rückzugsmöglichkeiten geschaffen werden. Farben und Formen können gewählt werden, die entspannend auf Menschen wirken. Natürlich können diese Mittel den Rückzug nur unterstützen. Die einer Störung zugrunde liegenden Probleme sind so nicht zu lösen. Zu ihrer Verarbeitung bedarf es weitergehender pädagogischer, beziehungsweise sogar therapeutischer Hilfen.

Die weitergehende Hilfe muss als erstes auf die Verbesserung der Bewusstheit zielen, um wirksam zu sein. Die jungen Menschen müssen zunächst erleben, dass tatsächlich ein Problem besteht und sie müssen sich zunächst ihrer Unzufriedenheit mit der gegenwärtigen Situation bewusst werden, damit sich bei ihnen Interesse und Bereitschaft entwickeln kann, an einer Veränderung zu arbeiten. Erst als folgenden Schritt können sie dann erkennen, dass sie selbst die Möglichkeit haben, etwas zu verändern. In dem dann folgenden Veränderungsprozess der Gruppe gibt es natürlich Auseinandersetzungen zwischen den Mitgliedern. Diese Auseinandersetzungen resultieren unter anderem aus der unterschiedlichen Bereitschaft, sich auf den Lernprozess einzulassen. Einige Gruppenmitglieder werden früher als andere bereit sein, den Zyklus des Erlebens mit einer Abschlussphase ausklingen zu lassen, während andere noch an ihrem konsumierenden Verhalten hängen und sich durch die ersteren wiederum hingehalten fühlen Schon für „vernünftige" Erwachsene bedeutet ein solcher Konflikt eine erhebliche Belastung. Die jungen Menschen in der Jugendhilfe werden bei diesen Auseinandersetzungen sicherlich die Unterstützung ihrer Betreuer benötigen, damit ein konstruktiver Lernprozess entsteht. Wiederum sollte die Unterstützung aber nicht darin bestehen, dass der Betreuer den Prozess der Gruppe bestimmt, sondern er soll ihn moderieren und helfen, die entstehenden Konfrontationen in einen konstruktiven Rahmen zu lenken.

Wie kann man einer Gruppe zu mehr Bewusstheit über das eigene Befinden verhelfen?

Ich gehe davon aus, dass ein ungenügender Abschluss im Erlebenszyklus bei den Gruppenmitgliedern die völlige Befriedigung verhindert. Wenn Menschen beispielsweise eine Leistung vollbracht haben, dann wollen sie die Leistung auch gewürdigt oder anerkannt bekommen. Aus diesem Grunde betrachten sie dann noch einmal die Wand, die sie gestrichen haben, machen auf den Kuchen aufmerksam, den sie gebacken haben oder legen einer Bezugsperson ihre Hausaufgaben vor, damit sie ein Lob erhalten. Unterbleibt die Würdigung und Anerkennung, dann erleben sie für ihre Leistung auch keine persönliche Aufwertung. Eine unvollkommene Befriedigung bedeutet, dass mehr Energie aktiviert, als verbraucht wurde und dass ein Energierest vorhanden ist, der für emotionale Spannung sorgt. Diese Spannung ist zum Beispiel wahrnehmbar in der Hektik einer Gruppe, in der aggressiven Stimmung, die vorherrscht...

Die Situation ist für pädagogische Eingriffe schwierig und dennoch besteht jetzt eine gute Chance, die Bewusstheit für das Problem zu fördern. Wichtig ist, dass das Problem erst einmal angesprochen wird. Dabei wird vermutlich kein Lernschritt erreicht, wenn dies in Form von Vorwürfen geschieht. Selbst eine kritische Äußerung kann lediglich dazu führen, dass sich die aggressive Spannung in Richtung des Betreuers löst. Die beste Ansprache besteht meines Erachtens darin, die Wahrnehmung der Stimmung oder der hektischen Aktivität in der Gruppe zu fördern. Einfache Fragen oder Hinweise auf Wahrnehmungen, wie: „Wer ist damit unzufrieden, wie wir gerade das Spiel beendet haben?", „Was ist hier für eine Stimmung?" oder: „Ich finde es hier unheimlich hektisch", können immer noch eine heftige Reaktion bewirken, aber auch die Möglichkeit für Gespräche und Auseinandersetzungen schaffen.

Ich erinnere mich an solch eine Situation. Zusammen mit dem Religionspädagogen unserer Einrichtung hatte ich einen regelmäßigen Kontaktabend für Jugendliche organisiert. Unser Angebot war einfach, aber durch die jungen Menschen jedesmal gut besucht. Wir boten im Abstand von 14 Tagen abends Tee und Brettspiele in unseren Diensträumen an. Dabei ergaben sich viele Kontakte und Gespräche, die Jugendlichen entwickelten Vertrauen zu uns, das dann auch zu therapeutischen Kontakten und/oder zur Teilnahme am Konfirmandenunterricht bei meinem Kollegen führte.

Anfangs war jedes Treffen von einiger Hektik gekennzeichnet. Einige Jungen sausten durch unsere Räume hindurch und waren nach einigen Schlucken Tee und einem kurzen, teils nicht beendeten Schachspiel schon wieder verschwunden. Andere saßen hingegen in einer gemütlichen Runde beisammen. Diese Runde sprach ich eines Abends an und fragte sie, wie sie die manchmal aufkommende Hektik und Lautstärke erlebe. Die Reaktionen waren intensiv und es wurden Vorschläge laut, wie: Tür abschließen, rauswerfen, Teilnahme verbieten... Ich warf ein, dass ich diese Vorschläge für nicht gut hielt, weil ich nicht wolle, dass jemand ausgeschlossen würde und weil ich glaube, dass wir dann durch allerlei Dummheiten dennoch gestört werden würden. Mein Einwurf wurde akzeptiert und die Gruppe kam zu dem Schluss, dass die „Störer" zunächst einfach auf ihr Verhalten angesprochen werden sollten. Im Endergebnis kamen dann einige gute Gespräche zwischen den Jugendlichen zustande; einige blieben unserem Angebot in Zukunft fern und andere ließen sich auf mehr Ruhe ein, die Abende wurden insgesamt gemütlicher.

Für den Bewusstheitsprozess kann man Fragen und Informationen über die eigene Wahrnehmung an eine ganze Gruppe richten oder auch einzelne Jugendliche direkt ansprechen, insbesondere wenn sie eine erkennbare Reaktion auf die Bedingungen in der Gruppe zeigen. Dabei können sie gestärkt werden, ihre Empfindungen auch zu äußern und Energie für eine Veränderung aufzubringen. In meinem Beispiel gab es einen Jugendlichen, der eine dominante Rolle in der Gruppe der „gemütlichen Spieler" hatte. Aus seiner Mimik bei den hektischen Störungen schloss ich auf eine heftige emotionale Reaktion, die er aber nicht offen äußerte. Ich sprach ihn direkt an, wie er die Abende erlebe und dass ich den Eindruck hätte, dass er sich über die Jungen ärgere, die hier herumtoben würden. Er bestätigte mir dies und schaltete sich nach unserem Gespräch öfter in die Problemgespräche ein.

Eine Betreuerin, die selbst nur ungenügend in der Lage ist, ihre Erlebenszyklen abzuschließen und zu verarbeiten, ist natürlich ein schlechtes Modell für Jugendliche. Jugendliche benötigen Vorbilder für den Erlebensprozess und besonders deutliche für die Phase von Abschluss und Rückzug. Nach meiner Beobachtung respektieren oder bewundern sie sogar starke Menschen mit Persönlichkeit, die in sich ruhen. Über hektische Aktivisten wird zwar gelacht, wie die Reaktionen auf entsprechende „schauspielerische Leistungen" in Filmen von Louis de Funnes oder Eddy Murphy beweisen, für Helden taugen sie aber nicht.

Abschlussphase bewusst erleben (Ü)

Für die Auseinandersetzung mit der Bearbeitung einer Abschlussphase möchte ich noch einmal das Beispiel der Wohngruppe auf Ferienreise aufleben lassen.

Stellen Sie sich vor, Sie haben mit den jungen Menschen ihrer Wohngruppe von 8 Jungen und Mädchen eine gemeinsame Ferienfreizeit im Ausland verbracht. Die Jugendlichen waren von Anfang bis Ende der ganzen Aktion in ihrem Verhalten sehr unterschiedlich. Schon bei der Frage, ob überhaupt eine gemeinsame Reise veranstaltet werden sollte, hatten die einen matt zugestimmt, 2 Mädchen (Gabi und Yvonne) waren desinteressiert und Kevin hatte vehement dagegen votiert. Vermutlich konnten Sie schon froh sein, dass das Gespräch über die Planung der Ferien zustande kam. Es muss wohl doch etwas gemeinsames Interesse in der Gruppe vorhanden gewesen sein. Natürlich konnten Sie sich nicht sicher sein, dass dieses Interesse auch wirklich der Reise galt, vielleicht war vielmehr die Auseinandersetzung an sich interessant oder einige Jungen der Gruppe wollten im Wesentlichen mit ihrem Organisationstalent glänzen und andere dies nicht erlauben.

Die intensive und teils sehr emotionale Diskussion, die dann noch stattfand, sprach vielleicht dafür, dass doch ein großes Maß an Energie beteiligt war. In einem teils recht chaotischen Prozess, in dem Kai durch heftige Stänkerei auffiel, hatte sich die Gruppe dann für die Fahrt zum Zelten nach Dänemark entschieden. Der Kompromiss kam insbesondere zustande, weil Roger, der älteste in der Gruppe und auch der von allen am meisten akzeptierte, sich hierfür stark machte. Es gab noch eine Opposition von Bernd, Gabor und Steffi, die lieber nach Südfrankreich in ein Hotel am Meer gefahren wären, aber ihre Vorstellungen waren viel zu unrealistisch, weil hierfür das Geld in keinem Fall gereicht hätte. Diese Subgruppe hat klein beigegeben und vor der Mehrheit unzufrieden kapituliert. Die beiden desinteressierten Mädchen hatten sich in der ganzen Auseinandersetzung überhaupt nicht geäußert und nur beim Auseinandergehen noch bemerkt, dass Dänemark öde sei.

Die konkrete Planung und Vorbereitung wurde zu einem sehr großen Teil durch die Pädagogen ausgeführt. Nur Gabi, Steffi und Rainer beteiligten sich mit unterschiedlichem Einsatz daran. Erst als der Abreisetermin näher kam, nahmen allerhand Frage zu: „Muss ich meinen Pass dabei haben? Sind die Zelte auch regendicht? Darf ich (Steffi) mit Bernd in einem Zelt schlafen? Machen wir auch eine Feier (Kai)? Müssen wir zusammen rumlatschen oder können wir auch was alleine machen? Muss ich unbedingt mit (Gabor) ein Zelt teilen...?". Aus den meisten Fragen ließ sich erkennen, dass die Jugendlichen sich auf die Fahrt vorbereiteten, wenn auch teils mit eher geringer Begeisterung. Mitgefahren sind dann alle. Die Aktivierung reichte also zumindest für die Teilnahme selbst aus.

Der Aufenthalt in Dänemark verlief mit Höhen und Tiefen. Es gab Aktionen, bei denen alle mitmachten, wie Disko besuchen, Windsurfen und Fete feiern und andere die ausfielen, weil sich alle sperrten, wie der Besuch des Schiffsmuseums. Es kamen hin und wieder Klagen wegen Langeweile auf und hier und da gab es kleinere Reibereien untereinander und mit anderen Jugendlichen auf dem Zeltplatz, die insbesondere durch Rainer und Kai ausgelöst wurden. Die Pädagogen mussten oft für Ausgleich und für Motivierung sorgen. Zwei Jungen, Bernd und Helge, lernten dänische Mädchen kennen und waren mit diesen oft unterwegs.

Bei der Rückfahrt war die Stimmung wieder unterschiedlich. Rainer, Bernd und Helge wären gerne noch etwas geblieben. Steffi, Gabor und Yvonne wollten unbedingt schnell zurück. Der Rest war unentschlossen. Während der Fahrt hatten Steffi und Bernd noch einen heftigen Streit, weil Bernd mit dem dänischen Mädchen so oft weg war.

Die Pädagogen wollen mit der Gruppe noch ein Nachgespräch führen, um die Reise auszuwerten. Wie werden sich die einzelnen Jugendlichen äußern und welches Gesamtergebnis wird die Gruppe wohl ermitteln? Wird die Gruppe wieder eine Reise machen wollen?

Wenn Sie selbst die ganze Aktion betrachten: Wie bewerten Sie den Ablauf? Hätten Sie die Vorbereitung noch anders gestaltet? Hätten Sie eine andere Ausführung gewählt? Was hätten Sie für Verbesserungsvorschläge an ihre fiktiven Kollegen?

6 Das Erleben des Pädagogen

Mit diesem Kapitel stelle ich das Persönlichkeitswachstum der Pädagoginnen und Pädagogen in den Vordergrund meiner Betrachtung. Ich wende auf sie und ihre Tätigkeit den Gestaltzyklus des Erlebens an und diskutiere dann ihre Wahrnehmung und Vorgehensweise bei ihrer Hypothesenbildung über die jungen Menschen in ihrer Betreuung.

6.1 Die Pädagogin und der Gestaltzyklus des Erlebens

Die Aufgabe der Gestaltpädagogin lässt sich zusammenfassen als Unterstützung anderer Menschen bei der Optimierung ihres Gestaltzyklus des Erlebens. Diese pädagogische Hilfe zielt darauf, den Erlebenszyklus besser zu verstehen, für die Vorgänge bewusster zu werden, die Interessen besser zu erkennen, eine prägnante Figur zu bilden, Kontakt besser vollziehen zu können und einen guten Abschluss zu finden. Voraussetzung für diese Aufgabe ist, dass die Gestaltpädagogin sich selbst auf eine Optimierung ihres Erlebens einlässt.

Der Pädagoge hat als wesentliches Werkzeug bei seiner Aufgabe nur sich selbst zur Verfügung. Er kann nur seine eigene Persönlichkeit, seine Wahrnehmung, sein Verhalten, seine Ausstrahlung einsetzen. Er ist in seiner Arbeit nur so gut, wie er seine Fähigkeiten in diesen Bereichen ausbildet. Jeder gute Handwerker pflegt sein Werkzeug, damit es lange hält und seine Funktionen auch erfüllen kann. Was so einleuchtend für jeden handwerklichen Beruf ist, sollte doch auch für soziale Berufe gelten. Wenn ich als Pädagoge, Psychologe, Arzt, Pastor etc. im zwischenmenschlichen Kontakt hilfreich sein möchte, muss ich eben meine Psyche pflegen. Ich muss für meine eigene (psychische) Erholung sorgen, mich um meine Ausgeglichenheit bemühen, mir Sensibilität aneignen und meine Handlungsfähigkeit verbessern.

Die psychische und körperliche Gesundheit und Funktionsfähigkeit eines Menschen definiere ich als Folge optimalen Erlebens im Gestaltzyklus. Die Verbesserung dieses Erlebens ist nicht nur das Ziel der pädagogischen oder therapeutischen Handlungen, sondern auch der Selbsthilfe und Selbstpflege sozial tätiger Menschen. Hierbei unterstützen unter anderem gestalttherapeutische und gestaltpädagogische Fortbildungen, Supervision und Gestaltselbsterfahrungsgruppen. Und wenn das Erleben durch ein persönliches Problem gestört ist, muss die Helferin sich auf ihren eigenen pädagogischen oder therapeutischen Prozess einlassen. Ohne die Bereitschaft sich dem gleichen Prozess zu stellen, den sie auch den jungen Menschen in ihrer Betreuung „zumutet", ohne eine hinreichende Grundlage in eigenen Erlebensfähigkeiten und ohne Achtsamkeit wird eine Pädagogin wenig glaubhaft wirken und ein schlechtes Modell abgeben.

Kein (Gestalt-)Pädagoge kann sich die Eigenschaften für seine Aufgabe ausschließlich oder vorrangig theoretisch aneignen. Ein ausschließlich auf den Verstand bezogenes Lernen ist völlig ungenügend, um im zwischenmenschlichen Kontakt eine wirksame helfende Funktion einzunehmen. Theorie ist immer eine sinnvolle Ergänzung, um erlebte Vorgänge einsortieren zu können oder Anregungen für weiteres

Erleben zu finden. Wesentlicher ist aber das Erleben selbst. Zum Beispiel kann die Fähigkeit nonverbale Informationen bewusster wahrzunehmen oder die Fähigkeit den Anteil der eigenen Persönlichkeit im Kontakt mit den jungen Menschen besser zu erkennen nicht theoretisch erworben werden. Zur Aneignung dieser und weiterer Fähigkeiten gehören die Selbsterfahrung, das Erleben der Vorgänge an der eigenen Person, das Erleben des eigenen Persönlichkeitswachstums und das Üben der Wahrnehmung und der Interventionen unter fachlicher Anleitung. Nur wer sich in der praktischen Fortbildung für diese Prozesse öffnet, kann davon ausgehen, dass er vergleichbare Erfolge bei den jungen Menschen erzielt, denen er helfen möchte. Gestaltpädagogik wird darum vorrangig praktisch vermittelt. Jede gestaltpädagogische Fortbildung schöpft ihre Energie aus der Selbsterfahrung und deren Bearbeitung.

Empfindungen und Bewusstheit

Jeder Mensch, der langjährig in seinem Beruf tätig ist, erledigt seine Arbeit mit Gewohnheit. In der Jugendhilfe kann dies die negative Auswirkung haben, dass der Pädagoge schon für fast alle Situationen bei jedem jungen Menschen schematisierte Lösungen bereithält. Er handelt dann nahezu mechanisch, ohne sich die aktuellen Bedingungen noch genügend bewusst zu machen und seine Handlungen noch im Einzelnen zu hinterfragen. Im Extremfall vertraut er auf seine Erfahrungen blind, will sich auch nicht mehr hinterfragen lassen. Seine Handlungen sind dann stereotyp geworden und nur noch zufällig oder gar nicht an die Situation und den jeweiligen jungen Menschen angemessen.

Eine Haltung die besagt, ich habe so viel Erfahrung, dass man mir nichts mehr erzählen kann, ist problematisch. Der Pädagoge darf sich nicht auf seine Erfahrung einschränken und alleine auf seine Fantasien verlassen, wenn er nicht ungerecht und rechthaberisch sein will. Er muss sich vielmehr immer wieder seiner gegenwärtigen Sinnesempfindungen und Emotionen bewusst werden, er muss sich aus der reinen Introspektion lösen können und sich öffnen für die Bewusstheit im Hier-und-Jetzt, denn nur dann bleibt er sich gewahr, worauf seine eigene Motivation und seine Bedürfnisse eigentlich gerichtet sind und was sein Verhalten beim Jugendlichen oder beim Kind bewirkt. Nur so kann er jedem jungen Menschen individuell gerecht werden und sich auf veränderte Bedingungen in seinem Arbeitsfeld einstellen. Im Übrigen ist dies auch der einzige Weg, um dauerhaft mit dem eigenen Beruf und dem Tätigkeitsfeld zufrieden zu sein. Andernfalls brennen wir aus.

Der Versuch, das Verhalten des jungen Menschen nicht zu bewerten und es nicht sofort verstehen zu wollen, sondern zunächst einmal zu beobachten, was es an Empfindungen und Assoziationen bei mir auslöst, bis sich die eigene Wahrnehmung zu einer prägnanten Figur organisiert hat, ist der richtige Weg. Er verlangt zwar mehr Geduld und sieht für einen Beobachter weniger forsch und bestimmt aus, aber er wird der Realität gerechter. Und wenn sich der Pädagoge auf diesen Weg einlässt, eröffnen sich für ihn sehr viele pädagogische Möglichkeiten: Er kann in der wachen Auseinandersetzung in seinem Arbeitsfeld seine Wahrnehmungs- und seine Handlungsfähigkeit ganz erheblich steigern.

Bewusste Wahrnehmung (Ü)

Stellen Sie sich einmal eine Situation mit einem jungen Menschen vor, die Sie in letzter Zeit erlebt haben. Versuchen Sie sich daran zu erinnern, was Sie wahrgenommen haben und an ihr Verhalten. Würden Sie sagen, dass Sie sich für die ganzheitliche Wahrnehmung des jungen Menschen und für Ihre eigene Bewusstheit genügend Zeit gelassen haben oder waren Sie sehr schnell mit Lösungsversuchen bei der Hand? Gehen Sie in der Fantasie den Ablauf noch einmal durch und beobachten Sie dabei, welche Sinneseindrücke Sie hatten. Bleiben Sie zunächst einmal bei den Erinnerungsbildern und bei den Erinnerungen an ihre sinnliche Wahrnehmung und versuchen Sie, nicht schon zu Assoziationen zu kommen. Nehmen Sie ihre Fantasien und Gefühle war, die bei Ihnen ausgelöst wurden und werden. Und beobachten Sie dann auch einmal, ob jetzt noch nachträglich Gefühle und Fantasien bei Ihnen entstehen. Wenn Sie sich jetzt genügend Zeit dafür lassen, werden sie vermutlich über die Fülle an zusätzlichen bewussten Eindrücken überrascht sein und eventuell noch weitere und neue Ideen für das Verhalten des jungen Menschen und für weitere pädagogische Interventionen bekommen.

Unter den hohen sozialen Anforderung, wie sie auf Mitarbeiterinnen in der Jugendhilfe lasten, neigen Pädagogen und natürlich auch Psychologen zu überhasteten Entscheidungen. Auf uns wirken nicht selten von außen an uns herangetragene Zwangsmechanismen, die überzogene Bewertungsmaßstäbe und unrealistische Forderungen aufzudrängen versuchen. Wenn ich diese Forderungen pointiere, dann entsteht ein Bild, in dem wir eine gesellschaftliche Definition von Normalverhalten, die ihrerseits gar nicht eindeutig ist, als Verhaltensforderung an die jungen Menschen übernehmen sollen und die jungen Menschen möglichst mit der Aufnahme in unsere Einrichtung dazu veranlassen, dass sie sich daran halten. Dass heißt, die jungen Menschen sollen sofort oder umgehend Schulverweigerung, Straftaten, Aggressionen, Drogenkonsum, Suizidalität usw. aufgeben, obwohl diese Verhaltensweisen auf dem Hintergrund einer Persönlichkeit bestehen, deren (Fehl-) Entwicklung Jahre gedauert hat. Unterbleiben diese Auffälligkeiten nicht alsbald, dann werden die Wirksamkeit der Maßnahme und die Fähigkeit der Einrichtung beziehungsweise des Pädagogen manchmal sehr schnell in Frage gestellt.

Zweifellos kann es nicht Ziel der Jugendhilfe sein, gesellschaftlichen Normen zu widersprechen oder eine gesellschaftliche Veränderung anzustreben. Es muss in erster Linie vielmehr darum gehen, den jungen Menschen ein lebenswertes Überleben unter real bestehenden Bedingungen zu sichern und ihre seelische Lebensqualität zu erhöhen. Andererseits darf sich die Jugendhilfe aber auch nicht unter den Einfluss von unrealistischen Forderungen stellen. Wenn es nicht gelingt solche Forderungen zurückzuweisen, ist der Pädagoge gezwungen, sich vorrangig mit „Defiziten" zu beschäftigen, seine Wahrnehmung auf die Wertung des Entwicklungsstandes zu richten. Er unterliegt damit zwangsläufig der Introspektion (siehe Definition weiter oben) und kann sich nicht wirklich für den jungen Menschen öffnen. Damit wird er für ihn „blind und taub" bleiben und an ihm vorbei handeln. Er wird ihn mit Forderungen „bombardieren", mit ihm unzufrieden sein und ihn dadurch in die Opposition drängen. Seine Chancen für einen pädagogischen Erfolg werden dabei immer geringer. Am Ehesten bewirkt er bei dem jungen Menschen noch Gehorsam und Anpassung.

Pädagogen müssen sich dieser Bedingungen ihres Arbeitsfeldes bewusst sein und sich von unrealistischen Forderungen emanzipieren, wenn sie junge Menschen optimal fördern wollen. Sie müssen wissen, dass Einflüsse vorhanden sind, die sie zu Beurteilungen statt zu „Diagnosen" oder besser noch Hypothesen verleiten und somit erheblichen Einfluss auf ihre Wahrnehmung haben. Die Ablösung von solchen Forderungen ist nicht nur pädagogisch bedeutsam, sondern, wie schon weiter oben beschrieben, kann dem Pädagogen eine Bürde genommen werden, wenn der Zwang zur Normalität aufgegeben wird (siehe hierzu Petzold und Mathias in Brown[45]).

Aktivierung

Haben sie schon einmal einen Menschen aufgefordert nicht ärgerlich zu sein?

Ich habe eine Vorstellung davon, wie es ihnen dabei ergangen sein könnte, denn ich habe es selbst schon getan. Appelle, wie „Seid nett zueinander", bewirken oft das genaue Gegenteil dessen, was sie erreichen sollen. Stellen Sie sich doch einmal einen wütenden Jungen vor, der gerade einen heftigen Streit mit einem anderen hat. Werden Sie dann mit ihrem Friedensappell Erfolg haben?

Die Aufforderung, eine bestimmte emotionale Erlebensweise anzunehmen, ist nicht ausführbar. Emotionales Erleben wird nicht durch Aufforderung oder Einsicht erworben, sondern durch lebendige Erfahrungen. Für den Pädagogen hat dies unter anderem Konsequenzen in seiner Berufsrolle. Er kann sich weder selbst zwingen, noch gezwungen werden, menschlich und hilfsbereit zu sein oder zu werden. Wenn er hierzu aufgefordert wird, kann er die Haltung zwar zur Schau tragen, aber dauerhaft hält er diese Rolle nicht durch und wird unzufrieden und natürlich auch von den Menschen in seiner Umgebung durchschaut (siehe mein allererstes Beispiel in diesem Buch).

Ein Mensch ist immer dann am effektivsten, wenn er die Energie in der Form nutzt, wie sie ihm zur Verfügung steht, wenn er sie genau auf die Figur richtet, bei deren Bildung sie entstanden ist. Dies bedeutet konsequenter Weise, dass ein Pädagoge und natürlich auch ein Psychologe seine pädagogische Tätigkeit ganz aufgeben sollte, wenn er bemerkt, dass er hierfür eigentlich keine Energie mehr besitzt und sie auch nicht wieder zu gewinnen vermag.

Es ist für die Effektivität unserer Handlung und natürlich auch für unsere psychische und physische Gesundheit bedeutsam, dass wir unsere Energie richtig einschätzen und einsetzen. Wichtig ist darum, dass wir uns vor einer Aktivität fragen, ob wir sie auch wirklich ausführen wollen, ob sie tatsächlich unserem Interesse entspricht. Und wenn wir uns unserer Handlungsabsicht sicher sind, können wir uns noch fragen, wie wir handeln möchten. Grundlage für eine gute Entscheidung ist die Prägnanz, mit der wir unsere Figur gebildet haben und unsere Bewusstheit über den Stand unserer Aktivierung. Wir müssen uns darum Zeit nehmen für unseren Bewusstheits- und Figurbildungsprozess. Die Bewusstheit über unsere Aktivierung können wir erhöhen. Ihren Ursprung, ihre Richtung und ihre Größe, lernen wir besser kennen, wenn wir die Aufmerksamkeit auf unsere Körperprozesse lenken, ...

---

[45] BROWN, G.I. (Hg.) et al.: *Gefühl und Aktion. Gestaltmethoden im integrativen Unterricht.* 1978.

- indem wir uns fragen, ob wir derzeit ausgeglichen und im Einklang mit unseren Handlungen sind oder Verspannungen und Unbehagen spüren, ob unsere Handlung unsere Energie auch verbraucht hat oder wir innerlich unruhig sind,

- indem wir die Orte von Verspannungen und Unbehagen in unserem Körper lokalisieren, denn sie zeigen uns unmittelbar, wo unsere Energie gebunden ist und geben uns dadurch Aufschluss über ihre Entstehung und Zielrichtung, und

- indem wir unsere Sensibilität für die Zusammenhänge von körperlichen Empfindungen, Fantasien und Geschehnissen um uns herum steigern.

Bei der Selbstbeobachtung wird jeder Mensch individuelle wiederkehrende Erfahrungen machen. Eine Pädagogin wird zum Beispiel in ähnlichen Situationen immer wieder desinteressiert und ermüdet sein, bei einem bestimmten Sprachgebrauch eines jungen Menschen regelmäßig Ärger verspüren oder mit einem Kollegen an immer der gleichen Stelle in Streit geraten. Hinter diesen wiederkehrenden Reaktionen verbirgt sich ein Persönlichkeitsaspekt der Pädagogin. Müller-Schöll[46] hat darauf hingewiesen, dass bei vielen Menschen, die den sozialen Beruf ergreifen, eigene Bedürfnisse eine nicht zu übersehende Rolle spielen und man in der Jugendhilfe immer wieder Mitarbeitern begegnet, die in ihrer eigenen Lebens- und Lerngeschichte Probleme erlebt und zu bewältigen versucht haben, mit ihnen nicht fertig wurden und nun die eigene Problematik möglichst am Fremdbeispiel verstehen und lösen möchten.

Aus diesem, zumeist wenig bewussten Berufsmotiv kann ein Problem werden, wenn es sich als nicht erfüllbar erweist. Wiederkehrende Erfahrungen, wie die oben von mir genannten Körpersymptome sind Zeichen für nicht gelöste Probleme. Bleiben diese Probleme unbeachtet, unerkannt und unbearbeitet, können sie nicht nur die pädagogische Wirksamkeit des Helfers erheblich stören, sondern sogar dem jungen Menschen in der Betreuung einen zusätzlichen Schaden zufügen. Es ist die Aufgabe von Supervision oder Therapie (für den Helfer), an dieser Stelle sozial tätige Menschen zu unterstützen. An einer solchen Hilfe ist nichts auszusetzen und eine Pädagogin oder ein Pädagoge erweisen sich nicht als schwach dadurch, dass sie sie in Anspruch nehmen. Dies ist zum Glück in den meisten Köpfen sozial tätiger Menschen schon präsent. Lehrtherapie ist für Psychotherapeutinnen und Psychotherapeuten sogar allgemeine Pflicht innerhalb ihrer Ausbildung. Es ist kein Zeichen von Stärke, das eigene innere Erleben zu überspielen. Es fordert vielmehr Mut, sich selbst anzuschauen und für die eigenen inneren Konflikte zu öffnen.

Der einzige Weg, jemanden in seiner Entwicklung zu unterstützen, besteht darin, seine Energie zu entdecken, zu aktivieren und damit nutzbar zu machen. Ohne die Energie des anderen, bleiben die Bemühungen des Supervisors, des Therapeuten und Pädagogen erfolglos. Ein leistungsschwacher Schüler wird niemals bessere Hausaufgaben abliefern, wenn er nicht, mit oder ohne Hilfe des Pädagogen, irgendeinen Spaß an der Sache erkennt oder ein wie auch immer geartetes Interesse an Leistung entwickelt. Und ein Pädagoge, der nicht das Interesse an der eigenen Persönlichkeitsentwicklung entdeckt, wird sich in der Supervision nicht öffnen, wie sehr dies auch von seinem Vorgesetzten gewünscht wird. Sein Versuch, jungen Menschen bei der Entwicklung ihrer Persönlichkeit beizustehen, erscheint dann als Farce und nicht ernsthaft realisierbar. Und Zwang oder Belohnung erzeugen vordergründige Verhaltensweisen, die nur

---

[46] MÜLLER-SCHÖLL, A. und PRIEBKE, M.: *Handlungsfeld: Heimerziehung.* Tübingen (1982).

durch die Aufrechterhaltung von Sanktionen beibehalten werden oder sich in neurotischen Verhalten manifestieren, aber ansonsten wieder verschwinden.

Handlung und Kontakt

Mir fällt immer wieder auf, dass die Jugendlichen in unserer Einrichtung ihre Fähigkeiten überschätzen. Sie trauen sich zum Beispiel Reparaturen von elektronischen Geräten wie MP3-Spielern oder Laptop zu, ohne jemals eine Unterweisung bekommen zu haben. Meist landet dann das Resultat ihrer Bemühungen als Schrott auf dem Müll. Selbst bei einer solchen Konsequenz lassen sie sich leider nicht genug auf ihre Erfahrung ein und versuchen es mit ähnlichem Erfolg beim nächsten Mal erneut. Sie vernachlässigen somit, dass Menschen bei ihren Handlungen das Realitätsprinzip anwenden müssen. Sie müssen das Wissen darüber nutzen, was ihnen möglich ist, ansonsten kommt kein richtiger oder wirksamer Kontakt mit ihrer Figur zustande. Und wenn zur Realität gehört, dass ich zuwenig Kenntnis über die Funktion oder den Aufbau elektronischer Geräte habe, dann muss ich mir diese eben aneignen oder jemand kompetentes die Reparatur ausführen lassen.

Für einen Pädagogen bedeutet diese Orientierung am Möglichen, dass er immer wieder die schwierige Einschätzung treffen muss, wie viel an Belastung er jeweils sich selbst, seinem Kollegen oder einem jungen Menschen zumuten kann. Wenn er sich selbst überfordert, wird er vermutlich seine Handlungen nicht bis zu einem erfolgreichen Abschluss durchhalten können, oder sich an ein Problem trauen, dass seine derzeitige Erfahrung und Fähigkeit überschreitet.

Ich erinnere mich an einen sehr engagierten Pädagogen, der mit einer jungen Frau einen Therapieversuch machte, ohne hierfür kompetent zu sein, um ihr bei der Bewältigung sexueller Gewalterfahrungen zu helfen. Betroffen von deren Leiden und mit guter Absicht hatte er leider völlig aus dem Auge gelassen, dass er viel zuwenig Kenntnisse vom Umgang mit diesem Problem hatte. Das Ergebnis war für beide schlimm. Der Pädagoge hatte Emotionen provoziert, die die junge Frau so belastend erlebte, dass sie glaubte, sie nicht ertragen zu können. Sie war einige Zeit suizidgefährdet und musste in einer psychiatrischen Klinik behandelt werden. Der Pädagoge wurde sehr verunsichert und schwankte zwischen dem Zweifel an seiner pädagogischen Kompetenz und einer resignativ kritischen Haltung gegenüber „Fachleuten" in seiner Umgebung.

Das Beispiel zeigt, wie wichtig es ist, dass der Pädagoge gute Fähigkeiten zur realistischen Einschätzung der intellektuellen und emotionalen Möglichkeiten der jungen Menschen besitzt. Geht er bei einer Fehleinschätzung mit seinen Interventionen zu weit (nimmt er zum Beispiel den Recorder weg, der repariert werden soll, ohne dass der Jugendliche diese „Verletzung" verkraften kann), dann hat er die emotionale Verarbeitungsfähigkeit des Jugendlichen überfordert. Dieser wird seine Integrität schützen wollen und ärgerlich werden oder sich auf andere Weise verschließen. Verlangt der Pädagoge andererseits zuwenig, entsteht ein ähnliches Problem, weil jener sich unterfordert und nicht ernst genommen fühlt. Egal mit welcher Ausprägung: Mit einer verkehrten Einschätzung kommt der Kontakt zwischen beiden nicht oder nur schlecht zustande.

Abschluss und Rückzug

Nach einem gelungenen Kontakt haben beide, der Pädagoge und der junge Mensch die Erfahrung einer Erweiterung des Selbst gemacht, beide haben etwas gelernt und sich entwickelt. Der Pädagoge hat sein Wissen über das Problem des jungen Menschen vergrößert, weiß jetzt besser mit ihm umzugehen und ist über seinen Erfolg zufrieden. Der junge Mensch hat das Gefühl, verstanden und ernst genommen zu werden, hat vielleicht Interesse und Energie für neue Handlungen bekommen und ist in Zukunft vermehrt bereit, sich auf den Kontakt einzulassen.

Abschluss und Rückzug sind wesentliche Bestandteile im Zyklus des Erlebens. Ein Pädagoge muss zum Beispiel in der Lage sein, einen jungen Menschen loszulassen. Dieses Loslassen-müssen ist ein nicht nur für sozial tätige Menschen vertrautes Problem. Die Sorge um den anderen „lässt uns nicht los" und darum halten wir ihn fest. Wir nehmen ihm Verantwortung ab, nehmen riskante Situationen „sicherheitshalber" selbst in die Hand. Aber wir nehmen ihm so auch die Erfahrungen, der Selbständigkeit. Wenn wir ihn festhalten, kann er nicht selbständig handeln und den Lernschritt nicht praktisch vollziehen, der im gegenseitigen Kontakt vorbereitet wurde. Unsere pädagogische und therapeutische Arbeit muss ihre Grenze mit der Unterstützung des Erlebenszyklus des jungen Menschen finden. Wir dürfen ihn nicht auch noch stellvertretend vollziehen. Wenn wir uns hieran nicht halten, dann wird uns der junge Mensch auch nicht loslassen können. Er wird Angst vor der Selbständigkeit entwickeln und sich nicht trauen, Prozesse abzuschließen, die dort hinführen könnten, dass zum Beispiel die Betreuung planmäßig endet. Ich erinnere mich an einen jungen Mann in einer Jugendhilfeeinrichtung, der hier 8 Jahre gelebt hatte und nach dem Abschluss seiner Berufsausbildung in eine eigene Wohnung entlassen werden sollte. Er war ängstlich und sehr unsicher bei dieser Aussicht. Seine „Lösung" war, dass er trotz guter Fähigkeiten bei den Abschlussprüfungen durchfiel, damit er weiter in der Einrichtung leben konnte.

6.2 Diagnostik oder Hypothesenbildung

Das wissenschaftliche Vorgehen des 19. Jahrhunderts war bestimmt durch das Paradigma des Ursache-Wirkungs-Prinzips, nach dessen Aussage jedes Geschehen verstanden werden kann, wenn man seine Ursache kennt. Die Vorstellung ist, dass eine Ursache eingrenzbar ist und erforscht werden kann. Die klassische medizinische und psychologische Diagnostik hat in diesem Denken ihre Herkunft. Das sogenannte medizinische Modell erkennt bei der „Datenerhebung" darum im Wesentlichen die gezielte Analyse der Herkunft von Erscheinungen an und lehnt eine existenzialistische Sichtweise ab. Der wichtigste Faktor der klassischen Diagnostik ist das schlussfolgernde Denken. Aus begrenzten Informationen werden Rückschlüsse gezogen und der Klient oder Patient wird angeregt, weitere Daten mitzuteilen. Diese Vorgehensweise ist in der Sprache der Gestalttherapie mit aktiver, gerichteter Bewusstheit gleichzusetzen.

Zur klassischen Diagnostik nach medizinischem Vorbild gehört auch die Vorstellung, dass es möglich ist, psychische Krankheits- oder Störungsbilder festzulegen und für das jeweilige Problem eine schematisierte Indikation stellen zu können. Mit dieser Vorstellung werden dann Introjetionsprozesse sogar provoziert. Der Diagnostiker legt sich in seiner Wahrnehmung auf die Suche nach Symptomen für das eine oder andere Krankheitsbild fest und verliert an Offenheit für abweichende Informationen und für das Gesamtbild.

Dem entgegen wirkt eine wissenschaftliche Orientierung, die eine existenzialistische Vorgehensweise vertritt, die sich unter anderem auf offene, ungerichtete Bewusstheit stützt. Sie beruht auf der Ansicht, dass man Daten nicht dazu zwingen kann, in Erscheinung zu treten, dass man sich vielmehr in eine Situation vertiefen und warten muss, bis sie sich zeigen. Dem existenzialistischen Denken liegt auch zugrunde, dass die Bedingungen für ein Geschehen so komplex sind, dass eine Festlegung auf Krankheitsbilder und eingrenzbare Ursachen und Indikationen unzulässig ist. Ein Geschehen ist nicht linear durch eine oder wenige Ursachen verstehbar, sondern immer Bestandteil eines zirkulären Prozesses.

Ursache-Wirkung-Prinzip versus zirkulärem Denken

Der einfachste lineare Vorgang, der nach dem Ursache-Wirkungs-Prinzip für menschliches Verhalten postuliert wird, ist das Reiz-Reaktions-Schema. Bei dieser theoretischen Vorstellung erlebt ein Organismus einen Reiz und muss aufgrund seiner physischen und psychischen Bedingungen in vorhersagbarer Weise reagieren. In der Lerntheorie wird dieses Schema noch um eine Konsequenz erweitert, die auf die Reaktion des Organismus erfolgt und damit für eine Verstärkung oder Abschwächung der Reaktionsbereitschaft in der Zukunft sorgt.

Diese Denkweise des Ursache-Wirkungs-Prinzips liefert eine eingeschränkte Abbildung der Realität, weil sie die Interaktion vernachlässigt. Jeder Organismus steht nämlich permanent mit seiner Umgebung in Interaktion. Er verfügt über Orientierungsfähigkeiten in einer Umgebung, die ihrerseits in ständiger Entwicklung ist. Mit seiner Orientierung, mit seinen kreativen Leistungen und mit den Veränderungen in seiner Umgebung entwickeln sich die Interessenlage des Organismus und seine Einschätzung, wie seine Handlung optimal fortgesetzt werden könnte. Eine Sichtweise, die alle diese Vorgänge berücksichtigt, muss sich vom linearen Denken lösen und auf zirkuläre Prozesse verweisen.

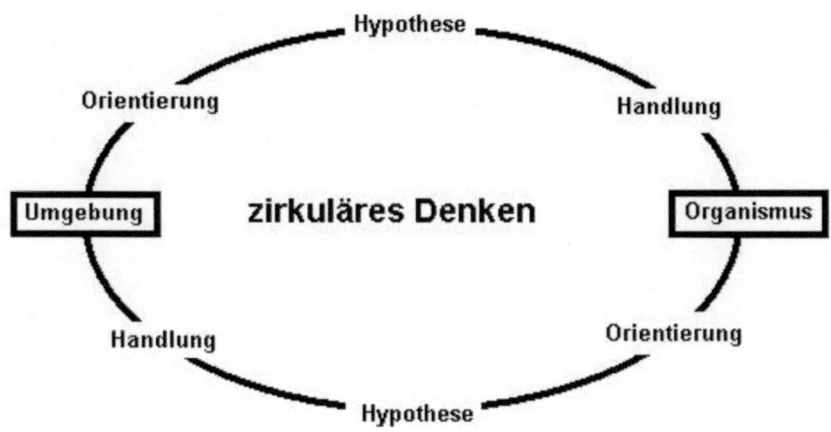

Das Schaubild zeigt stark vereinfacht, wie ein Mensch sich in seiner Umgebung, in seinem Feld orientiert, zu einer Hypothese über die gegenwärtigen Bedingungen kommt und handelt. Diese Handlung ist für andere Organismen in der Umgebung wiederum Bestandteil des sie umgebenden Feldes und hat darum Einfluss auf ihren Orientierungs- und Hypothesenbildungsprozess, sowie auf ihre Handlungen. Diese Handlungen verändern dann wieder die Bedingungen im Feld des Menschen usw...

Offene, ungerichtete versus aktive, gerichtete Bewusstheit (Achtsamkeit)

Wie unterscheiden sich aktive, gerichtete Bewusstheit und offene, ungerichtete Bewusstheit im Wahrnehmungsprozess des Pädagogen voneinander?

Ich möchte eine Unterscheidung treffen zwischen dem Diagnostiker, der seine Bewusstheit aktiv auf das Erscheinen von Symptomen richtet und dem Beobachter, der die Ereignisse an sich herankommen lässt, ohne sich durch eine Vorauswahl festzulegen.

- *Der Diagnostiker* greift auf einen normativen Hintergrund zurück. Er hat Vorstellungen über gesundes Verhalten, hat einen Katalog von Krankheitsbildern und Indikationen.

- *Der Beobachter* ist offen dafür, welche Funktion die Handlungen haben und lässt ein neues Verständnis zu. Mit seiner Festlegung hat der Diagnostiker die Tendenz, sich übermäßig auf die Krankheit (Schwäche) und nicht die Gesundheit (Stärke) zu besinnen.

Für die Gestaltpädagogik ist ein Pendeln zwischen der offenen, ungerichteten Bewusstheit und der aktiven, gerichteten Bewusstheit optimal. Die aktive, gerichtete Bewusstheit führt aber nicht zu Diagnosen, sondern lediglich zu Hypothesen. Hypothesen unterscheiden sich von Diagnosen darin, dass sie mögliche Abbilder der Realität sind. Sie erheben nicht den Anspruch auf Ausschließlichkeit, sondern lassen Alternativen zu:

Der Pädagoge muss sich offen halten für alle Eindrücke und aus diesen Eindrücken Hypothesen bilden nach denen er handeln will, er muss sie auch wieder aufgeben, wenn sie sich als falsch oder unzureichend erweisen, und er muss sich dann wieder öffnen und neu orientieren können.

Mit dem Wechsel von offener, ungerichteter Bewusstheit, Hypothesenbildung, Erprobung der Hypothese in einer Handlung und Rückkehr zur offenen, ungerichteten Bewusstheit, installiert der Pädagoge einen zirkulären Prozess, in dem er sich gemeinsam mit dem jungen Menschen, den er betreuen soll, eine Entwicklung erlebt.

Gestaltpädagogik geht von der Entwicklungsfähigkeit des Menschen aus und hält den Diagnostiker für weniger kompetent das Problem und seine Hintergründe einzuschätzen, als den mit Problemen belasteten Menschen selbst. Walter Kempler formuliert drastisch: „Diagnosen sind Grabsteine für die Enttäuschungen des Therapeuten. Anschuldigungen wie z.B. Abwehr, Widerstand und Sekundärgewinn sind Blumen auf dem Hügel seiner begrabenen Unzufriedenheit"[47].

---

[47] KEMPLER, W.: *Grundzüge der Gestaltfamilientherapie*. München (1988)

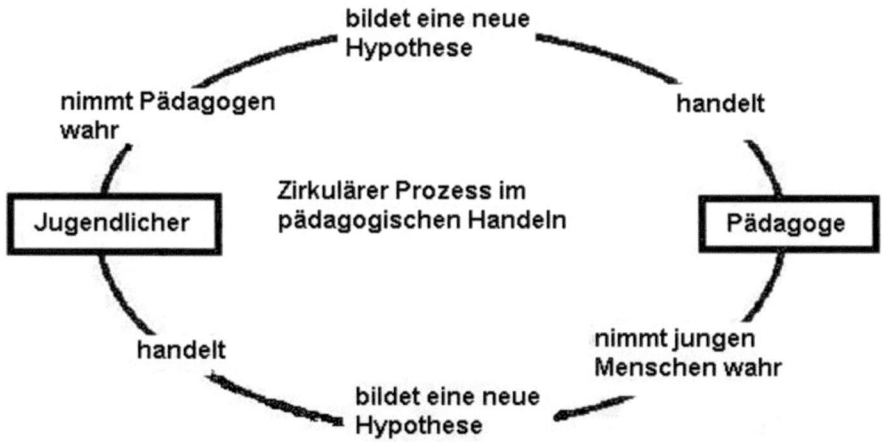

Der Pädagoge muss selbstverständlich Hypothesen entwickeln, damit er handlungs-
fähig ist. Wesentlich ist dabei seine Bewusstheit, dass er mit seinem eigenen Wahrnehmen und Handeln am Prozess der Hypothesenbildung beteiligt ist. Seine Hypothesen sagen nicht nur etwas über den jungen Menschen aus, für den sie gebildet
wurden, sondern auch über den Pädagogen, der sie gebildet hat. Der Prozess der
Entdeckung wie etwas ist, geht beide an, Pädagogen und den jungen Menschen. Sie
kreieren ihn gemeinsam. Der Pädagoge muss darum in der Lage sein, seine Hypothesen wieder aufzugeben, wenn sie nicht haltbar sind und er muss sie in einer Form
abfassen, die nicht klassifizierender, sondern beschreibender, generalisierender Art
ist, die mehr nach dem Ziel als nach der Ursache von Verhalten fragt. Bei der Beschreibung dieses Vorgehens wird mehr und mehr deutlich, dass in der Gestaltpädagogik, ebenso wie in der Gestalttherapie, keine klare Trennung zwischen Diagnose,
besser Hypothesenbildung und Therapie erkennbar ist. Im zirkulären Prozess
wechseln sich diagnostische und intervenierende Anteile ab und die Förderung von
Bewusstheitsprozessen wird selbst zur pädagogischen Intervention.

7 Psychische Entwicklung und Störungen

In der Jugendhilfe werden leider immer noch viel zu häufig die Probleme der jungen Menschen als „Defizite" bezeichnet und angesehen, gerade so, als müsste Pädagogik dazu dienen, irgendwelche moralischen Lücken aufzufüllen, fehlendes Wissen zu ergänzen und mangelnde Emotionen nachzuliefern, damit aus dem Jugendlichen ein selbständiger und gesunder Erwachsener wird. Der Begriff „Defizit" impliziert, dass etwas fehlt und das etwas hinzugefügt werden müsse, bis es genug sei. Diese Denkweise ist falsch. Die jungen Menschen haben nicht zuwenig von irgend etwas, (höchstens haben sie in der Vergangenheit zuwenig Liebe, Zuwendung und Akzeptanz erlebt), sondern sie haben Wahrnehmungs- und Handlungsweisen erworben, die für ihre früheren Erlebnisse angemessen waren und dem Überleben unter schwierigen Bedingungen dienten, mit denen ihre Umgebung in der Gegenwart aber nicht mehr zurechtkommt, die ihnen im Hier-und-Jetzt ein zufriedenstellendes Leben erschweren oder sogar unmöglich machen.

7.1 Das Energiekonzept

Mit dem Energiekonzept bietet die Gestaltpädagogik eine andere Sichtweise der Entstehung und Aufrechterhaltung von Problemen an.

Ich habe weiter oben beschrieben, dass jeder Handlung die Figurbildung vorausgeht, die mit der Entstehung von Energie verbunden ist, welche in der Handlung wieder aufgebraucht wird. In diesem Prozess benötigt jeder Mensch die Erfahrung, dass seine Handlungen erfolgreich sind, dass er potent ist und seine Umwelt Gegenleistungen für ihn hat, damit er ihr mit Vertrauen, Lust und sogar Wagemut begegnen kann, mit anderen Worten: Um sich psychisch gesund zu entwickeln. Aber wenn seine Anstrengungen nicht erfolgreich sind, dann entstehen in ihm Ärger, Verwirrung, Enttäuschung usw.

Die Bedürfnisse eines Menschen entstehen permanent uns lassen sich nicht unterdrücken, sosehr dies der eine oder andere auch manchmal versucht. Und wenn Bedürfnisse permanent entstehen, dann entwickelt sich auch ebenso permanent Energie, die nach Handlung verlangt. Diese Energie muss verbraucht werden und solange sie nicht verbraucht ist, verspürt der Mensch ein Spannungsgefühl, dass ihn immer wieder zu Aktionen drängt. Ist der Zugang zum eigentlichen Ziel der Bedürfnisbefriedigung auf irgendeine Weise versperrt, dann muss der Mensch sie auf anderen Wegen abarbeiten oder besser ableiten, wobei sich zwangsläufig die Möglichkeit eines guten, direkten Kontaktes mit der Umwelt verringert und auch kein vollständiges Gefühl der Befriedigung entsteht.

Wenn ein Junge zum Beispiel eine Norm beigebracht bekommt, die zum männlichen Selbstverständnis gehört, nämlich das ein Indianer keinen Schmerz kennt und Weinen zu unterdrücken ist, dann wird er seiner Umgebung seine Trauer immer weniger zeigen können und dürfen. Er wird vielleicht, um die entstandenen Energien abzubauen, abwertend oder aggressiv gegen jene werden, die ihren Tränen freien Lauf lassen oder er versucht die Anlässe zu umgehen, die eine Trauer nach sich ziehen könnten. Zum Beispiel wird er sich eventuell nicht mehr auf enge Beziehungen einlassen, um das Trennungsrisiko und den damit verbunden Schmerz auszuschalten. Die spezifische Richtung, in die er die Energie ableitet, bzw. die bestimmte Form, wie er ihrem Fluss in die eigentliche Richtung ein Hindernis entgegensetzt, ist prägend für seinen Lebensstil. Ein in diesem Sinne gestörter Energiefluss ist eine neurotische Störung.

7.2 Vermeidung

Es gibt in jedem Menschen eine Ambivalenz gegen Veränderungen, auch im größten Abenteurer. Jeder Mensch schätzt die Sicherheit, die daraus entsteht, dass er sich in einer Situation, in einer Umgebung auskennt und ihn nichts überraschen oder gar unerwartet erschrecken wird und niemand möchte diese Sicherheit gerne aufgeben. Je nach theoretischer Orientierung wird diese Ambivalenz Vermeidung oder Widerstand genannt. Ich neige dazu häufiger von Vermeidung zu sprechen und die Bezeichnung „Widerstand" möglichst nicht zu verwenden, da sie meines Erachtens eine negative Wertung enthält.

Vermeidung ist - wie gesagt - zunächst keine spezielle Eigenschaft eines Neurotikers, sondern jeder Mensch wendet entweder seine Energie so auf, dass er einen guten Kontakt zu seiner Umwelt hat, oder er vermeidet den Kontakt. In meiner Gestalttherapieausbildung hatte ich die Möglichkeit einige meiner eigenen Methoden kennenzulernen, mit denen ich Einflüsse von außen abgewiesen habe und dies auch noch tue. Und in den Seminaren, die ich anbiete, lernen die Teilnehmer einige ihrer Abwehrverhalten ebenfalls kennen, wenn sie hierzu bereit sind. Das Kennenlernen meiner eigenen Vermeidungsverhalten hat es mir erleichtert, die gleichen Prozesse bei anderen Menschen zu akzeptieren und ich glaube, dass ein ähnlicher Effekt bei den Teilnehmern meiner Seminare entstanden ist. Die Rückmeldungen, die ich erhalte, stärken meine Hoffnung.

Die Orientierung zu verlieren, nicht mehr zu wissen oder zu empfinden, was in der gegenwärtigen Situation richtig oder falsch ist, löst bei jedem von uns Angst aus; eine Angst, die wir vermeiden wollen. Aus diesem Grunde halten wir auch lieber an einer Auffassung oder Wahrnehmung fest, denn sie ist uns bekannt und liefert darum ein sicheres Gefühl. Sie zugunsten einer neuen aufzugeben, bedeutet vorübergehend eine Zeit der Unsicherheit in Kauf zu nehmen. So wie ein gehender Mensch mit jedem Schritt, wenn er eines seiner Beine vom Boden abhebt, seinen Körper für einen kurzen Augenblick in eine instabile Lage bringt, müssen wir für eine neue Haltung, Auffassung oder Wahrnehmung, die alte bekannte Orientierung verlassen, bevor wir die neue annehmen können. Wenn wir diese Unsicherheit chronisch vermeiden, kann es geschehen, dass wir uns mehr und mehr mit unserem Standpunkt von einer sich verändernden Realität entfernen. Wir lassen uns dann immer weniger auf das Wagnis ein, uns vorübergehend nicht auszukennen, werden ängstlich und unflexibel. Und es gibt sogar Einstellungen, die wir solange bestehen lassen, bis ihr Missverhältnis zur Realität schmerzhaft wird. Das oben angesprochene traditionelle Männerbild verlangt zum Beispiel, übermäßig stark zu sein und keine

Schwäche zu zeigen. Es gibt leider auch heute noch eine große Anzahl Männer, die an diese Werte glauben, ihren Schmerz unterdrücken und lieber Magengeschwüre oder andere psychosomatische Erkrankungen in Kauf nehmen, als ihre Tränen oder Enttäuschungen zu zeigen.

Sogar dann, wenn sich ein Mensch hilfesuchend an einen anderen wendet, wird er konkreten Hilfen nicht selten mit gemischten Gefühlen gegenüberstehen. Diese Ambivalenz gilt für die Situation in der Familie und im Freundes- und Bekanntenkreis ebenso, wie für den Rahmen der pädagogischen Betreuung und psychologischen Beratung und Therapie. Der junge Mensch, der unsere Hilfe und unseren Rat beansprucht oder aber mehr oder weniger gezwungen in unserer Betreuung gelangt, hat sich ein Verhalten angeeignet, dass für andere problematisch ist und ihm selbst Probleme bereitet. Dieses Verhalten war in der Vergangenheit einmal sinnvoll, weil es ihn vor Belastungen schützte, die seine Umwelt auf ihn geladen hatte. Dieser Schutzmechanismus ist aber in der Gegenwart nicht mehr angemessen. Als Außenstehende durchschauen und erkennen wir die Sinnlosigkeit des Verhaltens, können die Beweggründe aber oft nicht finden oder auch nur ahnen. In einer solchen Situation verlockt es uns, unsere Hilfeangebote gegen diese Verhaltensweisen zu wenden. Wir werden den jungen Menschen vielleicht auf das aufmerksam machen, was er in der Gegenwart versäumt oder ihn auf Konsequenzen seines Problemverhaltens hinweisen. Im extremen Fall machen wir ihm Vorwürfe oder werten sein Verhalten ab. Seine Reaktion wird uns dann vermutlich enttäuschen, denn er wird unser Angebot auf irgendeine Art abwehren. Er muss unsere „Hilfe" sogar abwehren, wenn er seine Integrität schützen will.

Nehmen wir als Beispiel den jungen Menschen, der sich permanent auf verschiedenste Weise weigert am Schulunterricht teilzunehmen. Wir Betreuer wissen, dass er, wenn er diese Haltung beibehält, so gut wie keine Chancen hat, später ein Leben zu führen, dass unseren Vorstellungen von lebenswert entspricht. Er wird ein Fall für Hartz 4 sein und mit einem sehr geringen Lebensstandart auskommen müssen. Eventuell wird er sogar abgleiten in Nichtsesshaftigkeit oder Kriminalität. Wir werden seine Weigerung darum beseitigen wollen und ihn zu motivieren versuchen, indem wir ihm die Konsequenz vor Augen führen. Wenn wir Glück haben, lässt er uns gewähren. Was aber geht in ihm vor, wenn er so drastisch vor Augen geführt bekommt, dass er sein Leben schlecht führt? Und was wissen wir darüber, was ihn eigentlich bewegt, nicht zur Schule zu gehen? Werden wir mit unseren Motivationsversuchen etwas erreichen?

Viele der jungen Menschen, mit denen ich gearbeitet habe, waren von der Schule frustriert. Dies lag zum Teil an der Gestaltung der Schule und des Unterrichtes selbst, aber auch fast immer an erfahrenen Mobbingsituationen, negativen Erfolgserwartungen und Versagenserlebnissen. Fast alle der Jugendlichen glaubten nicht daran, dass sie in der Lage sein könnten, akzeptable Schulleistungen zu erbringen oder der sozialen Situation in der Schule bestehen zu können. Sie gingen mit einer Unlust an die Bewältigung ihrer Aufgaben, die dann tatsächlich auch zu schlechten Ergebnissen führte oder sie präsentierten sich in ihrer Klasse in einer Weise, dass sie wiederum in die Außenseiterrolle gerieten. So installierten sie sich einen Kreislauf von negativer Erwartung und Misserfolg, in dem die Bereitschaft zum Schulbesuch ständig weiter abnahm. Ihre Energie, diesen Kreislauf zu ertragen, war irgendwann aufgebraucht. Sie sahen dann keine andere Chance mehr, sich vor den ständigen Frustrationen zu schützen, als die Situation zu vermeiden, in der sie entstanden.

Wenn wir mit unseren vermeintlichen Hilfen den Schutzmechanismus eines Menschen in Frage stellen, wird er uns zumeist abweisen. Uns Helfern ist eventuell deutlich, dass er ihn ja eigentlich gar nicht mehr nötig hat. Und vielleicht ahnt er dies selbst auch, aber machen wir uns folgendes deutlich: Beeinträchtigt durch seinen Schutz, durch seine „neurotische Brille", hat der junge Mensch die Gegenwart noch nicht so wahrgenommen, wie sie tatsächlich ist. Sie ist für ihn fremd. Er weiß noch nicht, auf was er sich einlässt, wenn er sich für eine neue Orientierung öffnet und sein Vertrauen in uns ist vielleicht noch ungenügend. Das Risiko einer neuerlichen Verletzung ist ihm zu hoch und darum bleibt er lieber bei dem, was er hat und so wie er ist.

In unserem Beispiel kann es so sein, dass der schlechte Schüler nach unserer Kenntnis eigentlich über ein hohes Maß an Intelligenz verfügt, er aber selbst an seine Leistungsmöglichkeit nicht mehr glaubt und sich dadurch selbst massiv hemmt und aufgrund der emotionalen Belastung nicht leistungsfähig ist. Angenommen wir erkennen vielleicht auch dieses Dilemma, dann kann es passieren, dass wir uns zusätzlich ermuntert fühlen, ihn zu Aktivitäten in der Schule anzuhalten, in der Hoffnung, dass, wenn er erst einmal Leistungen erbracht hat, der Knoten platzen möge. Es ist im alltäglichen Umgang schwer zu akzeptieren, dass die Vermeidung ein normaler und potentiell nützlicher Zustand ist. Aber zu einer wirklichen pädagogischen und therapeutischen Hilfe gehört das Verständnis von der Vermeidung als eine selbstregulierende, gesunde Äußerung. Ohne die Fähigkeit zu vermeiden – was ja auch so viel bedeutet, wie Belastungen abzuweisen – wären wir überfordert und nicht fähig, unsere Bedürfnisse angemessen zu befriedigen, uns vor überzogenen Anforderungen zu schützen und planvoll zu handeln, denn wir wären permanent mit der Verarbeitung unserer sich permanent verändernde Umwelt beschäftigt, ohne zu einer gezielten Handlung zu kommen. Kaum hätten wir einen Entschluss gefasst oder einen Schritt getan, schon würden wir von einer veränderten Bedingung in unserer Umgebung wieder in Frage gestellt werden. Vermeidung wird darum erst zum Problem, wenn sie dauerhaft unsere Entwicklung stört.

Umgang mit Vermeidung

Nach Auffassung der Gestalttherapie hält ein Mensch seine neurotischen Störungen aufrecht, indem er Bewusstheit vermeidet. Das heißt, er wehrt sich auf verschiedene Weisen wahrzunehmen, was in seiner Gegenwart geschieht. Diese Vermeidung der Wahrnehmung führt dann dazu, dass die Tendenz zur Bildung „guter" Gestalten gestört ist und dass Wachstums- oder Anpassungsprozesse unterbleiben. Sie haben sicherlich schon genauso wie ich Jugendliche erlebt, die den Schulbesuch vermieden und, um ihr Selbst zu schützen, die Notwendigkeit von Schulbildung verleugneten oder Träume entwickelten, in denen sie als Alternative auf unrealistische Weise zu Reichtum kamen. Sie alle kannten den wahren Grund für ihre Misserfolge nicht und bei allen mir bekannten Jugendlichen hat eine psychologische oder pädagogische

Erläuterung von mir oder von einem ihrer Betreuer in keinem Fall genügt, ihre Probleme abzubauen.

Die Gestalttherapie sieht nun ihre Aufgabe darin, Vermeidungsmechanismen soweit aufzudecken und überflüssig zu machen, wie es für den Menschen zum jeweiligen Zeitpunkt möglich ist. In der Gestalttherapie gilt die Regel:

Versuche nicht den Fluss anzuschieben!

In dieser Aussage ist die Erfahrung zusammengefasst, dass ein Therapeut, der sich über die aktuellen Entwicklungsmöglichkeiten der Menschen hinwegsetzt, weitere Vermeidung und Ablehnung provoziert. Kein Mensch wird den Kontakt mit einem solchen Helfer dauerhaft aufrechterhalten wollen, sondern vielmehr die Therapie abbrechen und die pädagogische Betreuung im Rahmen seiner Möglichkeiten auf irgendeine Weise unterlaufen. So ist zum Beispiel das Entweichen aus der Einrichtung unter diesem Gesichtspunkt als eine konsequente Reaktion des jungen Menschen aufzufassen.

Die wesentliche pädagogische und therapeutische Aufgabe kann also nicht darin bestehen, gegen die Ambivalenz oder gegen die Vermeidung Veränderungen herbeizuführen, sondern darin, dem anderen zu helfen, seine Bewusstheit über seinen ambivalenten Zustand zu erhöhen. Der Mensch muss erleben, wie er zwischen den Bedürfnissen schwankt. Wie er einerseits seine Vermeidung nicht aufgeben will und andererseits unter deren Auswirkungen leidet. Er muss seine Aufmerksamkeit für die Kräfte erhöhen, die ihn motivieren auf einen neuen Standpunkt zuzugehen und für jene, die ihn veranlassen, der Auseinandersetzung mit dem Problem auch wieder auszuweichen. Das Leiden ist dabei die Kraft, die ihn zur Auseinandersetzung mit der Ambivalenz motiviert oder gar zwingt und seine Furcht vor der unbekannten Gegenwart ist die Gegenkraft, die den Entwicklungsstillstand bewirkt.

Der erste grundsätzliche Schritt bei einem Jugendlichen, der zurzeit eine erhebliche Aversion gegen den Schulbesuch hat, kann zum Beispiel sein, dass er in dieser Haltung erst einmal akzeptiert wird. Das Zugeständnis, ihn nicht unter Zwang zum Schulbesuch zu bewegen und die Legalisierung des Fernbleibens von der Schule kann beim Jugendlichen und beim Pädagogen eine Entspannung der Situation bewirken. Jetzt ergibt sich die Möglichkeit endlich zu ihm den zwischenmenschlichen Kontakt aufzubauen, der bisher nicht möglich wahr, weil der Pädagoge mit seiner Forderung nach Schulbesuch eine bedrohliche Person war und der Jugendliche mit seiner Weigerung den pädagogischen Erfolg in Frage stellte. Jetzt wird es möglich, den Jugendlichen zum Erleben der Gegenwart zu ermutigen, weil sie für ihn weniger gefährlich erscheint. Im Laufe der weiteren Entwicklung kann man ihm dann auch zu einem Verständnis verhelfen, wie er sich mit seiner Schulverweigerung vor Misserfolgen und vor psychischen Verletzungen schützt. Es entsteht für ihn so allmählich eine Chance, die Hintergründe zu verarbeiten und sich dann für eine weitere Ausbildung zu entscheiden.

Die Entscheidung, eine neurotische Haltung aufzugeben, muss jeder Mensch selbst treffen. Ein anderer kann dies nicht für ihn tun. Zu seiner Entscheidung kann beitragen, dass der Mensch erfährt, wie er seine Vermeidung gestaltet, wovor sie ihn bewahren soll und ob diese Gefahr noch besteht. Erst wenn er seine Vermeidung und deren Funktionen im vollen Umfang erfahren hat, kann er sich für die Gegenwart wieder ganz öffnen und dann alternative Standpunkte und Verhalten entwickeln. Bei diesem Erfahrungsprozess können wir ihn unterstützen, indem wir seine Vermeidung als einen derzeitigen Teil seiner Person akzeptieren und respektieren, denn dann kann auch er akzeptieren, dass es sich um sein Verhalten handelt und er die Wahlfreiheit hat, es wieder aufzugeben.

Eine Veränderung in der Persönlichkeit entsteht aber nicht allein aus dem Umstand, dass jemand die Vermeidung kennenlernt oder seine neurotische Haltung aufgibt, auch wenn dies die ersten Schritte seiner Entwicklung sein müssen. Ein Mensch kann die Erfahrungen, die er gemacht hat und die ihn zu seiner Vermeidung bewogen haben, nicht einfach ablegen und eine Vermeidung ist nicht einfach das ungesunde Additiv zu einem ansonsten gesunden Menschen. Gibt er seine Vermeidung auf, dann erfährt er den Hintergrund für sein Leiden. Jetzt kommt er in Kontakt mit den Erinnerungen an die Erlebnisse in seiner Vergangenheit und muss diese verarbeiten. Jede Erfahrung birgt dabei nützliches Potential, dass wenn es verarbeitet und in die Persönlichkeit integriert wird, die Möglichkeiten des Menschen bereichert und zu seinem Persönlichkeitswachstum beiträgt. Ein Mensch, der Demütigungen erlebt hat, wird für die Verhaltensweisen sensibel sein, die sie bewirkt haben. Wenn er seine Verletzungen geheilt hat, kann er seine Sensibilität bewusst nutzen. Er kann in seinem Umgang mit anderen Menschen eigenes verletzendes Verhalten besser erkennen und vermeiden.

Durch eine gesunde Integration organisiert ein Mensch sein Erleben neu, es wird zu einer neuen Gestalt, bei der das neue Ganze mehr ist, als die Summe seiner zuvor unvereinigten Persönlichkeitsanteile. Diese Integration ist das Ziel pädagogischer und therapeutischer Gestaltarbeit. Ich wiederhole mich und unterstreiche damit die Bedeutung: Um das Ziel verfolgen zu können, muss der Pädagoge oder der Therapeut die Vermeidung ertragen, akzeptieren und respektieren lernen und als das erkennen, was sie ist. Er muss bereit sein, auf die Entwicklungsmöglichkeiten des jungen Menschen zu vertrauen, ihm die Zeit lassen, die er benötigt und auf den Versuch von Lenkung verzichten.

7.3 Psychische Störungen junger Menschen in der Jugendhilfe

In der Jugendhilfe besteht die erhöhte Gefahr, eine im oben beschriebenen Sinne förderliche pädagogische Haltung aufzugeben, zugunsten des Versuchs, einen jungen Menschen zu seinem Glück zu zwingen. Ein Grund ist das enorme Problempotential dem die Betreuer gegenüberstehen. Die jungen Menschen sind durch ihre schwierige Vergangenheit ausnahmslos psychisch vorbelastet und haben teils sogar ganz erhebliche neurotische Störungen. Viele von ihnen sind unter schmerzvollen Bedingungen aufgewachsen und haben schlimme Verletzungen in ihrer sich gerade entwickelnden Persönlichkeit hinnehmen müssen, alle haben Trennungen zu überwinden. Viele haben über lange Zeit keine vollständige Familie erlebt, mussten repressive Eltern oder Stiefeltern ertragen, mit häufig alkoholisierten Erwachsenen fertig werden, seelische und körperliche Mißhandlungen hinnehmen. Die Liste an Demütigungen, die sie erdulden mussten, lässt sich lange fortführen. Das Verhalten dieser jungen Menschen gegenüber ihren Erziehern ist, auch wenn es noch so destruktiv ist, aufgrund ihrer Lebensgeschichte konsequent. Sie haben, wie jeder Mensch, auf ihre individuelle Art in ihrer oft brutalen und lieblosen Umgebung zu überleben gelernt und verhalten sich nun gemäß diesen Erfahrungen. Andere haben sie nun einmal nicht machen können.

Ein weiterer Grund für aufgezwungene Hilfeversuche ist, dass einige Formen der Vermeidung in der stationären Jugendhilfe als besonders unangenehm erlebt werden, denn die jungen Menschen gehen leider oft äußerst problematische Wege, die für sie schlimmste Konsequenzen nach sich ziehen können. Sie wenden sich zum Beispiel kriminellem Verhalten zu, bewegen sich durch erhebliche Schulversäumnisse in eine scheinbar aussichtslose Lebensperspektive hinein, konsumieren Drogen oder entwickeln suizidale Neigungen.

Wir leiden als Psychologen und Pädagogen, wenn wir den Umschwung in die positive Richtung einfach nicht hervorrufen können, weil der junge Mensch uns nicht an sich heran lässt. Wir fühlen uns ohnmächtig und unser Ohnmachtsgefühl lässt uns unter Umständen zornig werden gegenüber den jungen Menschen, der sich wider aller Vernunft verweigert. Und gerade in solchen Situationen entsteht dann ein Teufelskreis, wenn der Widerstand des jungen Menschen mit verbaler Gewalt oder Sanktionen überwunden werden soll und er sich umso stärker schützt und vielleicht dem Kontakt letztendlich völlig ausweicht, verstärkt um eine weitere negative Erfahrung.

Die Pädagogin muss die Prozesse der Vermeidung und ihre Bedeutung kennen, wenn sie mit psychisch belasteten und neurotisch gestörten jungen Menschen umgehen will. Ein effektiver pädagogischer Ansatz muss hierfür die methodische Hilfestellung geben. Aber natürlich genügt Methodik allein nicht. Ein Mensch hält seine neurotischen Störungen aufrecht, indem er Bewusstheit vermeidet, sich also auch vor Einflüssen verschließt, die ihn näher an die Realität heranführen sollen. Bei der schwierigen Arbeit in der Jugendhilfe wird sich eine Pädagogin darum vermutlich oft fragen: „Wie soll ich denn einen jungen Menschen überhaupt erreichen, wenn dieser sich wehrt, wahrzunehmen, was hier und jetzt ist, wenn seine Vermeidung dazu führt, dass er einfach nicht die realen Bedingungen der Gegenwart erkennen will? Wie soll ich denn akzeptieren, dass er auf verschiedene Weise Gefahr läuft, seine Lebensperspektive zu verderben und keine Anpassungs- und Wachstumsprozesse erkennbar sind?" Bei diesen Fragen mit intellektuell ausgefeiltem Konzept antworten zu wollen, hieße, für jeden Spezialfall und jede Einzelsituation ein eigenes Rezept zur Verfügung stellen zu müssen und menschliche Emotionen nicht als gleichwertig zu menschlichem Verstand anzusehen. Einerseits würde damit jedes menschliche Fassungsvermögen überfordert und andererseits würde das Verhältnis zwischen Pädagogen und jungem Menschen so operationalisiert, dass kein Spielraum für menschliche Regungen bliebe, es würde eine künstliche Atmosphäre entstehen.

Gerade an diesem Punkt wird deutlich, dass Pädagogik, ebenso wie Therapie, durch Theorie und Methodik allein nicht funktionieren kann. Der Umgang mit psychisch belasteten oder gestörten Menschen verlangt vielmehr eine intensive Erfahrung mit menschlichen Prozessen. Er verlangt Bereitschaft an den eigenen Problemen zu arbeiten, damit nicht eigene unerledigte Geschichten den Kontakt zusätzlich belasten und dadurch das Fingerspitzengefühl für die richtige Aktion im richtigen Augenblick gestört ist. Theorie und Methodik muss diese Erfahrungen und die Intuition ergänzen, indem sie Orientierungs- und Reflektionsmöglich-keiten anbietet. Ersetzen kann sie die menschlichen Fähigkeiten des Helfers allerdings nicht.

Und dann gibt es immer wieder auch den Augenblick in dem ein Helfer erkennen muss, dass er keinen Erfolg hat, dass er einem jungen Menschen begegnet ist, der nicht bereit oder nicht in der Lage ist, seine Hilfe anzunehmen oder dass er selbst nicht bereit oder in der Lage ist, die Hilfe zu geben, die benötigt wird. Vielleicht bemerkt er sogar, wenn der Augenblick vorbei ist, dass er etwas hätte anders machen können und es eine bessere Reaktion hätte geben können. Ich habe in meiner eigenen Entwicklung Situationen erlebt, nach denen ich mir Vorwürfe ge-macht und gelitten habe. Und ich glaube, dass es nahezu jedem Pädagogen oder Therapeuten ähnlich ergangen ist, beziehungsweise ergeht. Auch heute noch kann es mich traurig oder auch zornig machen, wenn ich erlebe, dass ein junger Mensch seinen Weg in einer für ihn oder für andere destruktiven Weise weitergehen will und ich keinen Kontakt zu ihm bekomme, um ihm zu einer Alternative zu verhelfen. Trauer und Wut gestatte ich mir zu zeigen, halte es aber für eine schlechte Reaktion, in solchen Momenten die Schuldfrage zu stellen. Die Suche nach Schuld entmutigt den, den sie treffen könnte oder endet in einer sinnlosen Reihe von Vorwürfen und Gegenvorwürfen.

Und keine Arbeit kann ständig fehlerfrei gemacht werden. Fehler in der Pädagogik und Therapie auszuschließen, ginge nur über den Weg, gar nicht erst in einem solchen Beruf tätig zu werden. Das Risiko von Fehlern, und sogar solchen mit ganz erheblichen Folgen, ist unvermeidbare Begleiterscheinung des sozialen Berufes.

7.4 Die gesunde psychische Entwicklung

Eine angemessene pädagogische oder therapeutische Haltung ist nicht einforderbar. Sie beruht vielmehr auf einer menschlichen Grundhaltung und entsteht nur über die Persönlichkeitsentwicklung des Helfers. Aus diesem Grunde stellt sich bei einer Qualifikation für den helfenden Beruf für mich auch nicht so sehr die Frage nach umfangreichem Wissen, sondern nach menschlicher Reife und Entwicklungsbereit-schaft. Zwischen der pädagogischen und therapeutischen Haltung einer Helferin und ihrem theoretischen Wissen besteht allerdings ein Wechselverhältnis. Die Haltung veranlasst den Menschen, sich (selektiv) Wissen anzueignen und Wissen hat wiede-rum Einfluss auf die Entwicklung der Haltung. Das Verstehen psychischer Vorgänge und der Entstehungshintergründe von problematischen Verhalten schafft Sicherheit und Vertrauen in die eigenen Möglichkeiten. Fachliche Kenntnisse erleichtern die Grundhaltung des Verstehens von Menschen und erschweren das Verurteilen. In diesem Sinne möchte ich im Folgenden Theorien über die Voraussetzungen einer gesunden psychischen Entwicklung, beziehungsweise die Bedingungen für Entwicklungsstörungen einführend beschreiben.

Bei der folgenden Beschreibung handelt es sich nicht in allen Einzelheiten um zwangsläufige Entwicklungsschritte, sondern vielmehr um die wahrscheinlichsten. Zum Beispiel beschreibe ich im Folgenden die Mutter als erste wesentliche Bezugsperson. Dabei gehe ich von dem auch heute noch üblichen Bild der Familie aus, will aber Vätern, die zum Beispiel in einem Erziehungsurlaub und/oder weil die Mutter berufstätig ist, die Säuglingspflege übernommen haben, keinesfalls einreden, dass sie dies nur mit der Konsequenz tun können, dass sich das Kind psychisch fehlentwickelt.

Vom Embryo zum Erwachsenen

Stellen wir uns das Bewusstsein eines Embryos als ein weißes Blatt Zeichenpapier vor. Die ersten Erfahrungen des noch ungeborenen Kindes sind wie der erste Klecks auf diesem weißen Untergrund. Er überdeckt noch nichts, lässt sich auf dem Blatt noch nicht unterscheiden von anderen Klecksen und Farben, weil es noch keine weiteren gibt. Nehmen wir weiter an, dass dieser erste Klecks mit der intensivsten Wasserfarbe hergestellt wurde, die wir zur Verfügung haben, dann wird er nur schwer zu überdecken sein und auch nach vielen weiteren Übermalungen und Ergänzungen das Bild noch mitbestimmen.

Embryo und Säugling sind von der Mutter fast völlig abhängig. Ihr Einfluss auf den kleinen Menschen ist in diesen Entwicklungsstadien nahezu uneingeschränkt und so stark wie der dunkle Klecks auf dem hellen Blatt. Der kleine Mensch besitzt allerdings schon einige Eigenschaften des homöostatischen Prinzips. Er kann grundsätzlich feststellen, ob in seinen physischen Funktionen und Zuständen ein Gleichgewicht herrscht und ob die Einflüsse von außen für ihn angemessen sind und seine „Einschätzung" kann er, wenn auch wenig differenziert, wieder an seine Umgebung zurückmelden. Seine Fähigkeiten, die Gestalt zu schließen, ist aber noch nicht oder allenfalls rudimentär vorhanden. Er kann noch nicht herausfinden, welcher konkrete Mangel oder welche spezielle Störung aufgetreten ist, kann darum noch keine prägnanten Figuren bilden und auch noch nicht differenziert handeln. So wird er zwar ein undefinierbares Unwohlsein empfinden, aber nicht feststellen können, dass es sich dabei um Hunger handelt und seine Reaktion wird im Wesentlichen aus unruhigen Bewegungen und Schreien bestehen. Er hat auch fast noch keine Unterscheidungsfähigkeiten, denn einerseits ist sein Gehirn physiologisch noch nicht ausgereift und andererseits macht er gerade erst die alternativen Erfahrungen, die die Grundlage für eine Differenzierung sind. Aus diesem Grunde schafft der intensive Kontakt zwischen ihm und seiner Mutter die Voraussetzung für die widerspruchslose Übernahme ihrer Konzepte. Dieser Vorgang, Konzepte ohne Anpassung an die eigene Person in sich aufzunehmen, wird Introjektion genannt.

Mit der Introjektion der mütterlichen Konzepte werden die Grundzüge der Ansichten über die Umwelt und die eigene Person geformt. Insbesondere entsteht bei einer gesunden Entwicklung in diesem Stadium ein Grundvertrauen gegenüber der Welt. Allerdings ist für die Formung gesunder Grundzüge nicht die Mutter als konkrete Person ausschlaggebend, sondern sie ist durch eine andere Person austauschbar, die aber auch einen emphatischen, physischen Kontakt, Lebendigkeit und aufmerksame Reaktionsbereitschaft haben muss.

Mit der zeitlichen Distanz zur Geburt nehmen die Einflüsse und die Bedeutung anderer Personen stetig zu. Das Kind erfährt dadurch die Selbstdarstellung anderer Personen und lernt diese von der Mutter zu differenzieren: "Vati ist nicht wie Mutti und möchte von mir etwas anderes als Mutti". Durch die Differenzierung anderer Menschen erlebt sich das Kind mehr und mehr selbst als eigenes Wesen. Hinzu kommt, dass sich sein sensomotorisches System entwickelt sich und es die Welt neugierig zu erforschen beginnt und mit den eigenen Möglichkeiten zu experimentieren anfängt. Zu den Ansichten über die eigene Person zählt nun in zunehmendem Maße die Wahrnehmung, was zum Selbst dazugehört und was nicht, aber auch die Einschätzung, wie man ist und wie man sein sollte. Zunächst sind diese Ansichten aber noch nicht strukturiert und wenig zusammenhängend.

Die Selbständigkeit des Kindes wächst und verunsichert unter Umständen die umgebende Erwachsenenwelt: Wovor muss ich das Kind schützen, wenn es auf Expedition in unserer Wohnung ist? Was wird es als nächstes zerstören? Kinder benötigen in dieser Phase Unterstützung durch Bestätigung, Akzeptierung und Wertschätzung. Eine übermäßige Einschränkung ihrer Bewegungsfreiheit wäre schädlich. Von Eltern wird somit ein hohes Maß einerseits an Frustrationstoleranz und andererseits an Kreativität gefordert, wie sie einerseits Gefahrenquellen reduzieren und andererseits das Kind in seinem Entwicklungsprozess nicht behindern, sondern fördern können. Ein Verbot ist hier oft ein völlig untaugliches Mittel, denn gerade das, was verboten ist, übt einen besonderen Reiz aus und macht gerade erst richtig neugierig. Ich schlage Ihnen vor, sich folgende Situation vorzustellen (Tun Sie bitte keinem Kind an, diese Situation real auszuprobieren). Zeigen Sie in Ihrer Fantasie einem Kind eine verschlossene Blechdose in der ein Gegenstand ist. Stellen Sie sich vor, Sie würden diese Dose schütteln und dem Kind sagen: "Du darfst diese Dose nicht öffnen". Was würde passieren, wenn Sie die Dose auf den Tisch legten und den Raum verließen?

Die Verselbständigung des Kindes bedeutet für die Mutter aber auch eine zunehmende Trennung. Vielleicht werden jetzt andere Personen vom Kind als wichtiger wahrgenommen. Dieses Erlebnis kann für die Mutter schmerzhaft sein. Die Versuchung ist dann groß, das Kind auf verschiedene Weise zurückzuhalten, zu binden und weiter abhängig zu machen. Und dennoch darf die Mutter ihr Kind im Verselbständigungsprozess nicht eifersüchtig behindern, wenn es zu einem eigenständigen Menschen werden soll.

Mit circa dem 3. Lebensjahr wendet sich das Kind vermehrt dem Vater (oder einer vergleichbaren Person) zu, bringt ihm Liebe und Bewunderung entgegen. Diese Hinwendung muss durch die Mutter gefördert werden, ebenso, wie der Vater sie annehmen muss. Liebe und Bewunderung des Kindes kann er nutzen, zur Steigerung seines väterlichen Einflusses. Introjekte, die auf die psychische Entwicklung wirken, entstehen jetzt dadurch, dass das Kind elterliche Konzepte annehmen muss, weil sie sanktioniert sind. Das Kind verinnerlicht verstärkt Konzepte des Vaters und verherrlicht ihn auf kindlich naive Weise. Töchter beschließen in dieser Phase oft, später ihren Vater zu heiraten.

Ab circa dem 6. Lebensjahr nimmt die Zuwendung des Kindes sich selbst gegenüber zu. Es beginnt sich selbst zu lieben und zu bewundern, bildet Selbstwertgefühl heraus. Die Persönlichkeit hat nun schon eine zusammenhängende Struktur und ist flexibel und vital genug, um sich durch weitere soziale Kontakte fortentwickeln zu können. Mit dem Eintritt in soziale Gemeinschaften, wie dem Klassenverband in der Schule oder dem Sportverein, werden die Beziehungen unter Gleichaltrigen wichtiger. Der junge Mensch lernt sich in wechselnden Gemeinschaften zurechtzufinden und dabei unterschiedliche Rollen einzunehmen. Aber auch bei diesen Ausflügen in andere soziale Umgebungen benötigt der junge Mensch noch bis zum Abschluss seiner Pubertät die Unterstützung und Ermutigung durch die Eltern.

Wenn es den Eltern gelungen ist, durch die verschiedenen Phasen fördernd und unterstützend zu sein, wird zwischen ihnen und ihrem Kind eine Beziehung existieren, die auch dann fortbesteht, wenn es in das Erwachsenenalter kommt und ein völlig unabhängiges Leben führt. Der Mensch, der solche Eltern erlebt hat, kann sie auch im Alter noch lieben und wertschätzen.

7.5 Störungen in der psychischen Entwicklung

Ich möchte die Entstehung psychischer Störungen am Beispiel der Lebensgeschichte eines Jugendlichen beschreiben, der in einem Heim lebte, in dem ich gearbeitet habe. Bei ihm war die Entwicklung seiner Probleme für mich gut nachzuvollziehen. In der Akte des Jungen, den ich hier Gunnar nenne, fand ich die Angaben seiner Mutter, dass er schon immer ein schwieriges Kind gewesen sei. Er habe unter anderem noch bis in das 5. Lebensjahr eingekotet und sei wenig ansprechbar gewesen. Später, bei uns in der Wohngruppe, fiel er durch zeitweilig extreme Unsauberkeit und äußere Verwahrlosung, aber auch durch seine Zurückgezogenheit auf. Es dauerte eine ganze Weile, bis er bereit war, mir etwas über sich und seine Vorgeschichte zu erzählen. Er berichtete dann zunehmend über die Erinnerungen an seine Mutter und seine Geschwister.

Nach Gunnars Erzählungen war seine Familie kinderreich und die Mutter allein erziehend. Gunnar war das jüngste Kind der Familie und sein Vater hatte sich schon kurz nach seiner Geburt von ihnen getrennt. Seine Mutter musste dann über Jahre stundenweise für andere Leute putzen, um genügend für den Lebensunterhalt zu haben. Immer wenn sie nicht Zuhause war, musste die große Schwester auf die Geschwister aufpassen. Gunnar erinnert sich, dass sie hierzu keine Lust hatte und ständig ärgerlich war. So fehlte ihm die so benötigte mütterliche Zuwendung gerade in einer wichtigen Phase seiner Entwicklung.

Ein Mensch erwirbt psychische Störungen nicht durch einzelne Belastungen aus seiner Umgebung allein. Für eine gesunde Entwicklung benötigt er nicht maximale, sondern lediglich hinreichende Bedingungen. Eine alternative Bezugsperson mit mütterlichen Eigenschaften kann die leibliche Mutter ersetzen. Auf Gunnar bezogen kann ich sagen, dass seine Schwester hierfür offensichtlich nicht geeignet war. Sie war selbst noch zu jung für die Verantwortung und an Dingen interessiert, die mehr ihrem Alter entsprachen.

Auf einzelne Störungen kann schon ein Kind kreativ reagieren. Es ist in der Lage, alternative Verhalten auszuprobieren, um zur Befriedigung seiner Bedürfnisse zu gelangen. Ich glaube, Gunnar hat versucht, die Aufmerksamkeit seiner eigentlich desinteressierten Schwester zu gewinnen, indem er sich verschmutzte und einkotete. Auf dieses Verhalten musste sie nämlich reagieren, denn sie wurde von der Mutter bestraft, wenn Gunnar nicht sauber war.

Gunnars „Strategie" war kreativ, aber nicht wohlüberlegt - zu solchen Planungsleistungen sind Kinder im Vorschulalter natürlich auch noch nicht fähig - sondern sie war das Ergebnis von vielen naiven Versuchen und darum konnte er die Folgen auch nicht ahnen. Natürlich reagierte seine Schwester mit Aufmerksamkeit, aber diese war keinesfalls liebevoll, sondern gefärbt durch ihre Frustration.

Wenn die kreativen Lösungsversuche des Kindes für andere zum Problem werden, kann sich eine echte Störung entwickeln. Bedürfnisse entstehen im Menschen unvermeidbar und permanent und mit ihnen Energien, die abgebaut werden müssen. Gelingt dies nicht in einer angemessenen Weise, dann greift der Mensch zu alternativen Verhalten. Wenn aber auch alle Alternativversuche in ihrem Verlauf gestört werden, drängt die immer wieder entstehende Energie den Menschen dazu, zu kompensieren. Er muss nach einem Ersatz suchen, für das, was er eigentlich möchte, aber nicht erhält. Und diese kompensatorischen Strategien sind gekennzeichnet durch ernste Pathologie.

Gunnars kreativer Lösungsversuch, sich Aufmerksamkeit durch Verschmutzen und Einkoten zu verschaffen, war für die Schwester natürlich ein Problem. Sie war sowieso schon mit der regelmäßigen Betreuung ihrer Geschwister überfordert und reagierte indem sie Gunnar bestrafte, ihn lange in seinem Schmutz liegen lies und schlug. Gunnar gab seine Versuche auf, von anderen Menschen Zuwendung zu erhalten und zog sich mehr und mehr in sich selbst zurück, versuchte mit sich selbst zufrieden zu sein.

7.6 Neurotische Störungen

Wie ich eben am Beispiel deutlich machen wollte, werden in der Erziehung oder weiter gefasst, in der Sozialisation eines Menschen die Grundsteine für seine neurotischen Störungen gelegt. In einer ungesunden Entwicklung lernt ein Mensch den Kontakt mit seinen Empfindungen sowie mit seiner Umwelt zu vermeiden und seine Energien auf die Abwehr von Wahrnehmungen zu verwenden, bzw. seine Energien in falsche Handlungen abzuleiten, zu kompensieren. Wenn ich jetzt einige Formen menschlicher Abwehrstrategien beschreibe, dann muss eins dabei vom Leser beachtet werden. Es geht mir nicht darum, eine Grundlage für psychologische Diagnostik zu schaffen, sondern darum das Verständnis für die Entstehung verschiedener neurotischer Störungen zu entwickeln. Ein Mensch greift in der Regel nicht ausschließlich zu einer einzelnen Abwehrform und ist somit auch kein Neurotiker einer bestimmten Kategorie. Alle Menschen versuchen Probleme auf verschiedene Weise zu lösen und auch abzuwehren und greifen dabei zu den verschiedensten Strategien. Zwar kann das Repertoire eingeschränkt sein und eine Tendenz zu einer Form der Abwehr entstehen, aber eine diagnostische Festschreibung halte ich für einen schwerwiegenden Fehler.

Introjektion

Wie schon oben beschrieben, ist der Säugling bzw. das kleine Kind noch nicht in der Lage, seine Umwelt wesentlich anders aufzunehmen als so, wie sie ist. Die Bedingungen der Umgebung, von der der kleine Mensch abhängig ist, schaffen dabei ein vertrauensvolles Verhältnis, wenn das bei ihm eingehende Material nahrhaft und assimilierbar (zu verinnerlichen und anzupassen) ist. Ich meine damit sowohl physisches, als auch psychisches „Material". Unter dieser Voraussetzung erlebt er, dass viele seiner Bedürfnisse in dieser Welt angemessen befriedigt werden und dass er Zuwendung bekommt. Das Vertrauen des Kindes wird durch Handlungen gestört, die seine Identität untergraben. Zum Beispiel wenn die Nahrung eilig in das Kind hinein gestopft wird, das Füllen der Windel von der Bezugsperson als schmutzig und unwürdig dargestellt wird. Hierbei werden für den kleinen Menschen die Möglichkeiten, von der Umwelt wohlwollende Zuwendung zu erreichen, immer geringer, erfordern Aufwand und den Verzicht auf Teile der Selbstdarstellung. Die Regeln, Normen und Werte, die an das Kind heran getragen werden, muss es zwangsläufig übernehmen, aber sie lösen negative Gefühle bei ihm aus, denn die eigenen Bedürfnisse sind hierzu konträr.

Bei einer repressiven Erziehungseinstellung stellt sich für das Kind die Welt so dar, dass eine Gegenwehr nicht möglich ist und es am besten tut, was andere von ihm verlangen, denn jede Abweichung vom Verlangten führt zu Liebesentzug und Zuwendungsverlust oder sogar zu körperlicher Züchtigung. Die daraus resultierende Auffassung von der Welt kann zu einem dauerhaften Zustand werden. Besonders problematisch ist aber, wenn die repressiven Handlungen der Umwelt nicht kalkulierbar sind, wenn sie ohne erkennbaren Zusammenhang mit dem Verhalten des Kindes erfolgen, scheinbar zufällig auftreten. Eltern mit eigenen psychischen Problemen neigen zu instabilem Erziehungsverhalten, das im Wesentlichen von ihrer emotionalen Labilität abhängig ist. Sie können auf diese Weise „systematisch unsystematisch" sein. Dass heißt, sie sorgen chronisch für einen Mangel an Orientierung beim Kind. Es hat keinen Anhaltspunkt für richtiges Verhalten. Was eben noch galt, ist im nächsten Augenblick falsch. Das Kind leidet unter dem Mangel an Zuwendung im psychischen Bereich und wird eventuell auch im physischen Bereich ungenügend versorgt. So ist es nicht in der Lage, Strukturen in seiner Sicht von der Welt und der eigenen Person zu entwickeln. Es empfindet Überlebens- und Versagensängste und flüchtet sich unter Umständen völlig in eine Fantasiewelt. Die völlige Flucht in die Fantasiewelt ist dann aber nicht mehr eine Störung im Sinne einer Neurose, sondern sie ist psychotischer Natur.

Die introjektive Aufnahme von Normen und Werten ist nicht auf das Säuglings- oder Kindesalter beschränkt. Sicherlich ist gerade der junge Mensch durch seine relativ große Abhängigkeit von Bezugspersonen für Introjektionen prädestiniert und die im frühen Alter entstandenen Störungen sind besonders gravierend. Aber auch Erwachsene können in Situationen geraten, in denen sie von anderen so abhängig werden oder sich zumindest so abhängig wähnen, dass sie deren Vorstellungen übernehmen, ohne sie zu hinterfragen bzw. ohne sie auf ihre Gültigkeit für die eigene Person zu überprüfen. Dies kann in jeder abhängigen Partnerschaft entstehen, in einer beruflichen Bindung, in einer politischen Partei und in repressiv geführten Jugendhilfeeinrichtungen, insbesondere bei einer geschlossenen Unterbringung. Der extreme Fall der Vermittlung von Introjekten ist die Umerziehung in Lagern in totalitären Staaten oder die sogenannte Gehirnwäsche, mit dem Ziel, die Persönlichkeit eines Menschen auszutauschen. Menschen sind für Introjektionen im Erwachsenenalter besonders anfällig, wenn sie vergleichbare Erfahrungen im Säuglings- und Kindesalter hatten.

Für den Menschen, der die Werte seiner Erzieher und seiner Umwelt kritiklos übernehmen musste, sind diese schwer wieder abzulegen. Für den Säugling sind sie der dunkle Klecks auf einem weißen Blatt. Die Grenze zwischen sich und der Umwelt hat der Mensch, der permanent Introjekten folgt, soweit in sich hinein verlegt, dass von ihm selbst immer weniger übrigbleibt. Das Leben muss für ihn immer so weitergehen wie bisher. Jede Veränderung löst Angst und Abwehr aus, denn sie führt zu einem Mangel an Orientierung und weckt die Furcht vor dem Mangel an Zuwendung. Jeder spätere, von den introjizierten Werten abweichende Einfluss unterliegt diesem Vorgang, so dass der Mensch für bewusstes und unterscheidendes Lernen nur schwer erreichbar ist. In der Pubertät stößt der betroffene junge Mensch sich dermaßen an Eingriffen von außen, dass er sogar bereit ist, eine reale Sicht der Dinge aufzugeben, nur um sein Wertesystem nicht aufs Spiel zu setzen. Aus diesem Grunde sind Jugendliche oft für Argumente nicht erreichbar.

Die Introjekte, die ein Mensch erworben hat, vermindern seine Möglichkeit, Bedürfnisse auszuleben. Ich hatte beschrieben, dass der Organismus aber dennoch hierfür Energie bereitstellt, die verbraucht werden muss. Die eigentliche Richtung des Energieflusses ist versperrt und der Mensch entwickelt neurotischen Alternativen. Die Introjekte sind somit die Grundlage weitergehender Störungen.

Projektion

Wie reagiert ein Menschen, der die Norm introjizierten hat, dass er nicht so handeln oder fühlen sollte, wie er vielleicht gern möchte beziehungsweise wie es seinen Bedürfnissen entspricht? Er steckt in einem Dilemma von Verboten und Bedürfnissen, dass er unter Umständen damit zu lösen versucht, dass er seine vermeintliche Untat anderen zuschreibt. So wird uns bestimmt ein Jugendlicher selten eingestehen "Ich habe die Schule geschwänzt, weil ich viel lieber den ganzen Morgen Musik hören wollte" und so die Verantwortung für seine Bedürfnisse übernehmen, sondern er wird uns eher deutlich machen wollen, dass der Lehrer schuld sei, weil er einen viel zu uninteressanten Unterricht macht. Mit dieser Schuldzuweisung wird die Verantwortung für sein Verhalten auf den anderen projiziert.

Mit jeder Projektion verlagert ein Mensch jene Anteile seines Selbst auf die Umwelt, die er nicht an die eigene Person anpassen konnte, die er für sich selbst ablehnt, z.B. weil sie in seiner Vergangenheit tabuisiert wurden. So kann er gegenüber dem Introjekt „Man geht zur Schule" bestehen und gleichzeitig seinem Bedürfnis nach einem gemütlichen Vormittag folgen. Ein Mensch, der zu Projektionen greift, steht nicht zu seinen Bedürfnissen, erlebt sich vielmehr durch eine aufdringliche Umgebung verführt. So wird zum Beispiel ein Mann, der eine sexualfeindliche Erziehung erlebt hat, seine eigene sexuelle Lust verleugnen und vielmehr behaupten, dass Frauen dazu neigen, ihn zu verführen. Er erfährt sich selbst als unfähig, an seiner Situation etwas zu ändern. Für den Schüler der den Unterricht geschwänzt hat, aber sich und anderen sein Bedürfnis nach Freizeit nicht eingesteht, ist die Regel „Schulbesuch ist notwendig" ein Introjekt, weil er offensichtlich nicht wirklich daran glaubt. Er hat es unverarbeitet verinnerlicht, folgt aber in seinem Verhalten seinem eigentlichen Bedürfnis. Zu diesem Bedürfnis kann er aber nicht stehen, weil er damit gegen seine introjizierte Norm verstoßen müsste und darum projiziert er die Verantwortung für sein Fehlen im Unterricht vielmehr auf den „unschuldigen" Lehrer.

Stellen sie sich einmal einen bestimmten Jugendlichen aus ihrer Umgebung vor, der sich so oder ähnlich verhalten hat. Wenn sie ihn auf seine Schulversäumnisse ansprachen, hat er sie immer abgewehrt. Jede Auseinandersetzung über das Thema wird für ihn unangenehm gewesen sein, denn sie wäre mit der Gefahr verbunden, ihn an das verdrängte Introjekt heranzuführen und jede Aufforderung zum Schulbesuch muss von ihm darum mittels seiner Projektionen abgewehrt werden. In der extremen (paranoiden) Form der Verwendung von Projektionen spaltet der Mensch seine soziale Umgebung nur noch in Gegner und Anhänger auf, macht so jede Einflussnahme unmöglich.

Retroflektion
Wenn Eltern durch die Bedürfnisse ihres Kindes überfordert sind, zum Beispiel, wenn sie selbst mit eigenen Problemen nicht fertig werden oder beide in ein anstrengendes Berufsleben eingespannt sind, dann werden sie ihr Kind vernachlässigen. Ein solches Elternhaus, lässt sich etwa folgendermaßen charakterisieren:

Ein Kind erlebt Interessenlosigkeit oder gar Feindseligkeit und ist (oft) ungewollt. Die Erwachsenen sind gleichzeitig unempfindlich für seine Manipulationen. Wenn es weint, gibt es keinen Trost. Je extremer die Vernachlässigung durch die Erwachsenen ist, desto mehr erlebt das Kind, das es in seinen Versuchen, seine Umwelt zu beeinflussen, keine Erfolge hat. Es kann dann für sich die Schlussfolgerung ziehen, dass es besser ist, diese Versuche aufzugeben und möglichst eine separate und selbstzufriedene Einheit zu werden. Es lernt mehr und mehr sich selbst zu beruhigen und zu verwöhnen. Es vermeidet mehr und mehr die Kontaktaufnahme mit seiner Umwelt und richtet Gefühle und Handlungen gegen sich selbst, die eigentlich nach außen gerichtet sein müssten. Ein Mensch, der sich an diese Abwehrstrategie hält, gibt sich selbst oder fügt sich selbst zu, was er eigentlich von anderen haben oder ihnen zufügen möchte. Er vermeidet so jedes Risiko von Zurückweisung und Enttäuschung. Dieser Mensch wird in seinem Leben immer wieder an die grundlegende Introjektion glauben, dass ihm seine Eltern keine Aufmerksamkeit schenken wollen und diese generalisiert haben, zu: "Niemand will mir Aufmerksamkeit schenken". Diese Form der Abwehr wird Retroflektion genannt.

Im positiven Fall neigt der Mensch dazu, wenn er die Tendenz zur Retroflektion hat, sich selbst zu verwöhnen. Er wird seine Wohnung zum Beispiel perfekt einrichten, sich erlesene Kleidung oder Nahrung kaufen, aber nur wenig soziale Kontakte pflegen. Eine typische negative Reaktion ist die Selbstabwertung. Junge Menschen sind zum Beispiel in der Schule erfolglos, weil sie glauben, nicht genügend leisten zu können. Ihre Umwelt hat ihnen in der Vergangenheit vermittelt, dass sie leistungsunfähig seien, und sie trauen sich nichts mehr zu. In Situationen, in denen sie etwas leisten müssten, sind sie verkrampft und ungeschickt, sie können sich nicht mehr konzentrieren und erreichen so auch tatsächlich nicht das gesteckte Ziel. Ihre Misserfolgserwartung produziert so den Misserfolg, ohne dass ansonsten eine realistische Grundlage dafür existieren muss.

Die wohl schlimmste Form der Retroflektion ist die Selbstbestrafung, die sich in Selbstverletzungen oder gar suizidalen Tendenzen äußert. Neben solchen Erfahrungen wie sexuellen Misshandlungen gehören andere Formen körperlicher Gewalt zu den Auslösern solcher Tendenzen. Trotz des für Helfer deutlich erkennbaren Fremdverschuldens sind die Opfer solcher Handlungen oft nicht fähig, zu erkennen, dass sie Leidtragende und nicht Auslösende der Misshandlung waren. Hierzu trägt sicherlich bei, dass die Täter nicht selten in einer mächtigen Position sind, die den Glauben an deren Recht zu Misshandlungen nährt. Ebenso häufig nutzen Täter, insbesondere bei sexuell motivierter Misshandlung, diese Position auch aus, um eine Geheimhaltung zu erreichen. Die Opfer der Misshandlung sind dann auf sich allein gestellt und entwickeln Schuldgefühle, die sie zu den eingangs genannten Verhalten veranlassen. Schlimm ist diese Situation für die Betroffenen auch deshalb, weil sie zusätzlich erleben, dass ihnen ihr Körper weggenommen wurde und sie an Fähigkeit einbüßen, sich selbst zu verwöhnen. Die Arbeit mit diesen Menschen gestaltet sich zu einem Balanceakt, weil sie bei jeder Erinnerung an Missbrauchserlebnisse Gefahr laufen, sich selbst zu verletzen und sogar suizidal zu werden.

Retroflektive Fähigkeiten hat jeder von uns. Jeder Mensch ist in der Lage, gleichzeitig Handelnder und sich selbst Beobachtender zu sein. Dies ist durchaus sinnvoll, weil so für uns ein Selbstkorrektiv vorhanden ist, wenn beispielsweise unsere spontane Natur zu gefährlichen Gefühlswallungen führen könnte und uns dann der Impuls bremst „Halt dich zurück und prügele dich jetzt nicht". Erst die oben beschriebene Selbstschädigung oder die Folge, dass die Entwicklung der Persönlichkeit be- oder verhindert wird, macht die Retroflektion problematisch.

Deflektion
Stellen sie sich vor, sie begegnen auf der Straße einem stark alkoholisierten Mann, der sie aggressiv anspricht. Wenn sie vernünftig reagieren, versuchen sie gar nicht erst auf dem gleichen Fußweg an ihm vorbeizukommen, sondern eine große Distanz zu ihm herzustellen, den Kontakt zu ihm zu vermeiden, indem sie auf die andere

Straßenseite wechseln. Schwierigen und gefährlichen Situationen nehmen wir auf die gleiche Weise die Spitze, indem wir den Kontakt reduzieren. Internationale Probleme verlieren zum Beispiel durch die Diplomatensprache an Schärfe und führen dann nicht zu offenen Feindseligkeiten. Der Abbruch des Blickkontaktes zwischen zwei Menschen dient als Notbremse einen Augenblick vor dem Ausbruch der Gewalttätigkeit. Diese Verhaltensweisen, den Kontakt zu reduzieren, heißen Deflektion. Sie sind solange sinnvoll, wie sie nicht dazu dienen, sich permanent von der Gegenwart zu isolieren. Wer sich der Deflektion in neurotischer Weise permanent bedient, wer den Kontakt zu anderen Menschen immer wieder abbricht und vermeidet, indem er zum Beispiel ununterbrochen redet, häufig unerklärlich müde wird, immer wieder von der Vergangenheit redet, anstatt in der Gegenwart zu leben oder oft Alkohol konsumiert, hat sein Unterscheidungsvermögen für die sinnvolle Anwendung der Kontaktreduzierung und dem neurotischen Mechanismus aufgegeben.

In einer Zeitschrift las ich einmal einen Witz, den ich mir sinngemäß gemerkt habe. Er ist ein witziges Beispiel für die Folgen der Deflektion und lautete etwa so:

Eine Mutter zu ihrer 6-jährigen Tochter: "Weißt du Andrea, äh, du bist ja nun alt genug, um, äh, aufgeklärt zu werden. Naja, du weißt ja vielleicht schon ein wenig, wie dass ist mit den Babies. Also, die Babys kommen nämlich, ja wie soll ich sagen, dass ist so wie bei den kleinen Katzen. Du weißt doch wie das bei Morle war, als sie ihre Jungen gekriegt hat. Die hatte doch einen dicken Bauch und dann waren da mit einem Mal 5 kleine Katzen. Aber vorher hat sie noch Besuch vom Kater von nebenan gehabt. Ja und dabei ist es passiert."

Andrea (9 Jahre) tags darauf zu ihrer Freundin: "Babsi, du darfst mich jetzt nicht mehr besuchen. Und wenn du schon kommst, dann bring mir bitte keine Süßigkeiten mehr mit, sonst werde ich dick. In meinem Alter kann ich mir schließlich noch keine 5 Kinder leisten."

Ein Mensch, der Deflektionen verwendet und z.B. nicht klar ausdrückt, was er meint, erzielt in der Regel nicht den gewünschten Erfolg. Im Beispiel leidet die Mutter unter dem grundlegenden Introjekt „Sexualität ist etwas Schmutziges und darüber spricht man nicht". Andererseits besteht die Notwendigkeit, die Tochter sexuell aufzuklären. Sie ist im Dilemma und schwankt zwischen den beiden Anforderungen hin und her. Immer wieder gewinnt ihr Versuch, vom Thema Sexualität abzulenken, die Oberhand und es kommt keine klare Information zustande.

Wenn die Deflektion aber den Kontakt verhindert, warum gibt sich ein Mensch dann so? Weil es ihm genau um die Verminderung oder Vermeidung des Kontaktes geht. Er erlebt die Nähe zu anderen als schwierig, belastend oder unangenehm und sieht keine Möglichkeit, diesen Umstand zu verändern. Zunächst wird er bestrebt sein, zu anderen Menschen eine räumliche Distanz zu haben. Bei der Form, wie wir in unserer Kultur leben, ist dieser Versuch aber nicht immer durchzuhalten und darum muss er die physische Distanz durch die Einrichtung einer psychischen ergänzen oder austauschen. Er kann sich abweisend zeigen, so dass er andere bei ihren Kontaktbemühungen entmutigt oder nimmt die Aktion selbst in die Hand, indem er den Dialog durch oberflächliches Dauerreden verhindert, bzw. sich weitschweifig ausdrückt und Stereotype verwendet.

Eine Ursache für die Deflektion liegt darin, dass ein Mensch in seiner Kindheit durch Überstimmulation überfordert wurde. Die Menge an anstürmenden Reizen und Gaben war für ihn eine Überforderung, so dass er sich innerlich vor ihnen verschließen musste. Da unsere aber Kultur zu Überstimmulierung neigt, hat es ein solcher Mensch recht schwer, sich aus seiner neurotischen Orientierung zu befreien.

Konfluenz

Menschen, die in ihrer Sozialisation erleben mussten, dass sie ohnmächtig den Ansprüchen und Bestrafungen ihrer Umwelt ausgeliefert waren, können zu der grundlegenden Introjektion kommen, dass ein eigener Wille gefährlich ist und negative Folgen nach sich zieht. Sie passen sich darum vorsichtshalber anderen Menschen und sozialen Anforderungen blind an, verzichten auf Auseinandersetzungen, schwimmen lieber mit dem Strom. Menschen, die Tendenz zur konfluenten Vermeidung besitzen, sind ängstliche Menschen. Jede neue Situation birgt in ihrem Erleben die Gefahr, Fehler zu begehen. Als Chance erleben sie eine Veränderung nicht. Also versuchen sie sich permanent zu arrangieren und stabile Beziehungen zu erreichen. Dieser Zustand heißt Konfluenz.

Die Neigung zur Konfluenz entsteht bei Menschen, die zum Beispiel das Introjekt „Mutter (oder Vater) hat immer recht" oder „Ich habe immer Unrecht" verinnerlicht haben. Diese Introjekte führen zu einem gestörten Selbstwertgefühl und werden generalisiert zu der Vorstellung, dass es besser ist, keinen Widerspruch zu anderen Menschen aufkommen zu lassen. In der Folge versucht dann der konfluente Mensch die Unterschiede zwischen sich und anderen möglichst zu ignorieren oder zu vermindern, um so die Verwirrung zu mildern, die er durch Anderes und Neues erlebt. Dabei nimmt er eigene Wünsche, Gefühle und Bedürfnisse nicht wahr. Die Anstrengungen die er aufbringen muss, um seine irreale Sicht aufrechtzuerhalten sind enorm, denn er steht vor dem Problem, dass nicht einmal zwei Menschen immer gleichen Sinnes sein können und dass mit der Anzahl der Menschen in einer Gruppe die Chance, Konfluenz zu erreichen, immer utopischere Formen annimmt.

In einer Partnerschaft oder Ehe entsteht nicht selten der Versuch eine konfluente Beziehung einzugehen. Hier wird die Konfluenz zum Beispiel durch ein (unausgesprochenes) Abkommen, sich nicht zu streiten, angestrebt. Selbst wenn die Konfluenz in diesem Fall nicht offen gefordert ist, kann ein Partner, wenn er spürt, dass er sie verletzt hat, Schuldgefühle empfinden und sich verpflichtet sehen, sich zu entschuldigen oder Wiedergutmachung anzustreben. Der Partner hat komplementär das Gefühl, dass ihm etwas angetan wurde, ist verletzt, empfindet Zorn und Groll. Der 'Vertragspartner' soll sich zumindest entschuldigen und sich um Wiedergutmachung bemühen. Unter Umständen macht er sich noch ein wenig unglücklicher und bedauernswerter, um seine Position vertretbarer zu machen. So geht es immer weiter in einer endlosen Spirale von seelischem Schmerz und Gegenbeschuldigungen.

8 Schlusswort

Ich habe in diesem Buch immer wieder auf die Bedeutung von Selbsterfahrung für den Beruf des Pädagogen in der Jugendhilfe hingewiesen und ich will dies auch noch einmal an dieser Stelle tun, nachdem ich die menschlichen neurotischen Mechanismen dargestellt habe. Ich wünsche mir, dass jeder sozial tätige Mensch solche neurotischen Verarbeitungsmuster nicht weit von sich weist, sondern akzeptiert, dass er sie auch selbst verwendet. Ohne dieses Akzeptieren und die damit verbundene Selbsterfahrung ist ihm die Entwicklung seiner Persönlichkeit verwehrt.

Es gibt für mich zwei wesentliche Argumente, warum zu einer Fortbildung in pädagogischen und therapeutischen Berufen die Selbsterfahrung unabdingbar gehört. Zum einen reicht die reine Wissensvermittlung nicht aus, um eine pädagogische Haltung zu erwerben und zum anderen erfordert der pädagogische oder therapeutische Umgang mit Menschen, dass der Helfer sein Gegenüber nicht mit eigener Problematik konfrontiert und sich zur Pflege seiner eigenen Persönlichkeit seinem Entwicklungsprozess öffnet.

Wichtig ist die Erfahrung, dass alle bisher beschriebenen Vorgänge in jedem Menschen geschehen, dass sie also für den jungen Menschen, für den Pädagogen der ihn betreut und den Psychologen der ihn behandelt, sowie für jeden anderen Menschen ebenfalls zutreffen. Jede Helferin hat ihre individuellen Abwehrstrategien und Neurotizismen. Gemäß dieser Vermeidungen nimmt sie ihre Umgebung und damit auch die jungen Menschen in ihrer Betreuung mit ihrer subjektiven Auffassung von Realität war. Diese Subjektivität ist zwar nicht vermeidbar, aber es gibt auch keinen Grund, nicht an ihr zu arbeiten und sich um eine größere Nähe zur Wirklichkeit zu bemühen.

Natürlich lässt sich Wissen über psychische Entwicklung und Entwicklungsstörungen theoretisch vermitteln, aber dieses Lernen hat wesentliche Nachteile. Das Wissen steht im Alltag als Orientierung nicht in angemessenem Umfang und akzeptabler Qualität zur Verfügung. Erst die lebendige Erfahrung macht es nachvollziehbar. Um spontan und intuitiv über die Kenntnisse verfügen zu können, gehört das Erleben einfach dazu.

Ganzheitlichen Lernschritte lassen sich nicht theoretisch erzielen, sondern nur über die Erfahrung der Prozesse durch eigenes Erleben. Meines Erachtens ist hierfür die Teilnahme an einer angeleiteten Selbsterfahrungsgruppe am besten geeignet. In dieser Gruppe lernt der Teilnehmer seine eigenen Methoden der Wahrnehmungsabwehr kennen und kann die anderen Teilnehmer in deren Verhalten beobachten. Es gibt berufsspezifische Selbsterfahrungsgruppen und Selbsterfahrung ist nicht nur in gestaltpädagogischer Fortbildung auch Bestandteil umfassenderer Bildungsangebote. Darüber hinaus lässt sich die Erfahrung auch durch eine Supervision erwerben und wach erhalten.

Motivation zum Beruf (Ü)

Pädagogen schöpfen wie alle Menschen in ihrem Erwachsenenleben aus ihren Kindheits- und Jugenderfahrungen. Sie verhalten sich, wie sie es gelernt haben, gemäß ihren eigenen guten und schlechten Erfahrungen. Ein Teil dieser Erfahrungen hat die Motivation für den helfenden Beruf geliefert. In ihrem Beruf verwirklichen

Helfer einen Teil ihrer Lebensbedürfnisse. Um ein wenig über Ihre Motive kennenzu-lernen können Sie sich einmal folgende Fragen stellen:

Welchen frühen oder früheren Erfahrungen haben Einfluss auf meinen Berufswunsch gehabt und heute auf meine Arbeit? Welche Erziehung habe ich erlebt? Habe ich einen Vater (gehabt), der der Auffassung war, dass es nicht schadet, wenn es hier und da mal eine Ohrfeige gibt? Wie geht ein Mensch mit Kindern und Jugendlichen um, wenn er selbst in seiner Erziehung gelernt hat, dass es ihm angeblich nicht geschadet hat, hier und da einmal eine Ohrfeige zu bekommen? Welchen Einfluss hat der Vater, der sich an seinem Sohn nicht interessiert zeigt, auf den Berufs-wunsch?

Die Motivation zum Beruf

Machen Sie sich bewusst, dass die unerkannte und unbearbeitete Motivation, in der Arbeit und der Beziehung zu den zu betreuenden Kindern und Jugendlichen proble-matisch ist, egal ob eine repressive Erziehungshaltung vorliegt oder der Wunsch bestimmend ist, wieder gut zu machen, was an der eigenen Person schlechtes erlebt wurde. Mit solchen Motivationen wird der Helfer einerseits von seinem Erfolg abhän-gig und andererseits lässt sich in Frage stellen, ob er den jungen Menschen dann nicht auch seine Lebensziele oder -wünsche aufzwingt, weil sie eben stellvertretend für die eigenen entgangenen Befriedigungen seine Ziele umsetzen sollen. Im positi-ven Fall setzt der Helfer hier seine eigenen angenehmen Erfahrungen in seiner Beziehung zu Eltern und anderen wichtigen Personen seiner Kindheit fort.

Seelische Verletzungen haben wesentlichen Einfluss auf den Umgang von Men-schen untereinander. Ein betroffener Mensch wird versuchen, erneute Verletzungen zu vermeiden, wird für die Vorzeichen einer solchen Verletzung sensibel, vielleicht sogar übersensibel sein und sich darum auf mancherlei Kontakt nicht einlassen. Eine Pädagogin, die selbst in ihrer Kindheit sexuelle Gewalt erfahren hat, ohne sie bisher aufgedeckt zu haben, wird auf Mädchen, die mit solchen Problemen in ihrer Betreu-ung anders umgehen als ein Pädagoge, der einen Patriarchen zum Vater hatte und diesen Vater in seiner Stärke noch heute verehrt. Beide werden auf ihre Weise, entweder väterliche Stärke demonstrierend oder eventuell mit der Aufforderung, nicht an die negativen Erfahrungen zu denken, dem Mädchen nur unangemessen helfen können, oder im schlechtesten Fall, ihr sogar weiteren Schaden zufügen.

In der angeleiteten Selbsterfahrung stößt der Teilnehmer auf seine unerledigten Geschichten und erhält so die Chance, sie zu bearbeiten. Für die Aus- oder Fortbil-dung in Gestaltpädagogik ist die Teilnahme an Selbsterfahrungsseminaren darum unerlässlich. Gestaltpädagogisch zu arbeiten, setzt die Bereitschaft voraus, die zutage tretenden eigenen unerledigten Geschichten zu bearbeiten. Wie schon gesagt, ist diese Forderung nicht Selbstzweck, sondern Voraussetzung um nicht durch eigene Probleme in der Betreuung problematischer junger Menschen zu scheitern.

Persönlichkeitswachstum ist der permanente Prozess des Wagens von vorüberge-hender Unsicherheit und des neuen Ausbalancierens. Nur wenn wir uns trauen, unseren Körper in ein Ungleichgewicht zu bringen, werden wir uns vorwärts bewegen. Dies gilt für jeden Schritt den wir tun, ebenso wie für jedes neue Erleben, auf das wir uns einlassen. Die Fortbildung in Gestaltpädagogik lädt zu Wagnis und neuem Erleben, zu Persönlichkeitswachstum ein.

Literaturliste

ALBATH, H. und EIKMANN, J.: *Zusammen leben - mit Konflikten in Partnerschaft, Familie und Gruppe umgehen lernen.* Reinbek (1982).

ANTONS, K.: *Praxis der Gruppendynamik.* Göttingen Toronto Zürich (2000).

APPLETON, M.:: *Summerhill – Kindern ihre Kindheit zurückgeben. Demokratie und Selbstregulierung in der Erziehung.* Schneider, Baltmannsweiler (2003)

AREND, D.: HEKELE, K., RUDOLPH, M.: *Sich am Jugendlichen orientieren.* Regensburg (1987).

BETTELHEIM, B.: *So können sie nicht leben - Die Rehabilitation emotional gestörter Kinder.* München (1985).

BIRTSCH, V. und BLADOW, J.: *Pädagogik Therapie Spezialistentum.* Frankfurt a.M. (1979).

BREZINKA, W.: *Grundbegriffe der Erziehungswissenschaft.* München (1977).

BROWN, G.I. (Hg.) et al.: *Gefühl und Aktion. Gestaltmethoden im integrativen Unterricht.* Frankfurt a.M. (1978).

Bundesminister für Jugend, Familie und Gesundheit: *Zur psychischen Situation von Heimerziehern.* Stuttgart (1984).

BUROW, O.-A.: *Grundlagen der Gestaltpädagogik.* Dortmund (1988).

CAPRA, F.: *Wendezeit. Bausteine für ein neues Weltbild.* Bern, München, Wien (1982).

COHEN, R.: *Von der Psychoanalyse zur Themenzentrierten Interaktion.* Stuttgart (2009).

DYCHTWALD, K.: *Körperbewusstsein.* Essen (1981).

ERIKSON, E. H.: *Jugend und Krise - Psychodynamik im sozialen Wandel.* Klett-Cotta-Verlag, München (1988).

FATZER, G.: *Ganzheitliches Lernen: Handbuch zur humanistischen Pädagogik, Schul- und Organisationsentwicklung.* Bergisch Gladbach (2011).

FITTKAU, B. (Hg.) et al.: *Kommunizieren lernen (und umlernen).* Aachen (1994).

FREINET, E.: *Erziehung ohne Zwang. Der Weg des Celestine Freinets.* Stuttgart (1981).

GRUEN, Arno: *Der Kampf um die Demokratie.* Stuttgart, (2002)

HAAG, F.; KRÜGER, H.; SCHWÄRZEL, W.; WILDT, J. (Hg.): *Aktionsforschung. Forschungsstrategien, Forschungsfelder und Forschungspläne* (1975).

HÖPER, C.-J. (Hg.) et al.: *Die spielende Gruppe -115 Vorschläge für soziales Lernen in Gruppen.* Wuppertal (1974).

KABAT-ZINN, J.: *Zur Besinnung kommen.* Die Weisheit der Sinne und der Sinn der Achtsamkeit in einer aus den Fugen geratenen Welt. Freiamt (2006).

KEMPLER, W.: *Grundzüge der Gestaltfamilientherapie.* München (1988)

KEPNER, J. I.: *Körperprozesse. Ein gestalttherapeutischer Ansatz.* Köln (1988).

KERNBERG, Otto F.: *Sanktionierte gesellschaftliche Gewalt: eine psychoanalytische Sichtweise.* Persönlichkeitsstörungen – Theorie und Therapie, Persönlichkeitsstörung und Gesellschaft Teil 2, (2000), S. 4 – 25.

KOFFKA, K.: *Zu den Grundlagen der Gestaltpsychologie - Ein Auswahlband.* Herausgegeben von Michael Stadler. Verlag Wolfgang Kammer, Wien (2008).

LEWIN, Kurt: *Feldtheorie in den Sozialwissenschaften.* (1963).

MARCUS, E. H.: *Gestalttherapie.* Hamburg (1979).

MASTERS, R. und HOUSTON, J.: *Fantasiereisen. Ein Führer durch unsere inneren Räume.* München (1978).

MÜLLER-SCHÖLL, A. und PRIEBKE, M.: *Handlungsfeld: Heimerziehung.* Tübingen (1982).

NEILL, A.S.: *Erziehung in Summerhill.* München (1965).

NEILL, A.S: *Theorie und Praxis der antiautoritären Erziehung. Das Beispiel Summerhill.* Reinbek (1969)

OAKLANDER, V.: *Gestalttherapie mit Kindern und Jugendlichen.* Stuttgart (2013).

OFFERMANN, P. H.: *I Ging.* 1975. Olten (1975).

PERLS, F.: *Grundlagen der Gestalttherapie -Einführung und Sitzungsprotokolle.* Donauwörth (2007).

PETZOLD, H.G., MATHIAS, U., *Integrative Pädagogik in der Arbeit mit behinderten und verhaltensgestörten Kindern.* (1978). In: Brown, Petzold, 156-166.

PIAGET, J.: *Theorien und Methoden der modernen Erziehung.* Frankfurt a.M. (1987).

RICHTER, H. E.: *Lernziel Solidarität.* Reinbek (1975).

ROGERS, C.: *Die klientenzentrierte Gesprächspsychotherapie.* Frankfurt a.M. (2012)

RONALL, R. und FEDER, B. (Hg.) et al.: *Gestaltgruppen.* Stuttgart (1983).

ROSENBLATT, D.: *Türen öffnen. Was geschieht in der Gestalttherapie.* Köln (1986).

ROZMAN, D.: *Mit Kindern meditieren.* Frankfurt a.M. (1988).

SCHUTZ, W.C.: *Freude. Abschied von der Angst durch Psycho-Training* (1971).

SCHWÄBISCH, L.; SIEMS, M. R.: *Anleitung zum sozialen Lernen für Paare, Gruppen und Erzieher: Kommunikationstraining und Verhaltenstraining.* (1992).

STEMMLER, F.-M. und BOCK, W.: *Neuentwurf der Gestalttherapie.* München (1987).

STEVENS, J. O.: *Die Kunst der Wahrnehmung. Übungen der Gestalttherapie.* München (1975).

TAUSCH, R. und TAUSCH, A.-M.: *Erziehungspsychologie.* Göttingen-Toronto-Zürich (1998)

WATZLAWICK, P. (Hg.) et al.: *Menschliche Kommunikation. Formen, Störungen, Paradoxien.* Bern (1969).

WATZLAWICK, P.: *Man kann nicht nicht kommunizieren.* Bern (2011)

ZARBOCK, G., AMMANN, A., RINGER, S.: *Achtsamkeit für Psychotherapeuten und Berater.* Weinheim (2012).

ZINKER, J.: *Gestalttherapie als kreativer Prozess.* Paderborn (1984).